La tierra del despertar

FERNANDO MORA

La tierra del despertar

Cosmología y poética en Ibn Arabí

ALMUZARA

Primera edición: julio de 2024

Editorial Almuzara • Colección HU هو — Biblioteca Ibn Arabí
Director editorial: Antonio Cuesta
Editora: Ángeles López
Maquetación: Miguel Andréu

www.editorialalmuzara.com
pedidos@almuzaralibros.com - info@almuzaralibros.com

Editorial Almuzara
Parque Logístico de Córdoba. Ctra. Palma del Río, km 4
C/8, Nave L2, nº 3. 14005 - Córdoba

Imprime: Black Print
I.S.B.N: 978-84-10522-69-5
Depósito Legal: CO-1102-2024
Hecho e impreso en España - *Made and printed in Spain*

SOBRE LA COLECCIÓN HU – BIBLIOTECA IBN ʹARABÍ

La ingente y fascinante obra de Muḥyī l-Dīn Ibn ʻArabī de Murcia (1165-1240 d. C.), uno de los autores más significativos e inspiradores de la literatura y la espiritualidad universales, máximo exponente del sufismo en lengua árabe, no ha sido aún suficientemente estudiada y traducida. A pesar de la extraordinaria relevancia del maestro en la historia del pensamiento, muchos de sus escritos todavía no han sido traducidos. Conscientes de la importancia de promover el estudio, la edición y la traducción de sus textos, hemos creado la colección *HU — Biblioteca Ibn Arabí* con el propósito de facilitar la lectura de su obra en castellano. La colección publicará alternamente traducciones de obras originales —realizadas por especialistas directamente del árabe, acompañadas en su caso de edición crítica—, ensayos inéditos sobre sus textos o temas afines, y ocasionales reediciones de traducciones y estudios de particular relevancia y actualidad.

EL DIRECTOR DE LA COLECCIÓN

El director de la presente colección es Pablo Beneito, arabista e islamólogo especializado en el estudio y la traducción de Ibn ʻArabī y autores afines. Enseña en la actualidad en la Universidad de Murcia, donde dirige la edición de *El Azufre Rojo: Revista de Estudios sobre Ibn Arabi*, y coordina las actividades de MIAS-Latina.

HU هو

La escritura árabe del nombre divino ʻÉlʼ (*Huwa / Hū*) —que designa la identidad suprema del Misterio— consta de dos letras: una *hāʼ*, la primera letra del alifato fónico, articulada en el pecho, que por sí sola simboliza la Ipseidad divina (*huwiyya*), y una *wāw*, su última letra, articulada en los labios, que representa al Ser Humano Perfecto, finalidad y síntesis de la creación. Estas dos letras representan así el alfa y la omega de la palabra divina y la existencia. Ibn ʻArabī tiene muy presente este símbolo fundamental del sufismo (que contempló de modo eminente en una visión), cuyo nombre y grafía (هو) hemos adoptado como emblema de esta colección *HU – Biblioteca Ibn Arabí*. Gráficamente, la forma de la *wāw* está contenida en la propia grafía de la *hā'* que la precede como símbolo de que el Ser Humano ha sido creado a imagen de Dios.

SISTEMA DE TRANSCRIPCIÓN

Para la transliteración de términos árabes, hemos seguido el siguiente sistema de transcripción con estas grafías:

ʾ — b — t — ṯ — ŷ — ḥ — j — d — ḏ — r — z — s — š — ṣ
ḍ — ṭ — ẓ — ʿ — g — f — q — k — l — m — n — h — w — y

Hamza inicial no se transcribe; *tāʾ marbūṭa*: a (en estado absoluto), *at* (en estado constructo); vocales breves: *a*, *i*, *u*; vocales largas: *ā*, *ī*, *ū*; diptongos: *ay*, *aw*. Al final de palabra aislada, las secuencias *-uww*, *-iyy*, se transcriben *ū*, *ī*, respectivamente.

Índice

A María, siempre

«Dios se me mostró en mi ser interior *(fī sirrī)* durante una visión y me dijo: "Haz que mis siervos sepan lo que has percibido de mi generosidad... ¿Por qué mis siervos desesperan de mi misericordia cuando mi misericordia lo abarca todo?"»

(al-Futūḥāt al-makkiyya I, p. 708).

PRÓLOGO

Cuando Ibn ʿArabī escribe, al final de las *Futūḥāt al-makkiyya*, que nuestras vidas son, todas ellas, una historia y que uno debe aspirar a escribir con los hechos de su propia existencia la mejor de las historias posibles, nos está remitiendo a la concepción de que el universo es fruto de la palabra divina, un inmenso Libro escrito por dentro y por fuera del que todos somos verbos y donde el Corán también es un texto de carne y hueso, encarnado en los humildes sabios que en el mundo han sido, son y serán. Somos pues parte de una narrativa cósmica: palabras y frases que atesoran los insondables secretos del universo y del alma. Es sabido que, según la visión sufí de la realidad, la totalidad de los seres —incluidos minerales, vegetales y animales— están dotados de la capacidad del habla y que las mismas palabras tienen vida propia, siendo una comunidad que posee un lenguaje específico. Así pues, nada escapa al misterio del lenguaje, nada elude la realidad de formar parte de este Libro parlante en el que personas y animales, objetos y situaciones se comunican y disertan entre sí con mensajes desconocidos que solo entienden los sabios.

Lo anterior no hace sino evocar el mensaje coránico que, en la azora dedicada al profeta José (hay cierta ambigüedad en cuanto a si esas palabras se refieren al mismo Corán o a la narración acerca de la vida de este profeta), nos comunica: «Con la revelación que te hacemos de este Corán vamos a contarte Nosotros el más bello de los relatos, aunque hayas sido antes de los despreocupados» (12:3). Y, en otras versiones, leemos: «Te contaré la historia más hermosa de las que te he revelado en el Corán, de la que antes no tenías conocimiento». Dependiendo de la interpretación, la mención de este bello relato se refiere a la totalidad del Corán o bien solo a la narración de los hechos relativos al profeta José, arquetipo de la belleza y patrón de la expresión poética. En cualquier caso, cada uno de nosotros forma parte de esta hermosa historia, de esa espléndida revelación (aunque en ocasiones nos cueste reconocer su hermosura) que está siendo transmitida de continuo por el solemne, inmenso y perpetuo canto de la Creación. Entonces ya no estaríamos hablando tan solo de que el nuestro es el mejor de los mundos posibles (como escriben primero Abū Ḥāmid al-Gazālī y después Nicolás de Cusa, por ejemplo), sino también de que debemos construir con nuestra vida personal la mejor de las historias de que seamos capaces.

En época contemporánea, esa misma construcción —es decir, la de la historia más bella (o más grande) jamás relatada— ha aparecido con ligeras variaciones tanto en la literatura como en el cine contemporáneo. Tenemos, por ejemplo, la célebre película acerca de la vida de Jesús, dirigida por George Stevens, en el año 1965, titulada *La historia más grande jamás contada*, título que parece inspirado, sin duda, en el relato del escritor inglés Rudyard Kipling, cuyo encabezamiento es *La más bella historia del mundo*, siendo ambos —en mi opinión— una evocación de la aleya coránica antes citada. Volviendo a las palabras del Šayj, esa historia tan hermosa narra en cualquier caso nuestro propio devenir, una vida colmada por la belleza, a la que todos deberíamos aspirar, a pesar de los muchos factores en contra que podamos soportar en nuestra vida.

Si todo comienza, como asevera la tradición sapiencial islámica, con el imperativo divino «¡Sé!» (*kun*), se sigue de ello que nuestro mundo es un conjunto de letras y palabras que forman frases en las que anidan significados tanto visibles como ocultos. Ese y no otro es uno de los principales sentidos de la recóndita «ciencia de las letras» (*ʿilm al-ḥurūf*), un saber espiritual ancestral con el que los sabios sufíes tratan de comprender la naturaleza no aparente de los seres a través de las letras sutiles que los constituyen. De ese modo, los distintos planos de existencia y sus moradores son las infinitas «palabras de Dios» (*kalimāt Allāh*). Cada uno de nosotros es el eco donde resuena un nombre divino; cada experiencia, una frase; cada vida, un capítulo del libro inconmensurable de la Creación, de tal manera que podemos afirmar, con Ibn ʿArabī, que nosotros somos las letras, mientras que Él, Allāh, es el significado. Como recogemos en el capítulo 8 de este mismo libro: «Allāh exhala y al hacerlo emite palabras. Cada parte de lo que existe es una letra de Dios, mientras que las criaturas son las palabras formadas por dichas letras. Las trayectorias dispares de las criaturas constituyen frases, mientras que cada mundo es un libro».

El presente volumen forma parte de mi humilde proyecto personal en el que durante los últimos años he tratado de dar sentido a las casi ilimitadas palabras que conforman el inabarcable océano del saber akbarí, palabras que con independencia de que estén escritas en árabe, o traducidas al castellano o a cualquier otro idioma, resuenan como un eco inspirador en la conciencia de los seres prendados de la vida y de las enseñanzas del Šayj. Porque son tan profundas las aguas de su creatividad, tan vastas las resonancias y matices de cada uno de los términos que adornan su discurso, que no cabe otra actitud ante el imponente edificio de dicha construcción intelectual y espiritual, que la admiración y, en ocasiones, incluso el desánimo. He sido testigo directo de cómo personas arabo-parlantes zozobraban ante la imponente y empinada costa de su discurso y desistían de comprender las profundas palabras de los textos de Ibn ʿArabī.

Y es que, para adentrarse en el mar proceloso de su enseñanza, no hace falta tan solo un bagaje lingüístico consolidado —el cual, como decimos, es muchas veces insuficiente—, sino también una dosis certera de apertura espiritual. Cuando confluyen el conocimiento teórico y la búsqueda mística, los resultados son extraordinarios, tal como patentizan los estudios publicados hasta la fecha, tanto en lengua castellana como en otros idiomas, por algunos reconocidos especialistas de los cuales citaré, por ejemplo, a Henry Corbin, Claude Addas, William C. Chittick, Pablo Beneito, Stephen Hirtenstein, Cecilia Twinch, entre muchos otros.

No obstante, a pesar de su grandioso genio literario, intelectual y espiritual, cuando se encontraba en La Meca, en el año 1202, el Šayj quiso un buen día abandonar por completo su inmensa e intensa labor pedagógica y dedicarse de manera anónima a la adoración de Allāh, decepcionado, según explica, por la superficialidad rampante, el lujo ostensivo y la falta de compromiso de muchas personas, supuestamente religiosas, con las que se había encontrado en su viaje a Oriente, recibiendo en ese momento el mandato divino de aconsejar a los siervos de Dios, con independencia de que fuesen «alfaquíes, pobres de Dios, sufíes y simples creyentes».[1] El desaliento no es patrimonio de personas desorientadas intelectual y espiritualmente, sino que también aqueja en determinadas ocasiones a gigantes espirituales como Ibn ʿArabī. Por fortuna —como decimos—, aquellos momentos de desánimo se vieron esclarecidos por el mandato divino que le conminaba a aconsejar a todos los siervos de Dios —es decir, a todos los seres—, con independencia de su categoría y situación social.

He querido en este nuevo volumen abordar algunas de las cuestiones que me he dejado en el tintero en los dos libros anteriores, así como insistir en otras que, si bien ya he tratado más o menos someramente, deseo subrayar en un intento de sintetizar el complejo pensamiento del Šayj, como, por ejemplo, la figura mística de la unión de contrarios —o coincidencia de opuestos— que desafía la lógica aristotélica y que es, según mi modesto entender, la principal característica de la realización espiritual, ya sea en el sufismo o en cualquier otra tradición contemplativa. Sea como fuere, me veo en la obligación de reconocer que todo lo que he escrito al respecto no es sino un leve arañazo en el sublime edificio con múltiples e imponentes salas, sinuosos y largos pasadizos y altos e infranqueables muros de las inconmensurables enseñanzas akbaríes.

A lo largo de estos años, y a raíz de la publicación de mis dos libros anteriores sobre el tema, he tenido oportunidad de trabar relación con algunos de los más importantes estudiosos de las enseñanzas akbaríes (algunos de ellos ya citados) y todos me han parecido, además de profundos conocedores de la obra del Šayj y admiradores incondicionales de su imponente figura intelectual, personas humildes que consagran sus días al estudio y difusión del ingente legado de Ibn ʿArabī. Me honra formar parte ahora de ese nutrido grupo, aunque mis conocimientos al respecto no estén, ni mucho menos, a la altura de las profundas y certeras investigaciones y los escritos de la mayoría de sus miembros. Fruto de este amor y de esta admiración incondicional por la obra del Šayj es también este tercer libro que el lector tiene ahora en sus manos.

En el primer capítulo, recogemos algunos datos apócrifos y distintas leyendas que han marcado la historiografía del Šayj, y que se repiten sin descanso siempre que se habla de su biografía. Es nuestro propósito contribuir, aunque sea mínimamente, a esclarecer algunos malentendidos que siguen circulando tanto en las redes como en numerosas publicaciones.

El capítulo siguiente constituye una extensa meditación en torno a la cita coránica: «Él es el Primero y el Último, el Interior y el Exterior» (57:3). Y, en él, abordamos la sofisticada concepción espacio-temporal de que hace gala Ibn ʿArabī, siendo esta, sin lugar a dudas, una de las visiones relacionadas con las dimensiones del tiempo y el espacio más complejas y profundas que ha alumbrado el ingenio humano. Pasamos revista, de ese modo, a la compleja concepción que patentiza el Šayj en los capítulos que en el exuberante texto de *al-Futūḥāt al-makkiyya* dedica a este particular (fundamentada, por supuesto, como siempre pone de relieve su enseñanza, en el Corán, las tradiciones proféticas y sus abundantes experiencias visionarias). Para ello, revisamos algunos conceptos coránicos y akbaríes relacionados con esta cuestión, comenzando con la célebre noción de «creación continua» (*al-jalq al-ŷadīd*), siguiendo con la concepción cíclica del tiempo y concluyendo con la llamada «semana divina» creativa, en la que nuestro autor hace gala, como ocurre inevitablemente en sus escritos, de una concepción integral del tema abordado desde todos los puntos de vista posibles. Atendiendo al carácter gráfico de parte del presente volumen, y con el fin de facilitar la comprensión de este abigarrado tema, acompañamos nuestra exposición con diferentes figuras esquemáticas, procedentes de distintas publicaciones.

Adentrándonos luego en las enseñanzas geométricas de Ibn ʿArabī (no olvidemos que en la filosofía clásica la geometría siempre fue uno de los pilares donde asentaba la enseñanza acerca de la realidad), abordamos en el capítulo 3, titulado, con resonancias neotestamentarias (Mateo 20:1-16), «Los últimos serán los primeros: la circularidad de la existencia», diferentes figuras de las que se sirve el Šayj para glosar la manifestación de los cuatro o siete nombres divinos raíces, en torno a los cuales se organiza el despliegue primigenio de la Creación. También tratamos lo que denominamos el patrón creativo de la triplicidad, relacionado con la actividad creativa divina. Lo que queremos destacar en este capítulo es en definitiva que todas las cosas retornan al lugar de donde emergieron y por eso la existencia describe un círculo, que es la figura geométrica referencial de buena parte de la exposición akbarí a este respecto. Parte de este capítulo fue expuesto en Murcia, en el año 2016, en el simposio anual celebrado en torno a la figura del Šayj, titulado VI Simposio Internacional Ibn ʿArabī: MIAS-Latina: «Presencia».

El capítulo que viene a continuación, «Ibn ʿArabī visual», está dedicado a una serie de gráficos que aparecen principalmente en el capítulo 371 de las *Futūḥāt al-makkiyya*. Los esquemas y cuadros sinópticos son muy importantes en la enseñanza del sufismo, y el Šayj hace gala de manera profusa de esta cualidad visual de la enseñanza. Así pues, en la presente sección, desglosamos el modo en que el Šayj se sirve de diferentes figuras geométricas para explicar el origen y la disposición de los distintos componentes del cosmos.

El capítulo siguiente, titulado «El viaje espiritual a través de las esferas de la existencia», constituye una tentativa de síntesis de las enseñanzas del Šayj en torno a la importante noción, en su pensamiento, de teofanía (*taŷallī*) o manifestación de Allāh con el fin de mostrarse en el mundo de acuerdo a la receptividad de quienes la perciben. Recogemos asimismo diversas experiencias teofánicas recopiladas de fuentes bíblicas, de la tradición hinduista y de la tradición sufí. El capítulo también incide en la importante cuestión de que existen diferentes tipos de teofanía en consonancia con el nivel de realidad (*mulk, malakūt, ŷabarūt*, o estadios denso, sutil y muy sutil de la existencia) en el que acaece la manifestación divina y que desembocan a la postre, siguiendo el itinerario místico, en aquello que denominamos «La visión de Dios», aunque en esta visión Él nunca sea igual a sí mismo y aunque sea imposible percibir a Dios en su totalidad, porque, como insiste el Šayj, solo podemos percibir de Él aquello, poco o mucho, que nos muestra de acuerdo a nuestra capacidad de reconocimiento. Tras analizar la naturaleza de las manifestaciones teofánicas, nos centramos en el resto del capítulo en la naturaleza propia de las teofanías más allá de la forma, las cuales no han recibido la atención que merecen, puesto que, hasta la fecha, los estudiosos se han centrado más en la naturaleza de las teofanías formales. Parte del contenido de este capítulo fue expuesto, en el XVII Encuentro del Círculo de Estudios Espirituales Comparados, en Arenas de san Pedro (Ávila) y titulado «Formas de la imaginación y teofanías más allá de la forma».

El encabezamiento del capítulo 6, «Los ángeles no sueñan», procede de una cita literal de Ibn ʿArabī y en él abordamos las distintas modalidades de criaturas angélicas que consigna el Corán, ahondamos en la relación que mantienen palabras y presencias angelicales e incidimos de nuevo en los diversos planos de existencia en que se articula el cosmos visible e invisible, la relevancia atribuida por el Corán al ser humano en relación con los ángeles, así como la importancia del arcángel Ŷibrīl (Gabriel) en su calidad de ángel de la humanidad y de la Revelación. También abordamos algunas vivencias biográficas del Šayj relacionadas con esta cuestión. Parte de este capítulo fue publicado en la revista *El Azufre Rojo*, en el número 8, correspondiente al año 2020.

El capítulo cuyo título es «Misericordia para los mundos: la espiritualidad todo-inclusiva de Muḥammad» aborda las cualidades de los amigos muḥammadíes, prototipo de los santos islámicos más elevados que patentizan ciertas características que no encontramos en otras herencias proféticas. Debemos insistir en esta categoría de amigos de Dios, puesto que Ibn ʿArabī pasa por ser, tal como él mismo manifiesta en algunos de sus escritos, heredero del legado espiritual de Muḥammad y, por consiguiente, un *muḥammadī* ejemplar. Entre las virtudes de este grupo de amigos de Dios destacan, por encima de todo, su consideración de que las diferentes tradiciones espirituales constituyen vías de acercamiento a lo divino, así como el hecho fundamental de convertirse en un *Corán* viviente o un Libro de carne y hueso. Esta última cualidad no es privativa de los contemplativos islámicos, sino que también la encontramos en otras tradiciones, como, por ejemplo, en el judaísmo jasídico primitivo: «Como dijo Rabí Leib, hijo de Sara: "No fui a ver al rabino Dov ver de Metzritch para escuchar la Torá de él, sino para ver cómo se ata los cordones de los zapatos". No es tan importante enseñar la Torá como ser la Torá».[2]

En el capítulo 8, «El decir poético de Ibn ʿArabī», ahondamos en un aspecto de la expresión akbarí que a nuestro entender todavía no ha recibido suficiente atención en nuestro medio cultural. Nos referimos a su cultivo pertinaz de la poesía a lo largo de su existencia. Es este un aspecto que necesita ser enfatizado en el entorno occidental, pues el decir poético no es algo lateral en la obra del Šayj, ya que, además del conocido *El intérprete de los deseos ardientes* (*Tarŷumān al-ašwāq*, la primera obra suya que alcanzó una notable difusión en Occidente), la exposición de sus trabajos en prosa se encuentra hilvanada con multitud de poemas. Y no solo eso, sino que hace poco hemos asistido a la publicación, en árabe, de buena parte de su obra poética, recogida en el *Diwān Ibn al-ʿArabī: al-maʿārif al-ilāhiyya wa-l-laṭāʾif al-rūḥāniyya*, una edición crítica del ingente trabajo poético del Šayj.[3]

Por su parte, el capítulo que lleva por nombre «El corazón capaz de acoger todas las formas» es un comentario «libre» del celebérrimo poema n.º 40 del libro ya citado *Tarŷumān*. Además de otras consideraciones, en dicho apartado subrayamos, siguiendo ciertas claves hermenéuticas como la presencia del jardín entre las llamas, que el poema hace referencia, entre otras cuestiones, a la sabiduría del profeta Ibrāhīm, padre de las tres principales tradiciones monoteístas, aunque, por supuesto, como siempre sucede en el caso del Šayj, el caudal de las posibles lecturas resulta inagotable. Hemos aprovechado en este capítulo la versión del poema traducida por el profesor Pablo Beneito, la cual corrige algunos errores presentes en versiones anteriores.

Siguiendo con esta vena poética, el capítulo siguiente, «Dios deseado y deseante», aborda lo que sin duda son claras resonancias akbaríes en este postrer libro del insigne poeta Juan Ramón Jiménez. En nuestros dos textos anteriores hemos citado que *El islam cristianizado*, el estudio pionero de Miguel Asín Palacios sobre la biografía y la enseñanza de Ibn ʿArabī, publicado en el año 1931, supuso un auténtico hito en la vida cultural de nuestro país, al que por supuesto no fue ajena la aguda sensibilidad y la lectura apasionada del poeta de Moguer. Tal como veremos en este capítulo, el libro *Dios deseado y deseante* parece hacerse eco en muchos de sus poemas de algunas importantes enseñanzas de Ibn ʿArabī. El contenido de este capítulo fue expuesto en la Universidad de la Mística, en Ávila, en el año 2019, en el simposio titulado «La poesía como vía de realización: sobre la significación de las modalidades del discurso en Ibn *ʿArabī»*.

Tampoco nos olvidamos de incidir, en el capítulo titulado «El principio femenino en las enseñanzas del Šayj», en el decisivo tema de su relación con el principio femenino y las mujeres, de las cuales tuvo numerosas discípulas. Asimismo, abordamos someramente el hecho de que el islam no es una religión «patriarcal», tal como patentiza su arraigo en importantes comunidades matriarcales de la zona geográfica del océano Índico, principalmente.

Y, por último, el capítulo titulado «Unión de contrarios: las luces de lo invisible» constituye una suerte de síntesis de los aspectos más relevantes de la enseñanza akbarí resumidos en la conocida figura, tanto alquímica como filosófica, de la unión de contrarios o *coincidentia oppositorum*: coincidencia de opuestos, que es el hilo conductor de buena parte de su enseñanza. Al igual que el célebre sufí Abū Saʿīd al-Jarrāz (m. circa 890), escribe Ibn ʿArabī que no cabe concebir a Allāh más que como unión de contrarios, puesto que, entre otros elementos aparentemente contrapuestos, «Él es el Primero y el Último, el Exterior y el Interior» (Corán 57:3) y «la totalidad de los nombres contrarios». Así pues, Dios carece de opuesto porque es la reunión de todos ellos. Él admite todas las aserciones y las refutaciones y está de acuerdo con cualquier cosa que se diga o calle acerca de Él. Siempre es parte indisociable de la definición, de lo que define y de aquello que es definido, así como de lo que siempre queda sin definir.

Cabe reseñar una anécdota biográfica, recogida en un pasaje de las *Futūḥāt al-makkiyya,* que demuestra que, en la esfera de la espiritualidad más profunda, la coincidencia de opuestos no solo es una figura retórica ni una posición teórica, sino que tiene un carácter vivencial, como demuestra la siguiente anécdota, recogida por el mismo Šayj, que evidencia lo excéntrica que resulta en ocasiones, a ojos profanos, la disciplina espiritual y que ilustra la conexión indestructible que todas las cosas, incluso las en apariencia más repugnantes, mantienen con la realidad divina, lo cual es, por otra parte, un excelente ejemplo de lo que es, desde el punto de vista de la visión espiritual la llamada «unión de contrarios». En la época en que ocurre el suceso, Ibn ʿArabī debe tener poco más de veinte años. Según relata, cierto día se encuentra en medio del zoco sosteniendo impertérrito un pescado podrido y apestoso. Este hecho despierta el asombro de sus compañeros, quienes alaban ante su maestro la gran mortificación y humillación a que se somete el joven. Sin embargo, al ser interpelado por el motivo de tan extraña conducta, Ibn ʿArabī les espeta que están equivocados y que su verdadera intención es la siguiente: «Simplemente, he constatado que Dios, a pesar de Su grandeza, no ha desdeñado crear una cosa semejante. ¿Cómo iba yo a rechazar llevarla en mis manos? No existe una sola substancia, en el universo superior e inferior, que no esté ligada a una realidad divina, y, desde el punto de vista del Todopoderoso, no hay preeminencia entre ellas».[4]

En cuanto al título del presente volumen, «La tierra del despertar», este ha sido extraído, como comprobaremos más adelante, de una enseñanza de Ibn ʿArabī y se refiere al momento de la Resurrección, cuando toda la humanidad se hallará sobre un puente alzado en la oscuridad. Nos asegura el Šayj que, en ese momento, Dios transformará el lugar en la Tierra del Despertar, en una condición de completa pureza, donde las criaturas tendrán conocimiento inmediato de Dios y nadie dormirá ya el sueño de la ignorancia.

Es mi más hondo deseo que las páginas siguientes, como las de mis anteriores libros, contribuyan humildemente a la difusión y el mayor conocimiento de un contemplativo y un genio intelectual como Ibn ʿArabī, hasta hace bien poco un completo desconocido en la tierra que le vio nacer. Este es en definitiva un somero intento de difundir, aunque sea de manera muy limitada, la inabarcable inmensidad y la insondable profundidad de las enseñanzas akbaríes.

Lliria (Valencia), 20 de febrero de 2023

1. DATOS APÓCRIFOS SOBRE LA VIDA DE IBN ʿARABĪ

Resulta casi imposible, en una existencia marcada muchas veces por lo extraordinario, no caer en el recurso fácil de la mistificación y la leyenda. Esto ha ocurrido de manera inevitable con la biografía de Ibn ʿArabī, a cuya existencia ya de por sí prodigiosa —marcada por intensas visiones y sueños lúcidos en los que se entrevistó con importantes maestros del pasado y en numerosas ocasiones con el mismo Profeta— se han añadido una serie de hechos apócrifos que, en mi opinión, no resultan necesarios y contribuyen a ensombrecer los datos de que disponemos aportados por él mismo en sus libros. Muchas de estas anécdotas pseudo-biográficas —como decimos, de verosimilitud más que dudosa— hay que atribuirlas a historiadores y diferentes admiradores muy posteriores que trataron de embellecer de modo redundante la ya de por sí hermosa y asombrosa trayectoria vital del Šayj. Algunos de estos pseudo-hechos los recogí en mi breve biografía de Ibn ʿArabī, publicada en el año 2011 como parte del libro *Ibn ʿArabī: vida y enseñanzas del gran místico andalusí*. Con este nuevo escrito pretendo remedar distintas imprecisiones y contribuir a ofrecer una visión más acorde con los hechos de algunos episodios de la biografía espiritual del Šayj. Con independencia de lo anterior, sí que cabe afirmar que a lo largo de la historia numerosos personajes recibieron en sueños o de manera visionaria la visita y las enseñanzas de Ibn ʿArabī en otras dimensiones de la existencia. Pero ese es otro tema tratado de manera magistral en un excelente artículo publicado por la especialista francesa Claude Addas hace ya varios años, más concretamente en 1992.[5] En el presente escrito nos ocuparemos —como digo— de otro tipo de anécdotas, con las cuales los biógrafos e historiadores posteriores pretendieron adornar una existencia extraordinaria que no precisa en absoluto de la leyenda ni de la idealización.

La primera anécdota de más que dudosa historicidad es el de la voz que en medio de una juerga nocturna escucha el joven Ibn ʿArabī conminándole a entrar en retiro y cumplir el propósito para el que Dios lo había creado. Pero como subraya Claude Addas, el único autor que recoge este incidente es al-Qārī al-Bagdādī (m. 1418), un historiador muy posterior cuyas crónicas han de tomarse —nos asegura Addas— con enorme cautela, puesto que muchas veces «no duda en falsificar los textos —con total buena fe, sin duda— para hacerles decir lo que no dicen».[6] El relato en cuestión explica lo siguiente:

> Ibn ʿArabī era de familia de príncipes y grandes de este mundo; su padre era ministro del amo de Sevilla, el sultán del Magreb. Un príncipe de entre los amigos de su padre lo invitó, así como a otros hijos de príncipes. Cuando el šayj Muḥyīddīn y los demás estuvieron presentes comieron hasta la saciedad, tras lo cual las copas de vino comenzaron a circular. Cuando llegó el turno del šayj Muḥyīddīn, agarró la copa y se dispuso a beber. Fue entonces cuando oyó una voz que lo interpelaba: «¡Oh, Muḥammad, no es para eso que has sido creado!». Arrojó la copa y salió estupefacto. Cuando llegó a la puerta de su casa, encontró al pastor del visir, sucio y polvoriento como de costumbre. Se hizo acompañar por él hasta la salida de la ciudad, donde cambió su ropa por la suya. Luego, anduvo errando un buen rato hasta que llegó a un cementerio situado a la orilla de una corriente de agua y tomó la decisión de residir allí. En medio de dicho cementerio, encontró una tumba en ruinas, que se había convertido en caverna. Penetró en ese lugar y se puso a practicar la invocación (*ḏikr*), sin salir de allí nada más que a las horas de la oración. Permanecí en ese cementerio —dijo el Šayj— cuatro días. Y salí de allí con todas las ciencias (que poseo ahora).[7]

La mención, bastante frecuente, de que no se llevaba demasiado bien con los califas almohades también debe ser acogida con extrema cautela. En efecto, no hay ninguna referencia que avale dicha animadversión. Más bien, desde su más temprana infancia vivió en el entorno de palacio y mantuvo buenas relaciones con los gobernantes, dado que el padre trabajaba para ellos. Esta leyenda ha sido forjada teniendo como inspiración la creencia de que un auténtico místico no puede estar a bien con las clases dirigentes. Pero, si bien el Šayj había renunciado desde su juventud a toda riqueza y pretensión mundana, no por ello dejó de tener tratos con la casta poderosa del país, tal como demuestra el incidente en que el califa le recomendó casar a una de sus hermanas con una determinada persona, consejo, por cierto, que Ibn ʿArabī no siguió.[8] El hecho de que, a pesar de su actitud de renuncia, siguiese teniendo acceso al califa, tan solo nos indica que el Šayj estaba muy bien relacionado socialmente.

Abundando en su pretendida mala relación con los gobernantes almohades, debemos señalar que, cuando Ibn ʿArabī emprende su viaje a Oriente, no es recibido, tanto en Egipto como en otros lugares, como un místico, sino como un especialista en la *šarīʿa*, como un *faqīh* de orientación almohade, tal como nos indica el profesor Alfonso Carmona:

> Cuando al-Šaykh al-Akbar llegó por primera vez a Egipto era, para unos, un sufí precedido ya de cierta fama; y, para la mayoría, un jurista (*faqīh*) del occidente islámico que se atenía a una doctrina que en aquella época estaba siendo propugnada por el régimen almohade. Esta condición de jurista al estilo almohade es atribuida a Ibn al-ʿArabī explícitamente por Ibn Khallikān, quien llegó a conocer personalmente a nuestro Muhyī l-Dīn.[9]

Asimismo, es dudoso el dato de que padeciese persecución por sus ideas e incluso fuese encarcelado en Egipto, a pesar de que así consta en algunas biografías posteriores. Sin embargo, Ibn ʿArabī no recoge en ninguno de sus libros este incidente. Como escribe de nuevo Claude Addas, es difícil que hubiese dejado de hacer referencia a un asunto como ese, dispuesto, como siempre estaba, a denunciar los excesos de los alfaquíes, y tampoco se halla ninguna mención en sus discípulos de dicha circunstancia. Todo lo más que podemos suponer es que el Šayj, durante su estancia en El Cairo, chocó con la intransigencia de algunos alfaquíes. Pero veamos ahora lo que Miguel Asín Palacios escribe, sin demasiado fundamento, a este respecto:

> Las gentes de la tierra de Egipto concibieron contra él un odio violento por causa de sus doctrinas y lo acusaron para que fuese condenado a muerte. Dios, empero, lo libró por mano del maestro Abulhasán de Bugía, el cual puso empeño en libertarlo interpretando en sentido alegórico sus palabras. Cuando Abulhasán llegó a donde Abenarabi estaba, tras haberlo libertado, díjole este: «¿Cómo había de ser encarcelado aquel en cuya humanidad reside la Divinidad?». A lo cual repuso Abulhasán: «¡Oh, señor mío! Esas son expresiones de místico entusiasmo, propias del estado de embriaguez extática, y no es en manera alguna responsable el que está ebrio».[10]

Debemos precisar también que el Šayj, como patentizan muchos de sus escritos, nunca fue amigo de mostrar signos de ebriedad mística, y menos en público.

Según Osman Yahia, en el año 1212 se encuentra, en la ciudad de Bagdad, con Šihāb ad-Dīn Suhrawardī (no confundir con el célebre Yaḥyā ibn Ḥabaš Suhrawardī, que fue ejecutado en Alepo varios años antes), autor de los *ʿAwārif al-maʿārif* [*Los beneficios de los conocimientos*]. Pues bien, resulta que en ningún lado figura que se conociesen en esa ciudad y en esa fecha, aunque es cierto que el encuentro entre ambos personajes aparece recogido, como escribe de nuevo Claude Addas, en el *Mirʾāt al-ŷanān* de Yāfiʿī (m. 1369) en los siguientes términos:

> Los dos maestros y guías Ibn ʿArabī y Suhrawardī se encontraron. Se quedaron los dos con la cabeza agachada durante un cierto tiempo y luego se separaron sin haber intercambiado la más mínima palabra. Se le preguntó a continuación a Ibn ʿArabī: «¿Qué piensas de Suhrawardī?». Respondió: «Está impregnado de la Sunna de la cabeza a los pies». Se le preguntó también a Suhrawardī sobre qué pensaba de Ibn ʿArabī: «Es un océano de verdades esenciales».[11]

Sin embargo, a pesar de la belleza del encuentro, como expresa la especialista francesa, es dudosa la veracidad histórica de esta breve entrevista, no solo porque la referencia a dicho encuentro data de varios siglos después, sino también porque Ibn ʿArabī, al hablar del fallecimiento de este maestro, no precisa que lo conociese, cosa que sí que hace con muchos otros reputados personajes y maestros con los que mantuvo algún tipo de relación.

Su entrevista con el gran sabio Ŷalāl ad-Dīn Rūmī (m. 1273) es otra de esas anécdotas que, si bien sería maravilloso que hubiese ocurrido, no consta en ningún escrito del Šayj. Otra cosa es que algunos de sus principales discípulos, como Ṣadr ad-Dīn al-Qūnawī (1207-1274), quien vivió en la región de Konya, trabase relación con tan insigne maestro, por ejemplo, pues ambos fueron buenos amigos. Esta anécdota —que, como otras en torno a las peripecias vitales del Šayj, hay que aceptar con toda la prevención que nos sea posible— nos transmite el supuesto encuentro, ocurrido supuestamente en Malatya o en Konya, que mantuvo con Rūmī —por aquel entonces un niño— y el padre de este, quienes huían de las invasiones mongolas que asolaban su tierra natal y buena parte de Oriente. Al concluir la entrevista y mientras abandonan la estancia, el padre precediendo al hijo, Ibn ʿArabī comenta: «¡Qué visión tan extraordinaria! ¡Un mar seguido por un océano!».[12] Sin embargo, no deja de ser otra leyenda de más que dudosa verosimilitud.

También recoge Claude Addas que al concluir la primera versión de las *Futūḥāt al-makkiyya*, en el año 1231, el Šayj partió en peregrinación a La Meca —según mantiene el estudioso Osman Yahia— para celebrar en el lugar santo la finalización de tan magna obra. No obstante, tal como subraya la especialista francesa, este autor no nos brinda ninguna fuente que sustente semejante afirmación. Tal vez —señala Addas— se apoyó en algunas fuentes tardías que nos indican que cuando terminó el libro, se dirigió en peregrinación hasta la Piedra Negra y depositó sobre el techo de la Kaaba las hojas de su voluminosa obra, retirándola un año después para constatar que la intemperie no la había afectado. Esta anécdota también resulta escasamente creíble, dado que es inimaginable que el Šayj se encaramase al techo de la Kaaba para depositar su libro en lo alto de tan sagrado lugar. No se halla en los escritos de Ibn ʿArabī referencia alguna a tan extraño viaje, aparte de que es una falta grave de *adab* el hecho de que supuestamente ubicase su trabajo por encima de la Kaaba, el lugar más santo del islam.[9]

Por último, una leyenda apócrifa, que cae por su propio peso a poco que investiguemos la biografía de Ibn ʿArabī, nos asegura que murió víctima de las torturas que le infligieron los habitantes de Damasco por oponerse a los excesos de la alta sociedad de la ciudad, enriquecida por el dinero fácil del negocio de las caravanas. Se cuenta que subió al monte Qasiyun, a las afueras de la capital siria, y dirigiéndose a la multitud les dijo: «¡Hombres de Damasco! El dios que adoráis está bajo mis pies». Entonces la gente se abalanzó sobre él, lo encarcelaron por blasfemo y solo la intervención de alfaquíes amigos le salvó de la muerte, pero no de un martirio prolongado que le llevó a la tumba poco después, en el año 1240. Según cierta tradición, un Šayj de su época, llamado Abūl-Hassan, restó importancia a sus palabras y lo salvó de la muerte, entablando con él el siguiente diálogo:

> —¿Cómo podría la gente apresar a alguien —preguntó a Ibn ʿArabī— a través de quien se une el mundo de los ángeles con el de los mortales?
>
> —He dicho mis palabras —replicó el Šayj— en medio de la embriaguez del estado que describes.

De nuevo, nos encontramos con la afirmación infundada de que Ibn ʿArabī caía en trance en público, cosa que él mismo —como ya hemos señalado— desdeña en sus escritos. La leyenda nos dice, de manera arbitraria, que las palabras y los hechos del Šayj provocaron en su tiempo reacciones tan violentas que la gente destruyó su tumba y no dejaron el mínimo vestigio de ella.

También es completamente fantástico el incidente que llevó al sultán otomano Selim I a erigir, en el siglo XVI, la mezquita que en la actualidad acoge los restos del maestro. En primer lugar, hay que decir que numerosas referencias atribuyen a Selim II (conocido en las crónicas con el sobrenombre del «borracho») la construcción de la mezquita y el lugar de enterramiento. De hecho, hay diferentes entradas en Google y referencias biográficas que abogan por semejante hecho. Pero este sultán no salió nunca de Turquía y por consiguiente es imposible que visitase Damasco y disfrutase de la visita visionaria del Šayj. Además, comenzó a gobernar en 1566, es decir, varios años después de construida la mezquita.

Una de las muchas afirmaciones enigmáticas que espuriamente se atribuyen al Šayj es la siguiente: «Cuando la *s* se junte con la *š* (las letras *sīn* y *šīn* del alifato árabe) se descubrirá la tumba de Muḥyiddīn». Supuestamente, cuando el sultán otomano Selim I conquistó Damasco, en el año 1516, tuvo conocimiento de esa declaración gracias a un estudiante de aquel tiempo llamado Zembilli Ali Efendi, que interpretó la profecía de la siguiente manera:

> Cuando Selim (cuyo hombre comienza con la letra *sīn*) entre en la ciudad de Sham (Šām, nombre árabe de Damasco, que empieza por la letra *šīn*), descubrirá la tumba de Ibn ʿArabī.

Tras esto, el sultán Selim I averiguó, gracias a los teólogos de la ciudad, cuál era el lugar donde el santo declaró la célebre frase: «El dios que adoráis está bajo mis pies», y cavó allí. Lo primero que descubrió fue un tesoro de monedas de oro, que revelaron lo que, supuestamente, Ibn ʿArabī quiso decir en realidad en su momento. Con el tesoro descubierto, el sultán Selim I construyó un santuario y una mezquita en el emplazamiento de la tumba. Aún hoy en día se encuentra en Damasco, en un lugar llamado Ṣāliḥiyya, a las faldas del monte Qāsiyūn. Ambas, mezquita y tumba, pueden visitarse hoy en el enclave de Ṣāliḥiyya, en la moderna Damasco, y es lugar de santa peregrinación para buena parte del mundo musulmán.

Sin embargo, lo único cierto es que Ibn ʿArabī murió tranquilamente en su lecho, siendo enterrado en el jardín de los Banū Zaqī, quienes fueron sus protectores mientras vivió en la ciudad. No fue hasta la irrupción en Damasco de Selim I que sus restos fueron llevados a la mezquita construida, como hemos señalado, por este mismo sultán.

Así pues, estos son algunos de los datos espurios que durante siglos se han repetido con relación a la biografía de Ibn ʿArabī. Muchas veces, este afán por repetir aquello que los datos históricos no confirman, es fruto de la devoción que su figura ha despertado en algunos de sus seguidores. En cualquier caso, la vida de Ibn ʿArabī sí que estuvo plagada, desde su más temprana adolescencia, de visiones espirituales, siendo sus abundantes libros y su exposición de la doctrina del islam su mayor y más portentoso milagro.

2. TIEMPO Y ESPACIO: «ÉL ES EL PRIMERO Y EL ÚLTIMO; EL INTERIOR Y EL EXTERIOR»

I

La práctica totalidad de las reflexiones efectuadas por Ibn ʿArabī acerca de tiempo y espacio dimanan de la exhortación coránica: «Él es el Primero y el Último, el Exterior y el Interior» (57:3), una declaración que configura cuál será el tratamiento de ambos principios en la copiosa obra de nuestro autor. Siguiendo el orden indicado por las palabras divinas, abordaremos en este escrito, en primer lugar, la abigarrada concepción del tiempo de que hace gala el Šayj y a continuación su visión del espacio y del ordenamiento de los diferentes planos, más o menos sutiles, del cosmos.

De entrada, debemos señalar que, según el eminente estudioso William Chittick, estas dos dimensiones del ordenamiento cósmico asumen una configuración horizontal (temporal) y otra vertical (espacial). La dimensión horizontal tiene que ver con la distribución temporal de la realidad y la cuestión de que Allāh es principio y fin de todo, es decir, el cosmos emerge de Él y a Él retorna. La dimensión vertical, por su parte, apunta al hecho de que, atendiendo a la naturaleza del proceso de manifestación y de la configuración de los distintos planos de la realidad de acuerdo a su mayor o menor grado de sutileza, en el nivel inferior encontramos los objetos y seres que percibimos con nuestros sentidos ordinarios, mientras que en los grados superiores se ubican realidades de orden más sutil, no siempre accesibles a la percepción humana habitual, hasta alcanzar el nivel más elevado, o más sutil que lo más sutil, de la no-manifestación, que es donde se ubica la divina Presencia tal como es en sí misma, inaccesible y completamente oculta a las múltiples entidades que pueblan la variedad de los universos. Cuando nos referimos a los universos en plural no hacemos sino seguir las indicaciones del Corán a este respecto, pues leemos en él: «Alabanzas a Allāh, el Señor de los mundos» (1:2). Y también: «Mi vida y mi muerte pertenecen a Allāh, Señor de los mundos» (6:162). Asimismo, encontramos referencias similares en la literatura talmúdica: «Dios vuela entre 18.000 mundos».[13]

No debemos apresurarnos a concluir que los nombres el Primero y el Último pertenecen simplemente al principio y el final del cosmos, sino que, como el resto de los nombres divinos, también muestran sus efectos en cada momento y circunstancia particular. Y lo hacen, entre otras situaciones, precisamente en forma de lo que se conoce como renovación de la creación a cada instante, puesto que el principio y el final de la Creación acaecen a cada momento. En el capítulo 558 de las *Futūḥāt al-makkiyya*, Ibn ʿArabī señala que dicho par de nombres establecen la relación conocida como «tiempo» (*zamān*),[14] declarando a este respecto:

> El Primero es Aquel cuya Existencia (*wuŷūd*) no tiene principio que la inaugure (*muftatiḥ*), y el Último es Aquel cuya Existencia no tiene fin que la concluya (*nihāya*). No hay ser existente (*mawŷūd*) alguno que se describa con dos opuestos (*ḍidd*) coincidentes en un único sentido (*waŷh wāḥid*) salvo la divina Realidad (*al-Ḥaqq*) —Enaltecido sea—. Se preguntó a Abū Saʿīd al-Jarrāz: «¿Por medio de qué has conocido a Allāh —Enaltecido sea—?». Respondió: «Por Su reunión de los dos opuestos». Y a continuación recitó la aleya: «Él es el Primero y el Último, el Exterior y el Interior».[15]

Y un poco más adelante, en el mismo capítulo, el Šayj apunta lo siguiente respecto de los nombres el Interior y el Exterior (el Oculto y el Manifiesto), que estamos considerando:

> Él es el Manifiesto (*al-ẓāhir*) por sus efectos (*āṯār*) y Sus actos (*af'āl*) y el Oculto por Su esencia; es el Exterior (*al-ẓāhir*) en función de su divinidad (*ulūhiyya*) y el Interior (*al-bāṭin*) en Su realidad esencial (*ḥaqīqa*).[16]

Si relacionamos estos cuatro principios con la figura del círculo, el punto central (*nuqṭa*) se correspondería con los nombres del Primero y el Interior, mientras que la circunferencia (*dā'ira*) sería el Último y el Exterior. (Más sobre este particular en el capítulo correspondiente).

Los adjetivos árabes *awwal* y *ājir* tienen sentidos comparativos y superlativos, por lo que *awwal* significa tanto primero como anterior, y *ājir* tanto último como posterior. Dios es el Primero porque su ser no puede no ser. Por consiguiente, Allāh se inviste de prioridad sobre las cosas posibles, que pueden ser o no ser, y que, en cualquier caso, solo pueden llegar a existir una vez que Él les infunde la cualidad de la existencia (*wuŷūd*). Dios también es el Último porque todas las cosas vuelven a aquello de lo que surgieron. Y puntualiza el Šayj: «Él es el Primero por necesidad y el Último por el retorno a Él de la totalidad de las cosas».[17]

Como señala de nuevo el estudioso William Chittick, existen cuatro modos en que Ibn 'Arabī nos introduce a los distintos grados de la existencia. La disposición según la cual el universo se organiza desde el punto de vista de las 28 letras del alifato es una de las cuatro maneras básicas en las que nuestro el Šayj ordena los niveles que constituyen el cosmos visible e invisible, siendo las otras tres: temporal (anterior y posterior), espacial (alto y bajo) y cualitativa (más excelente y menos excelente). Siguiendo la ordenación de los nombres divinos y la disposición del mensaje coránico, comenzaremos abordando la ordenación temporal y seguiremos luego con la espacial, así como con la organización cualitativa —marcada por su mayor o menor sutilidad— de los distintos planos de la existencia.

Varias son las concepciones del tiempo que el Šayj evidencia en sus prolijos escritos, haciendo gala de una de las visiones más ricas y complejas sobre este particular de que ha sido testigo la historia del pensamiento. En primer lugar, tenemos la noción (ya apuntada) de que la Creación se renueva a cada instante, conocida como «creación continua» o «nueva creación» (*al-jalq al-ŷadīd*), compartida por todos los sabios sufíes y evidenciada, por otro lado, por numerosos contemplativos y filósofos cristianos —como, por ejemplo, René Descartes—, la cual recoge el Corán cuando, por ejemplo, especifica que «dudan de una nueva creación» (50:15) —refiriéndose, obviamente, a las personas incapaces de identificar en la realidad que habitamos el principio de la creación continua—, o que Allāh «no cesa de crear» (35:81). El Libro sagrado proclama que Dios «no conoce sueño ni reposo» (2:255) y que «siempre está ocupado en algo» (55:29); «Él inicia la creación y luego la repite» (10:4); «como creamos una vez primera, crearemos otra» (21:104); «Id por la tierra y mirad cómo inicio la creación. Luego, Dios creará por última vez» (29:19-20); o bien: «Cada día Él está en una nueva obra» (55:29).

Es en definitiva la situación última de indigencia ontológica, o la naturaleza esencialmente ambigua de los seres creados desde el punto de vista de lo que significa existir en plenitud (la existencia completa y sin restricciones solo pertenece a Allāh), la que hace que los seres contingentes deban ser recreados a cada instante, dado que se hallan sometidos a una oscilación permanente entre el ser y la nada, entre luz y oscuridad. Así pues, el mundo debe, a causa de su precaria condición ontológica, ser sustraído de continuo desde la no-existencia —que es su condición primigenia— hasta la existencia aparente. A cada momento, el universo se sume en la inexistencia debido a su condición inapelable de indigencia ontológica y, a cada instante, retorna de nuevo a la existencia a causa del amor incondicional que Dios profesa hacia sus criaturas. Cabe suponer que, si el universo es creado y recreado a cada instante, todos los grados temporales y espaciales que exponemos en este capítulo también son creados, destruidos y recreados de manera incesante.

Ibn ʿArabī nos recuerda que todos los nombres divinos exhiben de continuo sus huellas en la existencia. De ahí que el Primero y el Último se manifiesten a cada momento. Con su nombre el Primero, Dios es la fuente de la teofanía que otorga existencia a las entidades. Con su nombre el Último, Él establece las propiedades y límites específicos que definen a cada entidad y que cesan a cada momento para ser reemplazados por nuevas propiedades y límites.

Pero el Šayj no solo patentiza en sus escritos el punto anterior referente a la creación continua, sino que, haciendo gala de una visión integral, que es característica siempre de su enseñanza, nos presenta también una imagen cíclica del tiempo. Suponemos que cada ciclo temporal, ya sea más o menos prolongado, se halla sometido, al igual que ocurre con todo lo creado, al imponderable de la «creación continua» que traspasa la totalidad de los mundos. Debemos colegir entonces que la estructura cíclica del tiempo se renueva a cada instante, como, por ejemplo, cuando se nos comunica (aunque la anécdota no pertenece propiamente a Ibn ʿArabī, sino a un tal Sa<u>h</u>awī [m.1497]) que el Šayj y alguien llamado Ibn Surāqa, oriundo de la localidad valenciana de Xátiva, quien vivió en Alepo y en El Cairo, atravesarán de nuevo en un futuro indeterminado una de las puertas de Damasco —la de Bāb al-Farādīs—, refiriendo lo siguiente: «Después de tantos miles de años, habrá un Ibn ʿArabī y un Ibn Surāqa que saldrán por esta misma puerta bajo esta misma forma».[18]Asimismo, cabe citar a este respecto la experiencia visionaria en la que, en el transcurso de un sueño lúcido, el Šayj percibe lo siguiente:

> Dios me mostró en visión, cuando yo efectuaba el *ṭawāf* [circunvalación] alrededor de la Kaaba, a un grupo de personas que yo no conocía y que me declamaron dos versos de los que solo uno se me quedó en la memoria [...] Uno de ellos, que llevaba un nombre que yo nunca había oído, me dijo: «Soy uno de tus antepasados». Le pregunté: «¿Hace cuánto tiempo que estás muerto?». Me respondió: «Alrededor de cuarenta mil años». Le hice la observación de que ni siquiera Adán había vivido hacía tanto tiempo. Me dijo: «¿De qué Adán hablas, del más próximo o del otro?». Me acordé entonces de un dicho del Profeta, que refirió que Dios había creado cien mil Adanes.[19]

El tiempo —escribe el Šayj— carece de realidad propia, pues no puede existir al margen del contexto relacional en el que se ubica. Lo que llamamos «flujo temporal» tan solo se refiere a la sucesión de acontecimientos que se enuncian en respuesta a la pregunta «cuándo». Los objetos en la dimensión exterior no poseen un tiempo determinado, puesto que el tiempo no es, por ejemplo, como el color rojo en relación con la rosa, y tampoco es una cualidad accidental que podamos identificar mediante los sentidos o la razón. Es más bien una atribución mental, algo que concebimos en nuestra mente y que luego relacionamos con los eventos, una cualidad que añadimos a los objetos y los seres, en lugar de algo que coexiste con ellos. Esto es especialmente cierto en relación con Dios, a quien no se aplica ninguna de nuestras categorías temporales. Para Ibn ʿArabī, en definitiva, el tiempo es un factor imaginario que carece de realidad propia. Por ese motivo, en su ciclópea obra *Futūḥāt al-makkiyya*, escribe: «Demostramos en este libro y en nuestro libro *al-Zamān* (*El Tiempo*)[20] que el tiempo carece de existencia (real)».[21] Aunque, como hemos señalado, no es posible encontrar en la actualidad el manuscrito de este último libro, el concepto del tiempo desde la perspectiva akbarí se desarrolla de manera bastante detallada en las *Futūḥāt al-makkiyya*, si bien se halla diseminado por todo el texto.

Abordaremos ahora las importantes nociones relacionadas con el tiempo, de *dahr*, *zamān* y *waqt* o eternidad, tiempo ordinario y momento presente, respectivamente.

Dahr es el tiempo absoluto, eterno e infinito de Dios, es decir, Dios mismo en tanto que Tiempo (denominado *dahr* en el Corán), y el tiempo relativo (*zamān*), esto es, mensurable, condicionado, divisible, concerniente a la Creación y los ciclos temporales de la humanidad. Y, de igual modo que Allāh es trascendente e inmanente al unísono, el Tiempo ilimitado tiene la capacidad de manifestarse en tanto que tiempo limitado. El tiempo relativo es teofanía del Tiempo absoluto, un concepto, este último, de raigambre sufí y fundamentado en la tradición escritural. Y prosigue explicando Ibn ʿArabī al hablar de la presencia del nombre *al-Dahr*:

> Se llama a quien alcanza esta Presencia de la Eternidad ʿAbd al-Dahr (Siervo del Tiempo Eterno). El Enviado de Dios (Dios le bendiga y salve) ha dicho: «No despreciéis el Tiempo [o bien, no reneguéis del Tiempo] (*dahr*), pues Allāh mismo es el Tiempo». Y al decir esto ha identificado el Tiempo (*dahr*) con la ipseidad de Allāh, en razón de lo cual están en lo cierto quienes profesan que «solo el tiempo (*dahr*) nos hace perecer» (45:24), ya que únicamente Dios les hace perecer. Aunque quienes profesan esta doctrina ignoran de hecho otra vida que no sea la que vivimos en este

> mundo y tras la cual fallecemos, han dicho la verdad al manifestar que «solo el tiempo (*dahr*) nos hace perecer», puesto que el Tiempo es Allāh mismo. El error de su creencia reside en que con el término «Tiempo absoluto (*dahr*)» solo quieren en realidad significar «tiempo condicionado (*zamān*)»: aciertan al emplear ese nombre, pero se equivocan al interpretar su significado. No obstante, en tanto que designan [con el nombre *dahr*] a «Quien hace perecer (*al-muhlik*)» [es decir, Dios mismo], también están en lo cierto con relación al significado y concuerdan por divina providencia con el Nombre revelado. Si [quienes profesan tal doctrina] hubieran empleado el término *zamān* [en lugar de *dahr*], Dios se hubiera llamado a sí mismo *zamān* [en la revelación], así como se ha llamado *dahr*. La expresión *al-dahr* significa «aquello cuyo ser no tiene límite [no acaba]» según aquellos que emplean el término, lo apliquen a lo que quiera que lo apliquen. Así que *al-dahr*, la Eternidad, es [el nombre de] una realidad inteligible [atributo], aplicable a quienquiera que sea perdurable (*dahir*), cuya condición se expresa con el término «Presencia del Tiempo eterno» [...] De hecho, el *dahr* integra a la pre-eternidad (*azal*) y la post-eternidad (*abad*). Posee, pues, el Tiempo infinito (*dahr*) ambas dimensiones, aunque la mayoría de los hablantes lo entiende como sempiternidad [perpetuidad o post-eternidad] (*abad*) [...] Así que tales hablantes solo conocen el Tiempo infinito en tanto que post-eternidad, pero no en tanto que pre-eternidad. No obstante, quien [a diferencia de quienes lo consideran solo como sempiternidad] considera que, según revela la Sunna, el Tiempo infinito es Allāh, entiende entonces que el *dahr* posee ambas dimensiones, siendo eternidad sin principio ni fin. Sábelo, pues.[22]

Así pues, el tiempo es multidimensional, ya que por un lado encontramos su progresión inequívoca en tanto que línea recta que va desde el nacimiento hasta la muerte o de la génesis del ser humano primigenio hasta arribar al último día, a lo cual debemos añadir otra dimensión discontinua del tiempo, que puede simbolizarse mediante una cruz, con la dimensión vertical de esta, donde los eventos de la vida espiritual constituyen «intersecciones», descensos desde el plano de lo puramente inteligible al plano de lo sensible, o, a la inversa, ascensiones hasta el dominio espiritual. Y precisa que el sentido de cada instante horizontal solo puede restituirse plenamente en la vertical ascendente, pero «no en la proyección futurible de la encrucijada».[23]

Ibn 'Arabī menciona la aleya coránica, ya citada: «Cada día está en una nueva obra» (55:29), que es una descripción de la acción de Dios en el universo y que explica los cambios que se producen en el mundo. Lo que consideramos «tiempo» no es sino Allāh obrando en el mundo de maneras infinitamente diversas, lo cual también es una explicación de por qué Él recibe el nombre de *dahr*, dado que transforma todas las cosas y se halla en una tarea distinta cada día (es decir, a cada momento). Dios es la eternidad en la medida en que es la fuente de todo cambio, así como de la generación y corrupción. Dios como *dahr* ayuda al universo a cumplir su finalidad, es decir, el retorno último de las cosas a la divinidad y su consumación en ella. *Dahr* como aspecto de Dios corresponde a un único día carente de día y de noche. Pero este día único se transforma en días diversificados, dado que se particulariza debido a las propiedades de los siete nombres divinos fundamentales, dando lugar a los llamados «días de Dios» (*ayyām Allāh*). Cada día del tiempo eterno no es más que la particularización de un nombre divino, lo cual se halla en perfecta armonía con la idea clave del Šayj de que no existe nada en la existencia engendrada excepto los nombres y atributos de Allāh. Así pues, mientras que el tiempo es algo puramente subjetivo, *dahr* tiene realidad propia en tanto que denota uno de los rostros de Dios.

También tenemos, en relación con el tiempo, la conocida noción sufí de *ibn al-waqt*, el «hijo del instante», la cual en su sentido más evidente supone liberarse de las preocupaciones respecto del pasado y del futuro ordinarios, si bien no se aplica simplemente al momento presente, el cual es un momento fugaz entre millones de otros, sino más bien al estado de presencia. En el lenguaje de la filosofía islámica, la presencia (*ḥaḍra*) no solo es cuestión de relacionarse con algo, sino de participar en la realidad completa de la existencia, la cual es presencia y plenitud. Estar presente significa hallarse en un estado de participación en el «eterno ahora». Debemos llamar la atención sobre el hecho de que formulaciones como «momento eterno» son una expresión de la conocida figura de la «unión de contrarios», que tan importante es en la exposición doctrinal del Šayj, así como de otros maestros sufíes, y de la que nos ocuparemos en un capítulo posterior.

Para estar plenamente presente se requiere, paradójicamente, que uno esté ausente de su propio yo. Por ese motivo expone el gran contemplativo *Rūzbehān* Baqlī (1128-1209):

> En este estado [en el momento eterno] está ausente de su propia existencia y lejos de las limitaciones humanas. ¿No ves cómo el Corán define el estado de Moisés cuando Dios se le manifestó...? «Pero, cuando su Señor se manifestó a la montaña, la pulverizó y Moisés cayó al suelo fulminado» (7:143). En esos momentos, cuando el peregrino se halla inmerso en la contemplación de Dios, los eventos mundanos no pueden interrumpirlo y en su corazón no queda vestigio alguno de la Creación; todo pensamiento se aleja de su mente, y los instantes se desvanecen.[24]

El profeta Muḥammad expresa en un hadiz: «Tengo momentos con Dios que ni el arcángel ni los profetas anteriores pueden compartir conmigo». De esa manera, el *waqt* se refiere en estricto sentido a la experiencia de aniquilación-subsistencia (*fanā'-baqā'*) y no solo al hecho de tratar de vivir en el momento presente, lo cual por otro lado es metafísicamente imposible en nuestro plano de realidad, puesto que el presente se transforma de continuo en pasado. Repetimos que nadie puede instalarse en el presente, sino que tan solo permanece en el instante —que es el tiempo divino propiamente dicho— el contemplativo que «muere» a su propio yo.

A las perspectivas recién enumeradas acerca del carácter cíclico del tiempo y la visión de la creación continua, así como las apreciaciones acerca de la naturaleza de la eternidad y del instante, debemos añadir la peculiar disposición de los días de la semana (los siete días de la Creación), que es en concreto el tema de que nos ocuparemos durante el resto de la presente sección, donde el flujo temporal, además de la corriente habitual formada por aparentes momentos sucesivos, se asemeja a un río subterráneo que va enlazando distintas fases de la semana «creativa» para conformar una especie de trenzado o tapiz en el que cada momento de que constan los correspondientes días y noches se halla entretejido con los momentos del resto de los días y noches de la semana de manera sumamente peculiar. Es pues de este último aspecto —es decir, de la triple disposición de la semana creativa— del que nos ocuparemos más detenidamente a continuación. Precisar tan solo que la expresión «semana creativa» hace referencia a los siete días tradicionales de la Creación. Para Ibn ʿArabī solo existe realmente esta semana, la cual se va reproduciendo una y otra vez a lo largo del flujo aparente del tiempo.

Recordar que, como ocurre en la inmensa mayoría de las exposiciones del Šayj, su discurso no es resultado de especulación teórica alguna, sino de la experiencia espiritual más íntima, algo que nunca debe obviarse siempre que afrontamos la lectura de sus escritos. Además de su experiencia visionaria y espiritual profunda, su descripción y análisis del tiempo —tal como sucede con el resto de elementos de su inmensa obra— siempre está basada en las referencias que se recogen en el Corán y los hadices.

Parece ser que los inicios de las reflexiones de Ibn ʿArabī acerca del tiempo se remontan a su última época en al-Ándalus, un periodo en el que escribió un texto, ya mencionado, que lleva por título *Kitāb az-Zamān* (*Libro del tiempo*), redactado poco antes de abandonar la tierra donde pasó la primera mitad de su existencia e incorporado con posterioridad a las *Futūḥāt al-makkiyya*, donde es citado con su nombre original. Otro trabajo fundamental en este sentido es el denominado *Kitāb ayyām aš-šaʾn* (*Libro de los días*), el cual constituye una descripción pormenorizada del simbolismo de los ciclos temporales relativos al día y la semana, así como la interrelación existente entre las 24 horas del día y los siete días de la semana.

La semana constituye la unidad temporal por antonomasia. Ibn ʿArabī fundamenta —como siempre, insistamos en ello— sus exposiciones en la tradición coránica (y, por ende, bíblica), la cual asevera que Dios crea el mundo en siete días, siendo estos días originales los que van repitiéndose hasta configurar la estructura completa del flujo temporal tal como lo conocemos, por lo menos parcialmente, dado que la visión integral de los días de la semana solo resulta accesible para determinados conocedores de Allāh.[25]

El símbolo más notorio de la unidad de la existencia es el círculo o la esfera. Cada punto del círculo, o de la superficie de la esfera, es idéntico a los demás puntos, puesto que todos ellos mantienen idéntica relación con el centro. Por ese motivo, Ibn ʿArabī representa el Trono Divino, el cual contiene la totalidad de la manifestación, y sobre el que se sienta el Compasivo —uno de los aspectos principales de Allāh—, como un círculo que abarca el conjunto de los grados de la existencia. En este sentido, si abordamos el flujo del tiempo como una estructura circular, entonces, ya se trate del año de 12 meses, del mes lunar de 28 días, de la semana de 7 días o del día de 24 horas, cada uno de estos periodos constituye un ciclo completo que se repite describe un movimiento «circular». Estas divisiones temporales —correspondientes al año, el mes, la semana o el día, respectivamente—, expresan realidades específicas acerca de la totalidad simbolizada por la figura del círculo.

Los ciclos temporales —de hecho, todos los ciclos en la medida en que son completos— son equivalentes entre sí. Es esta correspondencia la que permite algunas de las audaces perspectivas que patentiza el Šayj acerca del orden del universo. Según él, por ejemplo, hay 28 grados de existencia que se corresponden con las 28 mansiones lunares (es decir, los días del ciclo lunar) y las 28 letras del alifato. Estos grados de existencia están relacionados, a su vez, con 28 nombres divinos y organizados en orden descendente, desde el principio mismo de la manifestación, el cual recibe el nombre de Cálamo o Primer Intelecto, hasta alcanzar finalmente el grado que sintetiza a toda la Creación, que es el ser humano perfecto (*al-insān al-kāmil*).

Atendiendo a las diversas descripciones coránicas del día y la noche, Ibn ʿArabī considera el día bajo dos aspectos fundamentales: físico y espiritual. Y escribe:

> Lo que designamos con el término «día» es un ciclo completo de los ciclos de la esfera de las estrellas fijas, que contiene los cielos y la tierra [...] Cada día es el último de [un ciclo de] 360 días [o un año...] y asimismo podemos decir también que cada día actualiza todo cuanto ha tenido lugar en los seis días [precedentes de la semana], de principio a fin, ya que en un día tiene lugar el fin de cada uno de esos *otros* seis días, y cada día contiene, necesariamente, las propiedades de cada uno de ellos. Si esto no es evidente y permanece oculto es porque cada uno de estos días tiene un fin particular. Un día, por tanto, contiene 360 grados, de modo que, al recorrer todos los grados, la esfera [de las estrellas fijas] se manifiesta en él por entero. Esto es lo que se llama un día corpóreo (*al-yawm al-ŷismānī*).

En el interior de este *día corpóreo*, se halla el *día espiritual* (*yawmrūḥānī*), durante el cual el intelecto recibe su conocimiento, la visión interna, su contemplación y el espíritu, sus secretos, así como el cuerpo recibe, durante el día corpóreo, su alimento, su crecimiento y su desarrollo, salud y enfermedad, vida y muerte. Desde el punto de vista de sus propiedades —que se manifiestan en el cosmos debido al poder activo del Alma Universal—, hay siete días distintos (domingo, lunes, martes, etcétera). A estos días [corpóreos] corresponden siete días espirituales, de los cuales [únicamente] los gnósticos tienen conocimiento.

> Estos días [espirituales] tienen propiedades que ejercen sus efectos y gobiernan en el espíritu y en los intelectos en virtud del poder cognitivo del Verdadero, por Quien existen los cielos y la tierra, y esto es la Divina Palabra (*al-kalima al-ilāhiyya*).[26]

La semana divina (*usbūʿ*)

Aunque es posible identificar diferentes días «aparentes» o visibles, podemos reducirlos a siete días distintivos, atendiendo a la disposición original de la Creación y dependiendo del tipo de eventos que acaecen en ellos. Son estos a los que Ibn ʿArabī denomina «días espirituales», señalando que en cada uno de los días de la semana espiritual Allāh ordena que las órbitas celestiales actúen de una manera especial y única que propicia la aparición de acontecimientos específicos que repercuten en la totalidad del cosmos. No obstante, los siete días de estos «eventos» o «tareas» creativas están entretejidos con los días normales de la semana terrestre más evidente y es por esa razón que distinguimos los múltiples eventos que acaecen durante cada jornada.

La nueva creación supone que el cosmos y lo que contiene es creado, destruido y recreado a cada instante, y que es este instante indivisible (*al-zamān al-fard*), en el que cabe todo, el que aporta la base de la manifestación del complejo entramado espacio-temporal que constituye la Creación. En sus escritos, apunta el Šayj que uno de los nombres de Dios es el Tiempo y que también posee días, llamados los «Días de Dios», los cuales existen a causa de las propiedades que asumen en el cosmos los nombres divinos. Cada nombre impera durante un determinado periodo sobre el resto de los nombres divinos, aunque todos proceden de la misma realidad y son diferenciaciones del nombre el Tiempo. Nos indica además que estos días se mezclan, interpenetran y cubren entre sí.

Al igual que los días de Allāh, correspondientes a los siete días de la Creación, siete son los nombres fundamentales de la existencia en torno a los cuales gira la manifestación de los efectos del resto de nombres y cualidades divinas, a saber: Vida (*ḥayāt*), Conocimiento (*ʿilm*), Poder (*qudra*), Voluntad (*irāda*), Escucha (*samʿ*), Visión (*baṣar*) y Palabra (*kalām*). La totalidad del tiempo puede ser reducida a siete días debido al tipo de eventos que acaecen en ellos. El Šayj subraya que, en relación a su nombre el «Tiempo», Dios es un único «día» sin principio ni fin, sin noche ni día, si bien las propiedades de los nombres y atributos de Dios dividen este único «día» en diferentes días, y estos son los «Días de Dios» mencionados en la aleya coránica: «Enviamos a Moisés con Nuestros signos: "¡Saca a tu pueblo de las sombras a la luz y recuérdales los Días de Dios!"» (14:5).

Ibn ʿArabī explica la conexión entre el Tiempo y la fluctuación constante de los estados externos e internos de la realidad en el siguiente pasaje:

> Habiéndonos hecho saber que Él es el Tiempo, Dios nos mencionó que Él posee días. Estos son los «Días de Dios», los cuales se entienden como las propiedades de los nombres de Dios dentro del cosmos. Cada nombre posee días, que son el tiempo (*zaman*) de la propiedad gobernante de ese nombre. Pero todos son «Días de Dios», y todos ellos son las diferenciaciones de la propiedad del Tiempo en el cosmos. Estos Días se mezclan (*tawalluŷ*), interpenetran y cubren mutuamente. A esto se debe la diversidad de propiedades que se ve en el cosmos en un solo momento, la cual se deriva de la interpenetración, la cobertura, la transformación y la repetición de los Días. Cada uno de estos Días Divinos tiene una noche y un día. Su noche es lo invisible, es decir, lo que no vemos de ellos... Su día es lo visible, y es idéntico a su propiedad dentro de los cuerpos corpóreos, hasta el último cuerpo elemental, es decir, todo lo que está por debajo de la Naturaleza.[27]

En diversas secciones de las *Futūḥāt al-makkiyya*, el Šayj subraya la importancia de la «semana» divina y los diversos sentidos atribuidos a los siete días de que consta, los cuales arraigan en el significado de las denominaciones que reciben en árabe estos días, comenzando con «el Primero» (*al-aḥad*, correspondiente al domingo) hasta el «día del descanso» (*al-sabt*, perteneciente al sábado). Nos comunica además que el sábado es el «día de la eternidad» (*yawm al-abad*) y que todos los días de la semana, incluyendo el sábado, ocurren en realidad durante esta última jornada, es decir, durante el día de la eternidad. Estas apreciaciones no serán plenamente comprendidas hasta que no nos adentremos en la abigarrada visión de Ibn ʿArabī acerca del flujo real del tiempo.

El Šayj también menciona que el proceso de creación del mundo por parte de Allāh a lo largo de «seis días», de domingo a viernes, se corresponde con la creación de las «seis direcciones» del espacio, así como con la aparición del tiempo, durante el séptimo día o sábado. Así pues, la semana de la que hablamos es la unidad espacio-temporal fundamental que contiene al mundo. Resulta obvio que esta concepción de la ligazón —o relatividad— de espacio y tiempo no solo es novedosa en la historia del pensamiento, sino que no hallará su plena plasmación hasta la aparición, muchos siglos después, de la física moderna.

Ibn ʿArabī subraya que todo cuanto existe en el mundo está basado en atributos divinos (específicos) y, más en concreto, en los siete nombres raíces ya mencionados. En primer lugar, tenemos los atributos de Vida, Conocimiento, Poder y Voluntad, que son suficientes para que Allāh reciba la denominación de Dios y sea descrito como tal. Se considera que estos nombres son las fuentes últimas o «madres» (*ummahāt*) del resto de cualidades divinas. Pero, además de ellos, en lo que concierne a la creación del mundo, se requieren tres atributos adicionales para que Allāh cumpla su función creadora, es decir, Escucha, Visión y Palabra, que junto con los cuatro anteriores constituyen los siete nombres divinos primordiales.

Estos nombres primordiales resultan indispensables para explicar la existencia y el funcionamiento del cosmos. Por ese motivo —expone—, las cifras «siete» y «cuatro» desempeñan un papel fundamental en la composición del universo, como, por ejemplo, los cuatro elementos tradicionales de la naturaleza (tierra, agua, aire y fuego), los cuatro ciclos temporales (día, semana, mes y año), los siete cielos (de la cosmovisión aristotélica), los siete días de la semana, etcétera. Los cuatro nombres raíces o fundamentales que emergen de los cuatro atributos divinos principales dan lugar a cuatro principios cosmológicos esenciales: Primer Intelecto, Alma Universal, Polvo y Naturaleza (en el capítulo 3 hablaremos de manera más pormenorizada acerca de dichos principios).

Siguiendo las indicaciones contenidas en el Corán, reiteramos que el Šayj considera que la semana es el principal ciclo temporal de la creación, puesto que es la unidad temporal en la cual se produce la creación del universo y está relacionada con los siete atributos raíces de Allāh. Según la peculiar visión del Šayj, la semana reviste un significado esencial desde el punto de vista de la astronomía, la cosmología y la teología de la creación, apuntando que, si bien existen numerosos días, el orden real de los eventos se reduce siempre a siete, que son los correspondientes días de la semana, y que estos siete días se van repitiendo para constituir los diferentes meses y años. Señala Ibn ʿArabī:

> De ese modo, debido a que Allāh (quien es descrito mediante siete atributos fundamentales) crea el mundo según su propia imagen [...] los días han de ser siete a causa de estos atributos y sus reglas, de manera que el cosmos también está dotado de vida, conocimiento, poder, voluntad, escucha, visión y palabra.[28] Así pues, «(el movimiento del) día del domingo procede del atributo de la escucha... y el movimiento del lunes procede del atributo de la Vida... y el movimiento del martes del atributo de la Visión... y el movimiento del miércoles del atributo de la Voluntad... y el movimiento del jueves del atributo del Poder... y el movimiento del viernes del atributo del Conocimiento... y el movimiento del sábado del atributo de la Palabra».[29]

La relación entre los siete días de la semana y los siete atributos divinos recibe, por supuesto, su explicación pormenorizada por parte del Šayj. Por ejemplo, el domingo, el primer día de la semana y de la Creación, está regido por el atributo de la escucha debido a que Allāh inicia la creación durante ese día, y la primera facultad requerida para que se produzca la creación es la posibilidad de que la criatura que va a acceder a la existencia escuche la orden creativa «¡Sé!» (*kun*). Ibn ʻArabī asevera que todo cuanto está destinado a la existencia cuenta con la capacidad de audición con anterioridad a que la criatura aparezca de manera efectiva en el mundo de la dimensión manifiesta, puesto que las cosas y los seres poseen un tipo especial de preexistencia en la presciencia de Allāh antes incluso de que Él los cree en la realidad exterior. En consecuencia, al escuchar la orden creativa, el mundo y los seres que lo componen acceden a la existencia real tras haber permanecido en una situación de existencia latente en el conocimiento de Allāh.

Debemos precisar que, si bien el cosmos adquiere existencia como una entidad dotada de escucha, vida, visión, voluntad, poder, conocimiento y palabra, va obteniendo estos atributos de manera sucesiva en una secuencia precisa que se inicia con la escucha y concluye con la palabra, aunque no necesariamente en el mismo orden intermedio entre una y otra facultad. Ibn ʻArabī especifica que podemos observar una secuencia similar en las etapas iniciales del desarrollo del feto y de los primeros años de vida del niño, pues este adquiere los seis primeros atributos antes de nacer, mientras que el habla se alcanza con posterioridad, lo cual se compara con la creación del mundo por parte de Allāh, quien creó los cielos y la tierra y todo lo que hay entre ellos en seis días (descansando el séptimo). Así pues, para el Šayj, la creación del mundo se completa en el curso de ese periodo primordial de seis días, los cuales se relacionan —como ya hemos mencionado— con las seis direcciones del espacio: arriba, abajo, derecha, izquierda, delante y detrás. Y, durante el séptimo día (sábado), correspondiente a la dimensión temporal, tanto el cosmos como el ser humano viven y cambian de un estado a otro. Es por ese motivo que Ibn ʻArabī señala que el sábado es el «día de la eternidad». Así pues, al igual que sucede con la génesis del ser humano, el mundo y todo lo que incluye aparece, aunque no lo reconozcamos de ese modo, dotado de vida, conocimiento, poder, deseo, audición, visión y palabra.

Es importante advertir la relación «irregular» existente entre el orden de los días, en el sentido en que los presenciamos habitualmente (domingo, lunes, martes, miércoles, etcétera), y el orden correspondiente de los siete cielos tradicionales, relacionados con cada uno de los días de la semana. Tal como apreciamos en el siguiente esquema, la semana comienza con el domingo, desde el orbe medio (cuarto cielo, Sol), que es el corazón de todos los orbes. Viene luego el lunes, asignado al orbe de la Luna (situada en el primer cielo, el más bajo); a continuación, el quinto cielo, asignado al planeta Marte, y así sucesivamente. Comprobamos que siempre hay una diferencia (separación) de tres días entre un determinado cielo y el cielo que está inmediatamente por encima de él. Esta separación, como veremos más adelante, será fundamental a la hora de describir la especial organización que asumen en parte los días de la semana.

Domingo	Sol	4º cielo
Lunes	Luna	1º cielo
Martes	Marte	5º cielo
Miércoles	Mercurio	2º cielo
Jueves	Júpiter	6º cielo
Viernes	Venus	3º cielo
Sábado	Saturno	7º cielo

Figura 2.1 Siete cielos, siete planetas y siete días de la semana

Debido a la importancia de los días de que consta la semana creativa según la cosmología de Ibn ʿArabī, este nos habla ampliamente acerca de ellos no solo en las *Futūḥāt al-makkiyya*, sino también en otros textos. Por ejemplo, en su oscuro y misterioso libro titulado *al-Tanazzulāt al-mawṣiliyya* (Las inspiraciones espirituales de Mosul relativas a los secretos de la oración y de los días originales), dedica los diez últimos capítulos del libro a exponer, en un lenguaje preñado de alusiones, la relación que estos días divinos mantienen con los orbes celestiales y los siete planetas, respectivamente.

El domingo es el «primer día» de la Creación y su denominación en árabe (*al-aḥad*) significa «el Uno», el cual es uno de los principales nombres de Allāh, aludiendo a su naturaleza única en tanto que unidad indivisible. Como hemos mencionado, los seres que componen el cosmos ya se hallan eternamente determinados en la presciencia de Allāh como entidades inmutables inexistentes (*aʿyān ṯābita*), y, debido a esta condición de preexistencia, disfrutan del primer atributo divino fundamental de la «escucha». El «domingo» es creado a partir de dicho atributo, razón por la cual todas las entidades tienen, incluso en su estado de inexistencia, la facultad de escuchar la orden creativa. Allāh declara en el Corán: «Su Orden, cuando quiere algo, le dice tan solo "¡Sé!". Y es» (36:82). Por consiguiente, Dios crea emitiendo la orden creativa a las entidades incluso antes de que estas adquieran existencia real. Sin embargo, Ibn ʿArabī distingue de manera cuidadosa entre la «palabra» divina y la facultad del habla atribuida a los seres creados, la cual no emerge hasta un momento muy posterior, más en concreto durante el último día de la semana creativa. El Šayj afirma que todo tiene la capacidad de oír antes de aparecer realmente en el mundo, porque el cosmos, como hemos apuntado, ya cuenta con algún tipo de existencia en la presciencia de Allāh antes de que Él lo cree realmente. Al escuchar la orden de Allāh, el mundo comienza a tener una existencia manifiesta tras haber existido de manera potencial en el conocimiento pre-eterno de Dios.

Ibn ʿArabī explica que el Sol y su orbe celestial fueron creados el domingo,[30] lo cual se debe a que el Sol se asemeja al espíritu,[31] y el espíritu absoluto (es decir, «lo Real a través del cual tiene lugar la creación») es la primera manifestación de Allāh, por lo que, con el movimiento creativo inicial de este primer día, se define el «punto» (*nuqṭa*) o la dimensión cero. El Sol se ubica en el cuarto cielo central, y este cielo es creado por la aparición teofánica del nombre divino «la Luz» (*al-Nūr*). En consecuencia, apunta el Šayj:

> (el Sol) Es el corazón del mundo y el corazón de los (siete) cielos. Allāh lo convirtió en un lugar para el Polo de los espíritus humanos, Idrīs, que la paz sea con él. Y llamó a este cielo «un lugar elevado» (19:57) porque es un corazón, aunque el cielo que está encima de él es más alto (físicamente hablando). Pero Allāh se refería a la altura propia del estatus (*makāna*), por lo que el lugar (*makān*) (del cuarto cielo central) es elevado a causa de su estatus.[32]

Por su parte, el lunes es creado a partir del atributo (divino) de la Vida, siendo esta cualidad divina la responsable de que se difunda la vida por doquier en el universo. La totalidad del cosmos comienza a cobrar vida en dicho lunes de la semana primordial. Precisar tan solo que, siendo la primera cualidad divina, la Vida impregna a todas las entidades del universo, incluso las que consideramos inanimadas. La Luna, que corresponde al segundo día de la creación, se sitúa en la primera esfera por encima de la Tierra, siendo el cuerpo celeste que más rápido se desplaza en los cielos y recorriendo una mansión lunar cada día, motivo por el cual transita las 28 mansiones lunares en el equivalente de los 28 días terrestres (que conforman el mes del calendario lunar). Ibn ʿArabī explica que, a partir del desplazamiento de la Luna, son creadas las 28 letras del alifato árabe. Allāh ha hecho de este primer cielo (el más bajo) el lugar en el que mora el primer profeta, Adán, siendo la primera manifestación o el ejemplar primordial del ser humano perfecto. Teniendo en cuenta su asociación con Adán, la Luna se asemeja al alma.[33] Adán es el profeta que imparte enseñanzas a Ibn ʿArabī acerca de las diferentes dimensiones espacio-temporales cuando, en su propio Viaje Nocturno y Ascensión, visita el orbe de la Luna, puesto que a través de la creación del día (lunes) que le corresponde empezaron a formarse las seis dimensiones del espacio.

El martes, el tercer día, es creado a partir del atributo divino de la Visión, de manera que no hay ninguna parte ni entidad en el cosmos que no atestigüe a su Creador, en relación con su propia esencia individual, no con la Esencia del Creador,[34]porque Allāh, el Creador, no puede ser contemplado tal como es en sí mismo, sino que solo puede ser visto a través de la manifestación de sus atributos (nombres) en el curso de la creación. Este día se halla bajo el arbitrio del nombre divino «el Poderoso» (*al-qāhir*), correspondiente a Marte.

El cuarto día accede a la existencia a partir del atributo divino de la Voluntad, razón por la cual no hay ninguna parte del cosmos que no glorifique a Aquel que le otorga la existencia.[35] Mercurio se ubica en la sexta esfera, y este cielo fue creado a través de la teofanía del nombre divino «el Enumerador» (*al-Muḥṣī*).

El quinto día, el jueves, adviene a la existencia a partir del atributo divino del Poder, por lo que no existe ningún aspecto de la Creación que no se halle capacitada para alabar a Aquel que le ha dado existencia.[36] Júpiter (*al-Muštarī*) se ubica en el sexto cielo, y él y su esfera son traídos a la existencia a través de la teofanía del nombre divino «el Omnisciente» (*al-ʿAlīm*). Allāh convirtió este cielo en la morada del profeta Moisés.

El movimiento del «Día de la Reunión», el viernes, emerge gracias al atributo divino del Conocimiento, de manera que no hay ninguna parte del mundo que no conozca a Aquel que le otorga existencia.[37] Antes del advenimiento del islam, los árabes llamaban al viernes *urūba* —día de la belleza y el adorno— porque era un día especial en el que la gente solía reunirse y celebrar. Pero en el islam el viernes se denomina *ŷumʿa*, el «día de la Reunión», porque es el momento en que la gente se congrega para orar en la mezquita. Ibn ʿArabī, sin embargo, nos proporciona otra explicación del significado más profundo del término «reunión» aplicado al viernes. Durante este día Allāh crea al ser humano (Adán) a Su imagen y semejanza, por lo que Allāh «reúne» la forma de lo Real y la forma de la creación entera en el ser humano teomórfico. Por ese motivo, este día recibe el nombre de *ŷumʿa*, siendo este periodo el más santo, noble y el mejor de todos. También nos relata que en el curso del viernes nuestras almas recibieron los secretos de su Señor. Allāh creó este cielo, su planeta (Venus), convirtiéndolo en la morada del profeta José.[38] Ibn ʿArabī declara que Allāh creó a la humanidad (Adán) el viernes, siguiendo un conocido hadiz en el que el profeta Muḥammad señala: «El mejor de vuestros días es el viernes. En ese día fue creado Adán (la paz sea con él), y en ese día falleció; en ese día sonará la Trompeta y en ese día la creación caerá como desmayada».

Ibn ʿArabī expone, basándose en otro hadiz, que algunas personas debatían acerca del mejor día de la semana en el que conmemorar a Dios, y que los seguidores de las tres religiones del Libro siguen caminos distintos, sobre todo teniendo en cuenta que Allāh no especifica cuál es el día óptimo para ello, sino que deja al arbitrio de los seres humanos que lo descubran por sí mismos:

> De manera que los cristianos afirman que el mejor de los días —y Allāh sabe más— es el primer día (domingo), porque es el día del Sol y el día en el que Allāh creó los cielos y la tierra y lo que hay entre ellos. Él inició la Creación en ese momento debido a su preponderancia sobre el resto de los días, de manera que lo tomaron como festividad... Y los judíos dijeron: «Pero es el sábado, por-

que Allāh completó la Creación el viernes y descansó el sábado...». En lo que concierne a esta comunidad (del islam) Gabriel vino a Muḥammad —que Allāh tenga paz y misericordia de él— y le concedió el día de *ŷumʿa* en forma de espejo pulido en el que hay un punto (*nuqṭa*), diciéndole: «Este es el día de *ŷumʿa* y esta mancha es una hora en la que no hay ningún servidor musulmán que esté rezando (cuando sucede), pero Allāh le perdonará». El profeta Muḥammad, que la paz y la misericordia de Allāh sean con él, dijo entonces: «Allāh nos guio hacia aquello con lo que la gente del Libro no está de acuerdo, que es la explicación divina del espejo», y le asignó la guía a Allāh. Y la razón de su superioridad es que este es el día en que Allāh creó al género humano, para el que creó a las criaturas desde el domingo hasta el jueves, así que ha de ser el mejor de los tiempos. Y la creación (del género humano) fue en esa hora que apareció el punto en el espejo... Y esta hora del día de *ŷumʿa* es como la noche del destino [*laylat al-qadr*, que, según el Corán, es mejor que mil meses (97:3)].[39]

Así pues —concluye el Šayj—, es por ese motivo que Allāh eligió este día en lugar de los otros:

Dado que Él, Exaltado sea, ha hecho a todos los existentes y ha elegido la mejor cosa de cada clase. Él ha elegido como el mejor de los bellos nombres el nombre *Allāh*; ha elegido a los profetas como los mejores de las personas; ha elegido a los ángeles como los mejores de sus siervos; ha elegido el Trono (divino) como la mejor de las esferas celestiales; ha elegido el agua como el mejor de los elementos; ha elegido Ramadán como el mejor de los meses; ha elegido el ayuno como la mejor adoración; ha elegido como el mejor de los siglos el siglo del profeta Muḥammad —que Allāh tenga paz y misericordia sobre él—; ha elegido como el mejor de los días el Día de la Reunión (*al-ŷumʿa*); ha elegido como la mejor de las noches la Noche del Destino; ha elegido como el mejor de los (buenos) actos los actos prescritos (*al-farāʾiḍ*); ha elegido como el mejor de los números el número 99 (en el hadiz sobre los 99 «nombres más bellos» como ya se ha mencionado).[40]

Con respecto al Día de la Reunión, nos dice, además:

En cuanto a (la razón) de que eligiera el viernes como el mejor de los días (de la semana creativa divina), es porque en él apare-

> cieron las dos formas [es decir, la del cosmos y la del ser humano teomórfico, en su estado final perfeccionado]. Allāh hizo ese día (de la Reunión) para la forma... y es (únicamente) un día femenino, para el cual es el hermoso adorno y la finalización de la Creación (a través de Adán). Y [aludiendo al hadiz antes citado] Allāh ha elegido una hora de sus horas que es como una mancha en el espejo. Ese es el lugar (de manifestación para) la forma de aquel [es decir, Adán, como el emblemático ser completamente humano y divino *jalīfa*] que se revela en el espejo de este día. Así Él se ve a sí mismo. Y a través de esa forma [de todo ser humano] que aparece entre el espejo (de la Creación) y Aquel que se mira en él, tiene lugar el direccionamiento (divino) (de cada alma humana) y la imposición de la responsabilidad (*taklīf*) a cada ser humano.[41]

El movimiento del séptimo día, el sábado, el «día del descanso», es creado a partir del atributo divino de la Palabra, por lo que todo en la existencia, ya se trate de objetos en apariencia inanimados o de seres animados, glorifica a su Creador con un lenguaje propio, si bien no entendemos el modo exclusivo de glorificación de cada ser, tal como recoge el Corán en esta aleya fundamental: «Le glorifican los siete cielos, la tierra y sus habitantes. No hay nada que no celebre Sus alabanzas, pero no comprendéis su glorificación. Él es benigno, indulgente» (17:44). El sábado reviste un significado muy especial para Ibn ʿArabī, puesto que lo considera el «Día de la Eternidad», un concepto misterioso de entrada, pero muy importante, ya que lo menciona numerosas veces en las *Futūḥāt al-makkiyya* y en otros libros, considerándolo un hecho indiscutible. De hecho, como se desprende de sus comentarios, el único día real es el sábado, siendo el resto de los días de la semana parte de dicho sábado eterno.

Y, en su obra *al-Tanazzulātal-mawṣiliyya*, declara que el sábado atraviesa al resto de los días de la semana del mismo modo que el número impregna los objetos cuantificables. Esta definición está relacionada con las extrañas propiedades de la «Realidad Universal», o la «Realidad de las Realidades» (*ḥaqīqat al-ḥaqāʾiq*), un concepto que nos presenta para conectar las propiedades divinas de lo Real con las características de las entidades creadas. Y explica:

> El mundo entero (como clases y especies, incluyendo metales, elementos, plantas, animales, ángeles, genios y seres humanos) desde su principio hasta su final se formó en seis días, desde el comienzo de (la noche) del primer día hasta el final del Día de la Reunión (viernes), y solo queda el sábado para cambiar de estado y de rango, y para la transmutación de un ser en otro, de manera constante... Por eso los principios «rectores» (desde el punto de vista de las influencias astrológicas o cosmológicas superiores) de este día son la frialdad y la sequedad... Así pues, este día es un orbe circular y quien se mueva en él conocerá la Identidad, los Atributos, las Acciones y los Efectos.[42]

Por último, el hecho de que el séptimo día se origine en el atributo divino de la Palabra nos remite a la cuestión de que el primer día es creado con el atributo divino de la Escucha, puesto que el mundo es generado con la palabra divina, la orden «¡Sé!», ya que las criaturas posibles necesitan en primer lugar la facultad de la audición para atender a la orden existencial. Asimismo, como los seres humanos son, al menos potencialmente hablando, creados a imagen de Allāh, Él les concede una parte del atributo por el que Él crea las cosas, y así también ellos tienen la posibilidad de crear mediante la «palabra», como, por ejemplo, los significados que se suscitan en el alma del oyente mediante el discurso, la poesía, etcétera. Y, dado que la Creación es al fin y al cabo un acto divino, el profeta Muḥammad —señala el Šayj— declara que «Allāh está en la lengua de todo orador».[43] Esto nos devuelve al estado receptivo inicial del atributo de la Escucha, porque todo en el mundo se percibe en última instancia a través de vibraciones, incluido, como nos enseña la física, aquello que percibimos a través de la vista y el resto de los sentidos.

Lo anteriormente dicho evoca el excelso valor atribuido al sonido primordial de la Creación en las tradiciones hindúes del Vedānta, el Sāṃkhya y el Yoga. El *Mantra-Yoga-Saṃhitā* aporta la siguiente explicación:

> Dondequiera que haya actividad, esta se conecta inevitablemente con la vibración. De manera similar, dondequiera que haya vibración en el mundo, esta se asocia invariablemente con el sonido (audible o inaudible). Debido a la diferenciación que tiene

lugar en el momento inicial de la Creación, esta tiene un carácter vibratorio. El sonido producido entonces es el *praṇava*, el cual que tiene la forma del auspicioso *oṁ-kāra*.[44]

Al contrario que los sonidos burdos que escuchamos con nuestros oídos, este sonido cósmico carece de causa. Es una vibración infinita que coexiste con el universo y solo resulta perceptible durante la meditación profunda. Este sonido primordial se representa simbólicamente mediante la sílaba sagrada *oṁ*.

Ibn ʿArabī menciona siete esferas (*aflāk*), relacionadas con los siete días de la semana, cada una de ellas vinculada con un planeta determinado y un profeta concreto, cuya interrelación puede ser representada según el diagrama séptuple que figura a continuación. Si bien nuestro autor puede haber tenido en mente este tipo de diagramas al abordar estas cuestiones, no lo menciona explícitamente, y subrayan por ello en su presentación Pablo Beneito y Stephen Hirtenstein que en la confección de este y de los esquemas que proponen en su traducción del libro *The Seven Days of the Heart* (*Awrād al-usbūʿ*) se atienen a su propia representación gráfica de los contenidos expresados por el Šayj. Y lo mismo se aplica, por supuesto, a los gráficos posteriormente concebidos por Mohamed Haj Yousef para su propia exposición de las enseñanzas de Ibn ʿArabī relacionadas con el tiempo.

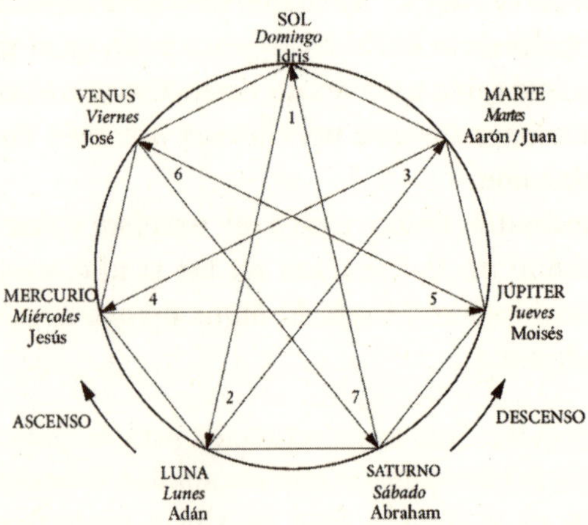

Figura 2.2 Las siete esferas planetarias y los días de la semana[45]

Observamos, en la figura anterior, que tres de los siete planetas se hallan dispuestos, según el ordenamiento clásico, en torno a la circunferencia según su ubicación tradicional en el espacio físico, es decir, en orden ascendente, a partir de la Luna, en el sentido del movimiento de las agujas del reloj, después Mercurio, Venus, etcétera. Y, asimismo, en dirección levógira, o contraria al movimiento de las agujas del reloj, partiendo desde Saturno, siguiendo con Júpiter y así sucesivamente. El movimiento dextrógiro representa la manera en que el ser humano experimenta en un sentido ordinario el orden celestial, como un ascenso desde la Tierra hacia las esferas celestiales más elevadas, mientras que el movimiento contrario es la manera en que el universo adviene a la existencia, como un descenso desde Dios.

El orden de los días de la semana se atiene a las líneas internas de la estrella de siete puntas, empezando por el domingo (día 1), regido por el Sol; siguiendo con el lunes (día 2), a cargo de la Luna; el martes (día 3), vinculado al planeta Marte, y así sucesivamente. En cuanto al orden de los días distribuidos en torno a la circunferencia, constatamos un periodo completo de 14 días, o un doble ciclo de siete días. Cada paso equivale a dos días (es decir, del domingo al martes, del martes al jueves y del viernes al domingo). De este modo, dos ciclos sucesivos de 14 días, correspondientes a la fase creciente y menguante de la Luna, equivalen a un mes lunar completo de 28 días.

Los siete profetas (u ocho, si incluimos a Juan, el cual acompaña a Aarón en el quinto cielo; recordemos que Juan también se manifiesta en este cielo durante el Viaje Nocturno y la Ascensión) mantienen dos relaciones distintas con esta distribución: en el primer caso, se vinculan con el orden de los planetas en el espacio físico, el cual corresponde al Viaje Nocturno y la Ascensión celestial (*miʿrāŷ*) del Profeta Muḥammad y de otros santos sufíes; en el segundo, se relacionan con el orden temporal de los días, siguiendo las líneas de la estrella de siete puntas inscrita en el seno del círculo.

LOS TRES TIPOS DE DÍA Y EL FLUJO REAL DEL TIEMPO

Ibn ʿArabī nos indica que la creación del mundo se atiene a una secuencia cronológica lineal que ocurre a lo largo de la semana creativa, puesto que Allāh crea tan solo un evento en cada momento sucesivo, o, de hecho, durante cada día. Por eso, el Corán nos asegura que «Él está cada día en una nueva obra» (55:29). A pesar de ello, percibimos que existen distintos eventos que parecen acaecer al unísono. El Šayj insiste en que el único modo de resolver esta paradoja pasa por entender de qué manera se despliega el flujo real del tiempo.

En su opinión, dicho flujo viene marcado por la semana creativa divina, la cual constituye la unidad básica del espacio-tiempo, que no es equivalente al flujo temporal que observamos de manera ordinaria: desde el domingo al sábado, pasando por los días intermedios de lunes, martes, etcétera. Estos días normales que captamos con nuestra percepción habitual son los denominados por Ibn ʿArabī «días sucesivos», pero no los divinos días reales de los eventos, en los que solo ocurre un evento a lo largo de cada jornada. Con el objetivo de definir la categoría relativa a los días de los eventos, lo primero que debemos hacer es unir cada noche con el día que le corresponde, puesto que la conexión que mantienen entre sí no es la que observamos a simple vista con nuestra percepción habitual, es decir, que la noche real de cada día no es la noche que precede o sigue al día común, sino que más bien ha de ser «desligada» o extraída del día mediante un intervalo de tres noches y tres días. Este intervalo —expone el Šayj— viene motivado por la división de la estructura tridimensional del espacio, es decir, anchura, longitud y profundidad, lo cual supone que espacio y tiempo conforman un tapiz en el que ambos principios se hallan entretejidos de manera inextricable. Por último, sostiene que, según las indicaciones ofrecidas en el Corán, estos días primordiales de los eventos se hallan «entrelazados» con los días observables o «sucesivos» de la manera pormenorizada que expone en su texto, ya citado, *Kitāb Ayyām al-šaʾn*.

De ese modo, tenemos que, de acuerdo a Ibn ʿArabī, existen tres tipos de días: días «sucesivos», días «desligados» y días «entretejidos». La noción de estos dos últimos tipos de día («desligado» y «entretejido»), dicho sea de paso, apunta a un concepto exclusivo del tiempo (y el espacio) que al parecer solo ha sido expuesto por el Šayj. Así pues, ateniéndose, como es habitual en nuestro autor, a distintas referencias coránicas, pasa a describir estos tres tipos de día con el objetivo de desentrañar la compleja naturaleza del flujo del tiempo, tal como es simbolizada por la divina semana de la Creación, y por la sucesión de noches y días característica de cada jornada.

Observamos una disposición diferente entre el orden habitual de los días de la semana y sus correspondientes planetas y el orden en que son visitados en el Viaje Nocturno y la Ascensión. Debemos tener este factor muy en cuenta a la hora de entender el porqué de los denominados días extraídos. El Šayj distingue, por tanto, entre el orden presenciado de manera ordinaria de los días de la semana y su flujo real en los cielos, y denomina a esta distinción *salj* o «extracción», una expresión poco frecuente tomada, como veremos, del Corán. Ibn ʿArabī especifica que hay tres noches y tres días de diferencia entre el día real y la noche de la que ha sido extraído. Este proceso de extraer las horas del día de las noches y viceversa es, en opinión de Ibn ʿArabī, la razón última que subyace a la misma Creación, pues sin ella el mundo no aparecería en la existencia dotado de seis dimensiones.

EL DÍA SUCESIVO

En el Corán leemos: «Ha creado los cielos y la tierra a través de lo Real. Él hace que la noche rodee al día y que el día rodee a la noche, y ha sujetado el Sol y la Luna, prosiguiendo cada uno su curso hacia un término fijo. ¿No es Él el Poderoso, el Indulgente?» (39:5). La anterior referencia alude al tipo de día más común de los descritos, siendo este el día computado normalmente por los seres humanos, puesto que cada mañana sucede de la manera habitual a su noche y viceversa. Ibn ʿArabī denomina a este tipo de día «cíclico» o «sucesivo» (*yawm al-takwīr*), estando constituido por una sucesión continua de noches y días, insertos en la pauta general brindada por la semana, y porque en él la noche sigue al día y el día a la noche de un modo que se asemeja a un círculo. Leemos de nuevo en el Corán: «Realmente vuestro Señor es Allāh, quien creó los cielos y la tierra en seis días, luego se asentó en el Trono. La noche cubre al día que le sigue rápidamente y el sol, la luna y las estrellas están, por su Orden, sometidas. ¿Acaso no le pertenecen la Orden y la Creación? Bendito sea Allāh, el Señor de los mundos» (7:54).

Noche y día son dos hemisferios que circundan la Tierra en todo momento, marchando el uno detrás del otro como si se buscasen de manera infatigable porque desean unirse o contraer matrimonio con el fin de producir su progenie. El verbo árabe (*yugšī*) utilizado en esta aleya, y traducido como «cubrir», también significa «abrazar», siendo un término que se aplica en especial a la circunstancia del matrimonio. Ibn ʿArabī sugiere que la situación es como si el día y la noche se buscasen porque desean «casarse» para procrear hijos, puesto que tanto nosotros como todas las entidades que pueblan el mundo somos la «descendencia» del día y de la noche. Esta clase de «matrimonio abstracto» es un concepto fundamental en las enseñanzas cosmológicas del Šayj, aludiendo además al hecho de que la causa primaria del movimiento en la Creación es el amor.

El día sucesivo es el más familiar de los expuestos por Ibn ʿArabī, dado que en él la víspera del domingo es seguida por la mañana del domingo, la víspera del lunes seguida por la mañana del lunes y así sucesivamente. Y lo denomina día sucesivo porque es de ese modo, es decir, como un encadenamiento continuo de noches y días dentro del patrón ofrecido por los siete días de la semana como es percibido por todos los seres sin excepción, estén iluminados o no.

EL DÍA DESLIGADO

El segundo tipo de día —el día desligado— tiene como lema otra de las referencias coránicas de las que se sirve nuestro autor para exponer las distintas categorías de días y noches: «Y tienen un signo en la noche, cuando hacemos desaparecer la luz del día y quedan a oscuras» (36:37). Para Ibn ʿArabī, estas palabras denotan que el día es desligado o extraído de la oscuridad, siendo esta una vestidura que cubre al día, la cual yace oculta en el seno de la noche. Allāh saca al día del vestido —o de la piel— de la noche, de manera que podemos colegir que el cosmos o la manifestación transita de modo similar desde la dimensión invisible y nocturna de la existencia potencial a la dimensión visible, luminosa y diurna de la existencia actual. No obstante, el Šayj señala que el Libro sagrado no precisa qué día concreto es extraído de cuál noche, por lo que este particular ha de ser glosado, pues cada día no es extraído de la noche que le correspondería de manera ordinaria y sucesiva, sino que debemos descubrir por nosotros mismos la relación correcta entre cada día y su noche correspondiente.[46]

Porque no ocurre, como podríamos suponer, y como ya hemos sugerido, que cada día, del que somos testigos de la manera ordinaria, es extraído de su propia noche, sino que tenemos que descubrir la genuina relación entre cada día y su noche correspondiente, una relación —sostiene Ibn ʿArabī— que se basa en la primera hora del día y la primera hora de la noche, puesto que cada una de las horas del día y de la noche está regida por uno de los cinco planetas principales, además del Sol y la Luna, que se corresponden con uno de los siete atributos divinos raíces. Así pues, cada día porta el nombre del planeta que rige la primera hora del mismo. Por ejemplo, la primera hora del domingo está regida por el Sol, y por eso este día se denomina de ese modo (tanto en inglés como en otros idiomas); asimismo, el lunes es el día de la Luna, el martes el día de Marte, etcétera. En árabe, sin embargo, los nombres de los días de la semana no tienen relación directa con los nombres de los planetas que los rigen, pero esta conexión sigue siendo un principio básico en la visión del tiempo expuesta por el Šayj.

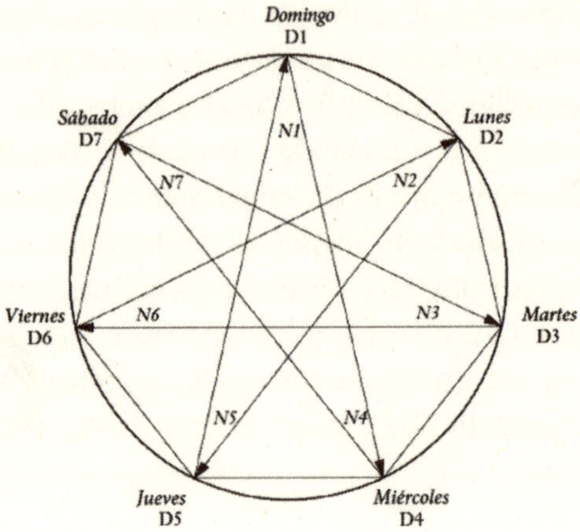

Figura 2.3 Los días desligados[47]

Debemos entonces asignar a cada noche el día que en realidad le corresponde, de manera que estemos en condiciones de entender cuál es el significado exacto de las palabras coránicas que nos indican que el día es extraído de la noche y viceversa. Como hemos sugerido, la causa de esta disposición de los días y las noches viene dada por la misma estructura del espacio-tiempo, es decir, por la existencia de tres dimensiones espaciales —y una cuarta relativa al tiempo—, de manera que debemos contar de tres en tres los días para averiguar el día correspondiente a cada noche.

Ibn ʿArabī expone que los diferentes días y noches son los «padres» y las «madres», respectivamente, de todo cuanto Allāh crea en el transcurso de cada uno de ellos. Lo que acaece durante el día es un «hijo» cuyo padre es la noche y cuya madre es el día, mientras que lo ocurrido durante la noche es un hijo cuyo padre es el día y cuya madre es la noche.[48] Como reza el Corán: «Hace que la noche entre (*yūliŷu*) en el día, y que el día entre en la noche» (57:6). En ese sentido, se produce una suerte de «matrimonio» abstracto y generativo entre día y noche, donde ambos intercambian, dependiendo del momento, sus papeles parentales de padres a madres y viceversa. El Šayj explica que, cuando el día pasa de ser padre a convertirse en madre, o a la inversa, esto es lo que se entiende por la referencia coránica a su respectiva «extracción» (*salj*). Cuando señalamos que un determinado día (*nahār*) es sacado de una noche (*layl*) específica, se quiere decir con ello que ese día y esa noche intercambian sus roles «parentales» generativos, aunque juntos siempre forman una pareja.

Ahora que hemos comprendido el significado de los días «desligados», veamos qué día es extraído de qué noche. Ibn ʿArabī sostiene que hay tres horas del día y otras tres noches entre el día y la noche de las que fue extraído, y ello se debe a que —tal como hemos apuntado antes— la estructura del mundo consta de seis direcciones y, por eso, hay tres noches que corresponden a las direcciones de abajo, izquierda y atrás, y tres días correspondientes a las direcciones de arriba, derecha y delante.[49] Vemos entonces que la ordenación temporal está íntimamente ligada a la disposición espacial.

#	El día del...	ha sido extraído de la noche del...	#
4	miércoles	domingo	1
5	jueves	lunes	2
6	viernes	martes	3
7	sábado	miércoles	4
1	domingo	jueves	5
2	lunes	viernes	6
3	martes	sábado	7

Figura 2.4 Estos son los tres días y las tres noches entre cada día y cada noche de la que son extraídos[50]

Entonces hay tres días entre cada día y la noche que le sirve de pareja. Por supuesto, normalmente la semana terrenal observable se desarrollará a partir del comienzo de la noche del domingo, luego el día del domingo, luego el lunes por la noche, luego el lunes por el día, etcétera. Estos son los días normales o «sucesivos». Sin embargo, aunque los días «extraídos» comienzan en el principio de la noche del domingo, obvian los tres días y tres noches siguientes, saltando hasta el miércoles, y así ocurre sucesivamente con cada uno de los días de la semana.

En el capítulo 302 de las *Futūḥāt al-makkiyya*, Ibn ʿArabī explica de qué manera el proceso de desligamiento del día respecto de la noche es idéntico al proceso consistente en extraer el mundo desde la oscuridad de la inexistencia a la «luz» de la existencia. Y manifiesta en relación con ello:

> Hemos mencionado que el mundo estaba oculto en lo Invisible (absoluto) de (la presciencia de) Allāh, y que este Invisible era como la sombra de una persona. Así pues, si se extrae algo de la totalidad de esa sombra, saldrá a imagen de la sombra, igual que esa sombra es en sí misma a imagen de aquello de lo que es sombra. El resultado de lo que se extrae de dicha sombra se halla en la imagen de la persona. ¿No ves que la luz (del día) es lo que aparece cuando se extrae el día de la noche? Las cosas que estaban ocultas en la noche (de lo divino «Invisible») aparecen debido a la luz del día. Por lo tanto, el día no se parece a la noche, sino que se parece a la luz, por la aparición de esas cosas a través de esta. La noche era la sombra de la Luz (divina), y el día, cuando es sacado de la noche, emerge a imagen de esa Luz. Del mismo modo, el mundo al emerger de lo Invisible, surge a imagen del mundo (presente en) lo Invisible, como ya hemos señalado.[51]

EL DÍA ENTRELAZADO

En lo que concierne al tercer tipo de día, el Šayj llama nuestra atención sobre el hecho de que Allāh manifiesta en el Corán lo siguiente: «Cada día Él está en una nueva obra» (55:29). Dado que la cita coránica no se refiere a una pluralidad de «obras», sino que designa una sola tarea o acontecimiento, Ibn ʿArabī deduce que cada día divino debe estar presidido por una sola tarea, si bien este no es el caso de los días normales o «sucesivos», como tampoco es el caso de los días «desligados», puesto que observamos que en el curso de cada uno de ellos acontecen distintos acontecimientos.

«¿No ves que Dios hace que la noche entre en el día y que el día entre en la noche?» (31:29). Esta es la aleya que alude a este tercer tipo de día, que el Šayj denomina día «entrelazado» (*yawm al-īlāŷ*) y en el que las horas de los respectivos días y noches se entrelazan formando un intrincado tapiz temporal. Ibn ʿArabī sostiene que los días originales del «evento», en los que Allāh se describe a sí mismo señalando que «cada día está en una nueva obra», se hallan entrelazados (*mutawāliŷa*, del verbo *yūliŷu*: «entrar en») con los «días sucesivos» de una manera muy precisa. El Šayj subraya que este ejemplo es solo una aproximación, ya que se podría explicar este «entrelazamiento» en una escala menor que la proporcionada por las horas (por ejemplo, con los minutos y los segundos, o incluso a escala más pequeña). El asunto tal como lo describe ya es sumamente complejo, teniendo en cuenta solamente la división en 24 horas, aunque en la actualidad —comenta Mohamed Haj Yousef— es posible hacer los cálculos correspondientes utilizando para ello un sofisticado programa informático.

Empezando por la noche del domingo, Ibn ʿArabī reconstruye los días del evento a partir de las horas de los «días entrelazados», comenzando por la primera hora de la noche del jueves, luego la octava, y así sucesivamente con intervalos de siete horas hasta completar las doce horas de la noche del domingo. A continuación, pasa a construir de la misma manera la segunda hora del día del domingo y describe los diferentes tipos de eventos asociados específicamente con cada uno de los días de la «semana» divina original. La primera hora del primer día extraído (D1) conecta con la quinta hora de la noche (N5), la segunda hora del mismo día con la séptima de la noche (N7), las siguientes dos horas diurnas (D5 y D7) con las siguientes dos horas nocturnas (n6 y n1), y la séptima hora con D6, antes de comenzar el ciclo de nuevo desde la quinta noche (N5). Cada noche incluye 4 horas nocturnas y 3 horas diurnas en ciclos de 7, mientras que el día, su sombra, contiene 4 horas diurnas y 3 horas nocturnas.

Al representar las 14 noches y los correspondientes días en torno a un círculo, vemos cómo se relacionan entre sí las horas entrelazadas de cada día. Comprobamos asimismo que las horas de cada noche particular delinean una estrella de 7 puntas (figura 1.6). Esto representa el «trabajo» (*šaʾn*) de la noche, y lo mismo se aplica a su día correspondiente, que aparece en perfecta simetría como «la sombra de la noche» (figura 1.7). El «trabajo» de este día entrelazado impregna toda la semana, de modo que cada día se interrelaciona con todos los componentes de los demás días.

Hrs	N5	D1	N6	D2	N7	D3	N1	D4	N2	D5	N3	D6	N4	D7
1	n5	d1	n6	d2	n7	d3	n1	d4	n2	d5	n3	d6	n4	d7
2	n7	d3	n1	d4	n2	d5	n3	d6	n4	d7	n5	d1	n6	d2
3	d5	n2	d6	n3	d7	n4	d1	n5	d2	n6	d3	n7	d4	n1
4	d7	n4	d1	n5	d2	n6	d3	n7	d4	n1	d5	n2	d6	n3
5	n6	d2	n7	d3	n1	d4	n2	d5	n3	d6	n4	d7	n5	d1
6	n1	d4	n2	d5	n3	d6	n4	d7	n5	d1	n6	d2	n7	d3
7	d6	n3	d7	n4	d1	n5	d2	n6	d3	n7	d4	n1	d5	n2
8	n5	d1	n6	d2	n7	d3	n1	d4	n2	d5	n3	d6	n4	d7
9	n7	d3	n1	d4	n2	d5	n3	d6	n4	d7	n5	d1	n6	d2
10	d5	n2	d6	n3	d7	n4	d1	n5	d2	n6	d3	n7	d4	n1
11	d7	n4	d1	n5	d2	n6	d3	n7	d4	n1	d5	n2	d6	n3
12	n6	d2	n7	d3	n1	d4	n2	d5	n3	d6	n4	d7	n5	d1

Figura 2.5 Horas del día y de la noche[52]

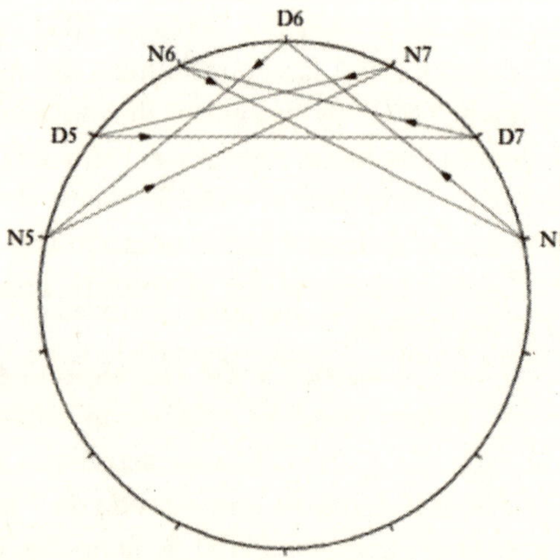

Figura 2.6 Las horas entrelazadas de la quinta noche (víspera del jueves)[53]

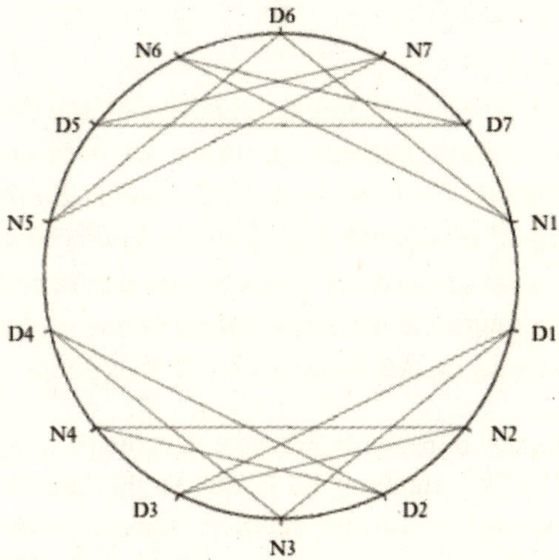

Figura 2.7 Las horas entrelazadas del primer día desligado (N5 y D1)[54]

El «trabajo» de este día entrelazado afecta a toda la semana, de modo que cada día se interrelaciona con el resto de los días. La figura 1.8 representa gráficamente la perfecta armonía del entretejido de horas y días que simboliza la «obra» divina.

El tiempo designado por los días entrelazados constituye el flujo temporal más profundo. La razón por la que siempre hay un intervalo constante de siete horas se debe a que el orden de la Creación procede siguiendo los siete nombres divinos raíces, y los correspondientes siete días cósmicos de la Creación. Por ejemplo, en el curso de los días originales de la Creación, el mundo comienza, durante el domingo, a «escuchar» la orden divina, lo que inicia la primera dimensión de la creación. Luego, una vez terminado el ciclo del domingo y del atributo divino correspondiente al «Oyente», se inicia el ciclo del lunes y el atributo del «Viviente», y así sucesivamente, hasta completar la acción de los siete nombres raíces. De este modo, el mundo manifiesto adquiere, una tras otra, las cualidades de los atributos divinos primordiales. Y este proceso de creación secuencial a lo largo de los días de la semana es también, en definitiva, el que constituye las dimensiones del espacio.

II

La segunda descripción, en cuanto a la disposición de los diferentes estratos de la existencia desde un punto de vista netamente temporal, es la reflejada en el texto titulado *Risālat al-anwār* («La epístola de las luces», traducida al castellano como *Viaje al Señor del Poder*), la cual abarca desde el momento en que la entidad irrumpe en la existencia hasta su entrada final en lo que se denomina tradicionalmente «Duna de la Visión» (73:14). Y explica:

> Los reinos, aun siendo muchos, se reducen todos a seis. El primero es la preexistencia en la que se nos planteó la pregunta: «¿Acaso no soy yo vuestro Señor?». Nuestra existencia física nos ha alejado de este reino. El segundo es el mundo en el que nos encontramos [ahora]. El tercer reino es el Intervalo por el que viajamos después de las muertes inferior y superior. El cuarto es la Resurrección en la Tierra del Despertar y la vuelta al estado de origen. El quinto es el Jardín y el Fuego. El sexto reino es la Duna de la Visión que hay fuera del Jardín. Y dentro de cada uno de estos reinos hay apartados que son reinos dentro de reinos, y conocerlos en su multiplicidad no está al alcance de los poderes humanos [...] Has de saber que desde que Dios creó a los seres humanos y los trajo de la nada a la existencia, no han dejado de ser viajeros. No han tenido un lugar de descanso en su viaje excepto en el Jardín o el Fuego, y cada Jardín y cada Fuego es según son sus gentes.[55]

Según esta disposición temporal del cosmos visible e invisible, el ser humano es un viajero inmerso en un periplo sin fin, tal como preconiza nuestro autor en el libro *El esplendor de los frutos del viaje*, donde nos recuerda:

> El origen de la existencia es el movimiento. En ella no puede haber inmovilidad, pues regresaría a su origen, que es la ausencia. Nunca jamás cesa el viaje, ni en el mundo superior ni en el inferior, e incluso las verdades divinas no finalizan su recorrido, yendo y viniendo. [...] El movimiento a cada instante de los cuatro elementos, y de los seres creados, el cambio y las transformaciones generadas con cada respiración, así como el viaje de los pensamientos, tanto en lo loable como lo condenable, el viaje de los soplos de quien respira, y el de las miradas de las cosas vistas en la vigilia o

> el sueño, junto al cruce de un mundo al otro con su ponderación, ¡todo ello es sin duda un viaje para la mente humana! Jamás en toda la eternidad cesamos de viajar, desde el momento mismo de nuestra concepción, y de la creación primera de nuestros fundamentos. Cuando frente a ti aparece una casa, afirmas que en ella se encuentra el final de tu trayecto, mientras que, en realidad, en ella se te abre otro camino. En efecto, cuando ves una casa, dices: «"¡Esta es mi meta!", aunque llegado apenas a ella, no te demoras en partir nuevamente».[56]

Y, en el texto *Viaje al Señor del Poder*,[57] Ibn ʿArabī expone que el primer reino de la existencia es el dominio en el que impera la pregunta primordial de que se hace eco el Corán: «Y cuando tu Señor sacó de los riñones de Adán a su descendencia y les hizo atestiguar contra sí mismos: "¿No soy yo vuestro Señor?". Dijeron: "Claro que sí, damos fe" (7:172)». Estas palabras aluden al ámbito extremadamente sutil en que nos hallábamos antes de asumir nuestra existencia material. Es en ese momento —sostiene la tradición— cuando conocimos lo que Allāh solicitaba de nosotros. Entonces nos apresuramos, sin titubeo alguno, a cumplir de inmediato lo que quería, puesto que era Él quien nos lo demandaba de manera directa. La autoridad de su voluntad era irresistible, en especial teniendo en cuenta que no había ningún tipo de intermediario entre Él y nosotros. Y lo que nos pedía en dicho reino era ni más ni menos que el reconocimiento de su soberanía, expresada en las palabras: «¿No soy yo vuestro Señor?». Las palabras precedentes evidencian que todos los seres, positivos y negativos, creyentes y no creyentes, son testigos, en el momento inicial de su existencia separada, de la irresistible presencia divina. Es el mismo mensaje que nos transmite el final del célebre hadiz santo que reza: «Yo era un Tesoro Escondido y amé ser conocido. Por eso, creé la Creación, y me di a conocer a las criaturas. Y me conocieron». Es a partir de este conocimiento innato de Dios por todas y cada una de las criaturas que tiene lugar el periplo por los diferentes reinos de la existencia.

Seguidamente, tiene lugar el descenso desde las alturas del plano de los espíritus puros hasta las profundidades del mundo de los cuerpos densos, con lo que olvidamos por completo aquel primer reino, puramente espiritual, y lo acaecido en él. El Šayj subraya que nuestra existencia física nos aleja de este sutilísimo dominio primordial. El mundo en que nos hallamos en el momento actual —el segundo reino— se extiende desde la extensión cóncava de la esfera de las estrellas fijas hasta la superficie de la Tierra.

Por su parte, el llamado «Intervalo» —es decir, el *barzaj* o tercer reino— se define como la barrera que se cierne entre este mundo y el mundo venidero. El Šayj escribe:

> Has de saber que «intervalo» es una expresión que se refiere a algo que separa dos cosas distintas, como la línea que divide el sol de la sombra y, como dijo Él (loado sea), la unión de los dos mares: «Pero los separa una barrera (*barzaj*) que no rebasan» (55:20). El significado de las palabras "que no rebasan" es que no pueden mezclarse, debido a esa línea divisoria que los separa. Esa barrera es lo que se denomina Intervalo, que recibe el nombre de «imaginación».[58]

Y señala de nuevo:

> Pues si la percibes —y eres juicioso— sabes que tu visión ha encontrado algo que existe, mientras que sabes con certeza que no es una «cosa» completa y fundamentalmente. Pero ¿qué es esto, de lo que afirmamos y negamos, al mismo tiempo, que sea una cosa? La imaginación no es existente o inexistente, conocida o desconocida, afirmada y negada. Y el ser humano viaja hacia su realidad en su sueño y después de su muerte, y ve cualidades descriptivas como formas corpóreas que existen, y no hay duda de esto. Y la persona intuitiva ve en su estado de vigilia lo que el que duerme ve en estado de sueño y lo que el muerto ve después de su muerte.[59]

Asimismo, la muerte inferior es lo que se conoce como «pequeña muerte», la muerte iniciática (*al-mawt al-ijtiyārī*), el *fanā'* o aniquilación de la conciencia separada, el cual solo resulta accesible para quienes se hallan en un grado avanzado del sendero espiritual, respondiendo a la admonición profética de «Morid antes de morir», mientras que la «gran muerte» es la que experimentan todos los seres al agotarse su existencia terrenal.

El cuarto reino es la Resurrección, un término que se refiere a la morada a que hace alusión el Libro sagrado cuando señala:

«¡Helos despiertos!» (79:14), refiriéndose a los seres humanos en espera del Juicio Final. Ibn ʿArabī proclama:

> Has de saber, oh hermano, que cuando la gente esté en pie en sus tumbas y Dios el Altísimo quiera que la tierra se convierta en algo distinto de la tierra, esta se ensanchará con el permiso de Dios y se levantará un puente sobre la oscuridad. Toda la Creación estará sobre él. Entonces, Dios transformará la tierra según su voluntad, como Él quiera, en otra tierra llamada «Despertar» y en esta tierra se tendrá conocimiento de Dios: nada duerme sobre ella. Dios, Glorioso y Alabado, la extenderá como una piel [...]. No verás en ella ni perversidad ni desviación.[60]

En este momento, los seres retornarán al estado original del que proceden, volviendo a Él tal como vinieron.

«El quinto reino es el Jardín», o el Paraíso y el Infierno, ubicado el primero entre la concavidad de la esfera sin estrellas y la convexidad de la esfera de las mansiones celestiales, mientras que el segundo, «el Fuego», abarca desde la concavidad de la esfera de las mansiones celestiales hasta el centro de la Tierra.

«El sexto reino es la Duna de la Visión», en alusión a las palabras coránicas: «El día en que tiemblen la tierra y las montañas, y se conviertan las montañas en montones dispersos de arena» (73:14). La Duna de la Visión es una colina de blanco almizcle donde las criaturas disfrutan de la visión esplendorosa y arrebatadora de Dios. Se ubica «fuera del Jardín», porque se halla en el Jardín del Edén, que está situado en el exterior de los demás jardines.

Comprobamos en la descripción anterior que el Šayj vincula tiempo y espacio al afirmar que cada uno de los reinos (que tiene netamente un carácter temporal) se ubica en un determinado emplazamiento del cosmos. De ese modo, por ejemplo, el segundo reino abarca desde la esfera de las estrellas fijas hasta la superficie de la Tierra, mientras que el Paraíso se halla entre la esfera sin estrellas y la esfera de las mansiones celestiales, mientas que «el Fuego» comprende desde la concavidad de la esfera de las mansiones celestiales hasta el centro de la Tierra; a pesar de esta ubicación «espacial», los seis reinos tienen un carácter temporal, que se inicia con la estancia en el primer reino, en el que todos los seres juran obediencia a Dios, al que contemplan directamente, y concluye en el dominio de la visión directa.

Y, en cada uno de estos seis reinos —añade Ibn ʿArabī—, hay apartados que son reinos dentro de reinos, cuyo conocimiento completo excede las posibilidades epistemológicas del ser humano. En nuestra situación actual, tan solo necesitamos la explicación del reino de este mundo, que es el emplazamiento de la responsabilidad, puesto que no hay ningún otro reino en el que predomina la obligación [concretamente, la obligación (*taklīf*) de elegir que tiene el siervo de Dios], excepto este en el que nos encontramos en este momento.

III

Cambiando ahora a la disposición «espacial» de la Creación de acuerdo a la parte de la formulación coránica que señala que «Él es el Exterior y el Interior» (o «el Manifiesto y el No-Manifiesto»), el Šayj concibe, como ya hemos señalado, la generación del cosmos como un movimiento de amor representado por el flujo del divino Aliento del Misericordioso (*nafas al-Raḥmān*) circulando a través de los lugares en que se articula la existencia y que propicia la emergencia de la pluralidad de los mundos. Ibn ʿArabī establece una estricta analogía entre los alientos divino y humano, vinculando los distintos estratos que configuran el cosmos con las 28 letras del alifato, ordenadas según su mayor o menor profundidad a la hora de ser pronunciadas por el órgano humano del habla. Como sabemos, la serie se inicia con el hiato *(hamza)*, pasando por las sílabas palatales y dentales, hasta arribar a las labiales, las cuales señalan el punto más externo de articulación de la palabra. La *hamza* es el sonido que resuena más profundamente —marcando el momento transitorio entre silencio y palabra— mientras que la letra *wāw*, que cierra la serie y se corresponde con la *v* castellana, constituye el límite más superficial de emisión. *Hamza* y *wāw* conforman el pronombre «Él» *(huwa)*, el cual designa al ausente y a la realidad divina tal como es en sí misma.

Un somero cuadro descriptivo de las diferentes esferas cósmicas moduladas por el Aliento del Todo-Misericordioso es el que Ibn ʻArabī nos ofrece en el capítulo 198 de las *Futūḥāt al-makkiyya* y también en nuestro primer libro *Vida y enseñanzas de Ibn ʻArabī*,[61] donde remitimos al lector para una información más exhaustiva sobre este importante aspecto de la exposición akbarí, relativo a la configuración «espacial» del cosmos. También es posible consultar este mismo contenido —representado de forma circular— en el libro *Clave espiritual de la astrología musulmana*,[62] de Titus Burckhardt, en el que sintetiza algunas de las enseñanzas cosmológicas del Šayj. Observamos en el esquema del cosmos contenido en este último libro que cada nivel de manifestación se corresponde con un signo del Zodiaco y con un nombre divino. Debemos advertir, a pesar de que en el cuadro figuren los signos zodiacales y de que el Šayj se refiera a ellos en su relato de la cosmogénesis, que no está hablando desde el punto de vista de la astrología popular (sobre todo, tal como la conocemos hoy en día), sino de una determinada organización del universo de acuerdo a los conocimientos cosmológicos de la época. El Šayj no tiene en consideración el carácter «adivinatorio» de la astrología.

V

Al tratar las distintas disposiciones con las que Ibn ʻArabī organiza el tiempo y el espacio, otra ordenación de carácter «espacial» de los distintos planos que componen la realidad es la estructura de las «cinco presencias», que el Šayj no emplea nunca de esta manera concreta, siendo sus descendientes espirituales —como Ṣaḍr ad-Dīn al-Qūnawī (1207-1274), ʻAbd ar-Razzāq al-Qāšānī (c. 1252 y c. 1329), Dā'ūd al-Qayṣarī (c. 1260-c. 1350) y otros— los que elaboran distintos análisis que dan lugar a la más compleja estructura de las cinco o seis presencias, dependiendo del autor. La palabra «presencia» (sing. *ḥaḍra*; pl. *ḥaḍarāt*) designa los diferentes planos de existencia en que se subdivide el cosmos, tanto manifiesto como oculto, tanto burdo y sutil como muy sutil.[63]

Al-Qūnawī —discípulo predilecto de Ibn ʿArabī— consigna los siguientes planos de existencia: 1) divina, 2) espiritual, 3) anímica o imaginal, 4) mundo sensorial exterior, y 5) presencia del ser humano perfecto, el cual es la síntesis de las realidades precedentes. Al-Qašānī, por su parte, expone los siguientes planos: 1) esencia, 2) nombres y atributos, 3) actos, 4) presencia de la imaginación absoluta, y 5) presencia de lo sensible. Para Dāʾūd al-Qayṣarī (c. 1260-c. 1350), la estructura de las presencias se subdivide del siguiente modo: (1) Lo invisible ilimitado, siendo su mundo el de las entidades inmutables en la presencia del conocimiento divino. En posición opuesta, tenemos la (2) presencia de lo visible ilimitado, cuyo mundo es el del Dominio (*al-mulk*) [el mundo ordinario de la percepción sensorial]. Luego está el mundo invisible relativo, el cual se divide en dos partes: la primera es (3) la que está más cerca de lo invisible ilimitado. Su mundo es el de los espíritus del Reino (*al-malakūt*) y el dominio de la Invencibilidad (*al-ŷabarūt*), es decir, el mundo de los intelectos y las almas desligados de toda materialidad. La segunda parte de lo Invisible relativo es (4) la más cercana a la dimensión visible o *mulk*. Este es el plano de las imágenes-ejemplares de la imaginación creadora. Por último, la quinta presencia comprende las cuatro anteriores. Su ámbito es el mundo humano, que abarca a todos los planos precedentes y lo que estos contienen.

Ya hemos señalado que el Šayj no emplea personalmente este tipo de clasificaciones, ni desarrolla la perspectiva de las presencias de la divinidad como una doctrina distintiva a lo largo de sus escritos. Si bien se refiere de manera individual a cada una de ellas en diferentes contextos, no las expone como una totalidad.[64]

CONCLUSIÓN

Hemos visto, basándonos en la célebre admonición coránica «Él es el Primero y el Último; el Interior y el Exterior», como estos cuatro nombres divinos sirven de fundamento para establecer el ordenamiento de la manifestación espacio-temporal. Estos cuatro atributos se refieren, pues, a las dos dimensiones fundamentales de la Creación: la «horizontal» o temporal, y la «vertical» o espacial.

El cosmos arriba a la existencia desde Allāh en tanto que Él es el Primero y retorna a Él, dado que es el Último. Por otro lado, hemos señalado la especial interpretación que, basándose en palabras coránicas, nos ofrece el Šayj acerca del tiempo y, sobre todo, de los diferentes modos en que se organiza la semana creativa divina, dando lugar a una muy peculiar visión acerca de este tópico que no encontramos en otros autores. Y hemos pasado revista también a otra disposición del ordenamiento temporal de que hace gala nuestro autor, la cual aparece en el libro traducido al castellano como *Viaje al Señor del Poder*.

Hemos examinado seguidamente la disposición explicativa del cosmos, siguiendo las letras del alifato y los nombres divinos y hemos hecho mención de los diferentes estratos de la existencia —muy sutil (*ŷabarūt*), sutil (*malakūt*) y denso (*mulk*)— en que se distribuye la Creación. En este sentido, los nombres el Manifiesto/Exterior y No-manifiesto/Interior se refieren a la estructura vertical del cosmos. En el plano manifiesto, podemos encontrar a los seres que percibimos con nuestros sentidos, mientras que el nivel no-manifiesto se extiende, más allá de los planos burdos y sutiles de existencia o de los setenta o setenta mil velos de luz y oscuridad, hasta el Misterio de los misterios, o Allāh tal como es en sí mismo, el cual permanece oculto por siempre a nuestras miradas, si bien paradójicamente no deja de manifestarse de acuerdo al grado de comprensión y necesidades de los seres.

3. «LOS ÚLTIMOS SERÁN LOS PRIMEROS»: LA CIRCULARIDAD DE LA EXISTENCIA

Resulta proverbial el uso que hace el islam de los elementos básicos de la geometría (como punto, línea y círculo) para ilustrar distintos principios ontológicos y de qué manera se produce el despliegue de la existencia, es decir, cómo se particulariza la existencia universal en las entidades concretas que podemos llegar a percibir y conocer. La geometría islámica no solo se ocupa de aspectos sensibles o materiales, sino también inteligibles y espirituales, siendo desde este punto de vista la ciencia que aborda las medidas y dimensiones de todas las cosas, tanto en sus aspectos cuantitativos como cualitativos. De ese modo, recogen los Hermanos de la Pureza en su ancestral enciclopedia:

> Sabe, oh, hermano, que el estudio de la geometría sensible lleva a la perfección en las artes prácticas, mientras que el estudio de la geometría inteligible procura la perfección de las artes intelectuales, porque es una de las puertas que conduce al conocimiento de la substancia del alma, que es la raíz de todas las ciencias, el elemento de la sabiduría y el origen de todas las artes tanto intelectuales como prácticas.[65]

Pero si hay algo con lo que todo comienza, ya sea en geometría o en cualquier otro orden de realidad, es el punto (*nuqṭa*), el elemento geométrico más simple. En el texto titulado *Ṭawāsīn*, Manṣūr al-Ḥallāŷ señala que el punto primordial es la Fuente, que no crece ni mengua ni se consume. Y explica: «El círculo carece de puerta, y el punto que hay en su centro es el significado de la verdad».[66] Y otra tradición sufí resume el conocimiento de la Creación en el punto suscrito en la letra árabe *bā'* (ب), la primera letra de la formulación que inaugura el Corán, *bismillāh*, «En el nombre de Dios», declaración que abre el mundo y que los buenos musulmanes pronuncian, antes de emprender cualquier actividad, para bendecirla. Otra referencia similar revela que todo lo que contienen los libros revelados se encuentra en el Corán, y que todo el Corán está incluido en la Fātiḥa (la azora de apertura) y que todo lo que está en la Fātiḥa está en *Bismillāhi r-raḥmāni r-raḥīm*.[67] «Por la letra *bā'* —reza un adagio sufí— el ser se manifiesta y, mediante el punto, el adorado se distingue del adorador».[68]

Si tenemos presente la distinción, establecida por los citados Hermanos de la Pureza, entre geometría sensible e inteligible, comprenderemos mejor la relación ontológica que los sufíes establecen entre el punto y el primer estadio del ser. El punto sensible (*al-nuqṭa al-ḥissiyya*) —explican— es una entidad física compuesta de partes, mientras que el punto inteligible *(al-nuqṭa al-ʿaqliyya)* es un principio no espacial y carente de partes. El punto sensible es la entidad espacial más pequeña de la geometría euclidiana, cuya repetición produce una línea, la repetición de la cual da lugar al plano, cuya repetición produce a su vez un volumen. Se trata, en cualquier caso, de una entidad espacial —por más pequeña que sea— dotada de dimensiones. Sin embargo, la repetición de un punto carente de dimensiones, como es el caso del punto puramente inteligible, no puede producir figura alguna, de igual modo que una suma de ceros no da lugar a ningún número.

El punto inteligible es un concepto referido al principio indivisible y adimensional de la realidad, ubicado más allá de cualquier ubicación y de todo límite espacio-temporal. Su inaprensibilidad lo convierte en el símbolo idóneo para representar la inefable interioridad divina *(al-ḏāt)* o lo Real en su estado de no manifestación, es decir, tal como es en sí mismo. Las modalidades sensible e inteligible del punto representan, respectivamente, la presencia ubicua del ser tanto en sus estados determinado como indeterminado. El punto indeterminado y no manifiesto constituye el principio de la manifestación y de todas las determinaciones. En su faceta inteligible, abarca la totalidad de espacio, dado que contiene en potencia a todas las cosas, mientras que constituye, en su faceta sensible, el principio creativo del espacio, puesto que los cuerpos que ocupan un espacio pueden ser reducidos geométricamente a un punto.

El punto primordial absoluto o puramente inteligible, que podemos concebir simbólicamente como el gran cero, o el caos primigenio en el que se hallan fusionados de manera indiferenciada los atributos de la existencia —amor, conocimiento, voluntad, tiempo, espacio, etcétera—, representa lo que los autores sufíes denominan la unidad pura absoluta (*aḥadiyya*), un estado de completa indeterminación que se ubica más allá de cualquier tipo de relación, definición y condición concebible, y que distinguen, además, de la unidad diferenciada (*waḥdāniyya*) o relativa a otros números. Este último tipo de unidad no se simboliza mediante el punto abstracto, sino con el punto sensible en tanto que centro de la circunferencia.

El punto sensible se sitúa en el origen de todas las cosas y es la base de las figuras geométricas, de igual modo que la existencia constituye la realidad compartida por los seres. La repetición del punto sensible, la entidad espacial más pequeña de la geometría euclidiana, produce una línea, la repetición de la cual da lugar a un plano, cuya repetición produce, a su vez, un volumen. De hecho, según expone Ibn ʿArabī, cualquier objeto espacial puede ser reducido esquemáticamente a una serie de puntos. Por eso, al hablar de la naturaleza de los tres elementos básicos de la geometría, escribe:

> La línea está formada por puntos y no puede ser concebida de otro modo. El plano está constituido por líneas, así que también está hecho de puntos, y el cuerpo está formado por planos, de manera que está constituido de líneas que, a su vez, están hechas de puntos.[69]

Y amplía esta visión sosteniendo que, básicamente, el cuerpo está constituido por ocho puntos:

> El cuerpo —declara— no es diferente de los puntos y los puntos no son diferentes del cuerpo. Ahora bien, decimos que ocho puntos son el mínimo requerido para componer un cuerpo porque

el término «línea» se aplica a dos o más puntos. Y el plano procede de dos líneas o más, de manera que el plano está formado, como mínimo, por cuatro puntos. Y, dado que el cuerpo está formado por dos o más planos, el cuerpo está constituido por ocho puntos. Por tanto, se aplica al cuerpo la denominación [atributo] de «longitud» porque la línea está incluida en él, se le aplica el nombre de «amplitud» debido al plano, y el nombre de «profundidad» debido a la combinación de dos planos.[70]

Como nos indica el estudioso de las tradiciones espirituales Huston Smith, en su libro seminal *La verdad olvidada*,[71] la totalidad del espacio puede ser reducida a un punto matemático sensible. Si plegamos el plano tridimensional obtenemos un plano de dos dimensiones; si plegamos el plano bidimensional, obtenemos una línea unidimensional; y si plegamos la línea, esta se resume en el punto. Es por eso —escribe el especialista estadounidense— que la totalidad del espacio puede ser reducida a un punto geométrico. El movimiento contrario, es decir, el despliegue del punto, nos confirma que este se ubica en el origen de los cuerpos porque su desplazamiento en el espacio da lugar a la línea; el desplazamiento de esta origina el plano; y la proyección perpendicular del plano genera un cubo tridimensional; mientras que el movimiento del objeto tridimensional nos introduce en la dimensión temporal.

El punto, el átomo de la geometría, es comparado simbólicamente a la semilla o grano de mostaza evangélico, el principio germinal que contiene en potencia las cualidades de la planta, mientras que el átomo humano fundamental estaría ubicado en el corazón o centro del ser, como evidencia la siguiente cita, también de Manṣūr al-Ḥallāŷ, en la que condensa el conjunto de la realidad en un solo punto:

> El átomo es el único y último elemento de la realidad de toda cosa creada [...] Dios crea y recrea los átomos a cada instante, los agrupa a su antojo para formar cuerpos, ensambladuras discontinuas, momentáneas [...] Todo —desde los volúmenes geométricos hasta los estados humanos— es pura nada, accidentes subjetivos y efímeros sobrepuestos al átomo [o, diríamos, punto] de nuestro corazón.[72]

Médicos tradicionales, como Avicena, consideraban el corazón como el punto central de la existencia del cuerpo, ya que es, en su opinión, el primer órgano que desarrolla el embrión en el seno materno.[73]

Volviendo ahora al punto en tanto que entidad abstracta o puramente inteligible, este no interactúa con nada más y, por eso, representa la faceta inaprensible e incognoscible de la existencia, tal como esta es en sí misma, más allá de toda relación, o lo que algunos traductores akbaríes vierten como la «esencia divina» (y que puede ser definido como la faceta no manifiesta de la existencia absoluta). Y escribe el Šayj con respecto a la independencia de este punto metafísico:

> Si tú lo conocieses, no sería Él; y si Él no te conociese, no existirías tú. Luego por su ciencia te ha hecho existir, y por tu impotencia y flaqueza eres su siervo. Él es Él, para Él, no para ti. Y tú eres tú, para ti y para Él. Luego tú dependes de Él, y no Él de ti. La circunferencia, aun la abstracta, depende del punto. El punto abstracto no depende de la circunferencia.[74]

El cosmos, nos enseña el Corán, no solo depende de Dios para su creación, sino también para seguir existiendo, una situación inapelable de precariedad que somete a los seres a una perenne e insoslayable indigencia ontológica. Es en ese tenor como debemos leer las siguientes aleyas coránicas: «¡Hombres, sois vosotros los necesitados de Dios, mientras que Dios es quien se basta a sí mismo, el digno de alabanza!» (35:15). Y, asimismo: «Él puede prescindir de sus criaturas» (3:97).

No obstante, cuando el punto se transforma en centro de la circunferencia, pasa a depender de esta. Y, por eso, añade Ibn ʿArabī:

> El centro de la circunferencia depende de esta. Así también, la esencia absoluta no depende de ti; pero la divinidad de la esencia [es decir, esta en cuanto creadora] depende de lo creado, como de la circunferencia su centro.[75]

Así pues, en el presente estadio de manifestación, centro y circunferencia pasan a ser interdependientes o, dicho en lenguaje teológico, Dios ha de ser reconocido como tal por todo lo que no es Él. Y es que, en su faceta interior o no-manifiesta, la realidad última ni siquiera recibe, estrictamente hablando, la denominación de «Dios», existencia, verdad, realidad o ninguna otra.

Por otro lado, lo que en la cita anterior ha sido traducido como «divinidad de la esencia» alude a la faceta manifiesta de lo Real, es decir, a los nombres divinos que despliegan sus efectos en el orbe de la Creación. Y especifica de nuevo el Šayj:

> Estando más allá de todas las relaciones, la esencia no es una divinidad. Puesto que todas las relaciones tienen su origen en nuestras esencias eternas no-manifiestas, somos nosotros quienes (en nuestra latencia eterna) la convertimos en una divinidad, siendo aquello a través de lo cual Él se conoce como divino. Él no se conoce (como Dios) hasta que nosotros no somos conocidos.[76]

La expresión «esencias eternas no manifiestas» recibe también la denominación de «entidades inmutables inexistentes» (*aʿyān al-ṯābita*). Ibn ʿArabī escribe que, en la noche de la no manifestación, la luz divina resplandece sobre estas entidades inexistentes proporcionándoles una visión que no es sino la visión de Dios, momento en el cual Dios ve a través de ellas y ellas ven a través de Dios. La luz permite ver y ser visto. Una vez que se manifiesta la luz divina, que presta ojos y oídos a las entidades inexistentes para que puedan conocerse a sí mismas, estas advienen a la existencia.

En el instante en que el punto abstracto o inteligible —el gran cero, símbolo de la potencialidad absoluta— pasa a convertirse en un punto tangible o geométrico, se transforma en centro, y todo centro, como acabamos de apuntar, presupone una circunferencia —o periferia— y un espacio intermedio entre ambos. Es este punto medio de la existencia, transformado en centro de todos los centros, el que representa la presencia de la divinidad. Si el punto abstracto alude a la presencia de lo Real tal como es en sí mismo, más allá de todo nombre, atributo o cualidad discernible, la configuración del círculo y su centro es la primera forma inteligible que asume la unidad absoluta en su proceso de manifestación y multiplicación. Constituye la polarización primordial en el seno de la unidad indiferenciada, el principio de orden, el eje en torno al cual se articula cualquier movimiento, el origen de la separación e individuación de los nombres divinos y de las realidades designadas por estos.

Pero ¿qué hace que el punto metafísico se convierta en centro o eje alrededor del cual van ordenándose el resto de radios, círculos y esferas de la existencia? La respuesta es el movimiento creado por la aparente separación. Para Ibn ʿArabī, la naturaleza última de dicho movimiento reside en el amor o el deseo por parte del tesoro ignoto de la existencia de revelar sus riquezas escondidas. Así pues, es la revolución en torno al eje del amor la que establece el principio de manifestación y ordenamiento cósmico, tal como enuncia el famoso hadiz, tan citado por nuestro autor: «Yo era un tesoro escondido, y amé ser conocido. Por eso, creé a las criaturas, para que me conociesen. Y me conocieron».

El binomio centro-círculo representa entonces la presencia de la divinidad, mediante la cual la unidad pura sin asociado entra en relación con la multiplicidad de los nombres y atributos divinos y, a través de estos, con todos los seres creados. Los sufíes comparan la revelación de los nombres divinos, desde el abismo insondable de la existencia indiferenciada, a la proyección de un número indefinido de puntos desde el centro del círculo y al reflejo de las «formas» de Dios en los espejos de los existentes. Por medio de la irradiación del punto geométrico son producidas las formas, de igual modo que el uno se ubica en la base de todos los números. El punto central se corresponde, como decimos, con la presencia de la divinidad, mientras que el espacio que colma con su irradiación representa el círculo del cosmos, visible e invisible, es decir, el conjunto de todos los seres y estados de existencia que constituyen la manifestación universal.[77] Y expone Ibn ʿArabī:

> Cada línea que se proyecta desde el centro a la circunferencia termina en un punto de esta que es idéntico al resto. Pero, en sí mismo, el punto central ni se multiplica ni aumenta, a pesar de la multitud de líneas que se proyectan a partir de él. El punto central se relaciona, por su misma esencia, con cada punto de la circunferencia porque, si se relacionase con alguno de los puntos del mismo modo que se relaciona con los demás, sería divisible y su unidad falsa [...] Es cierto entonces —concluye el Šayj— que la

multiplicidad se manifiesta desde la Esencia sin que esta se vea multiplicada.[78]

Todos los puntos que conforman la circunferencia son iguales y mantienen la misma relación con el punto central, lo cual alude a la vinculación directa que cada ser mantiene con Dios:

> [Ya que cada uno de los radios que emergen del centro del círculo] —señala Ibn ʽArabī— es la manera particular como cada ser proviene de su creador, es decir, su razón, a la que se refiere aquel texto alcoránico, solamente tenemos que decir, cuando queremos una cosa, sé y es. Luego la voluntad divina está también representada en el radio.[79]

Así pues, para el Šayj, tanto el conjunto del cosmos como las entidades individuales presentes en él mantienen siempre una relación inmediata con Allāh. La realidad manifiesta se sustenta gracias al proceso conocido como «creación continua».

Esta estructura ternaria, constituida por centro, radio y circunferencia, se corresponde con tres categorías ontológicas fundamentales en la exposición akbarí, a saber: el ser necesario, el no-ser absoluto y la categoría de lo posible, situada entre ambos extremos. El ser necesario no puede no ser y tampoco puede llegar a ser experimentado tal como es; lo imposible es la nada, que tampoco puede ser conocida en sí misma, mientras que el ámbito del conocimiento humano se ciñe a lo posible, el cual es ilimitado, se extiende entre ser y no-ser y participa por igual de ambas condiciones. Ibn ʽArabī escribe:

> El punto es el ser (*al-ḥaqq*), el espacio exterior a la circunferencia es el no-ser (*al-ʽadam*), es decir, la oscuridad, y lo que se ubica entre el punto y el espacio exterior de la circunferencia es lo posible (*al-mumkin*) [...] Le asignamos el punto [al ser], ya que es el origen de la existencia de la circunferencia del círculo que se manifestó por el punto. Del mismo modo, lo posible no se emerge sino por el ser y la circunferencia del círculo.[80]

Ser, no-ser y posibilidad reciben, en otros pasajes akbaríes, los apelativos de luz, oscuridad y sombra.

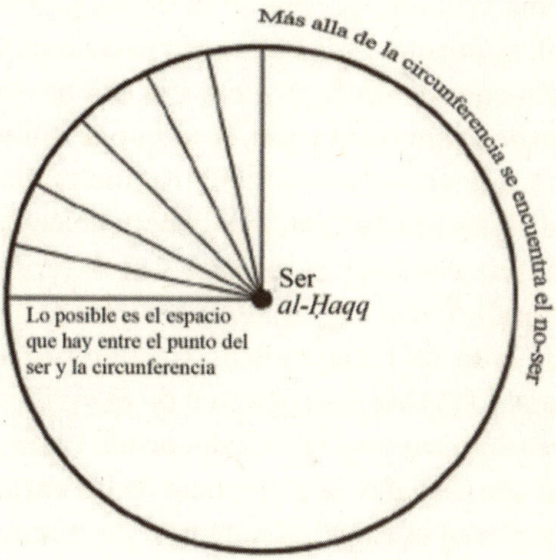

Figura 3.1 Ser, no-ser y lo posible

Pero Allāh, lo Real, no solo es el punto central a partir del cual se originan los radios de la circunferencia, sino también el círculo que los contiene. El centro se corresponde con los nombres divinos el Primero y el Interior [o No-manifiesto], dado que el círculo se origina en un punto central que permanece oculto a los ojos del observador. La circunferencia se corresponde con los nombres de Último y Exterior [o Manifiesto]. Debemos señalar que *al-Muḥīṭ*, el Todo-Abarcante, no solo es uno de los nombres de Dios, sino también la palabra árabe que designa a la circunferencia. Este término, que tiene los significados conexos de «rodear» y «abarcar», brinda a Ibn ʿArabī un sólido fundamento escritural para ulteriores interpretaciones simbólicas. Y sigue precisando:

> Cada punto de la circunferencia es el final de una línea, mientras que el punto desde el cual se proyectan las líneas es el principio de cada una de ellas, por lo que es el Primero y el Último. Él es el primero de cada ser posible, igual que el punto es el principio de cada línea.[81]

El Šayj fundamenta buena parte de su meditación sobre la circularidad (*istidāra*) de la existencia en la aleya que reza así: «Él es el Primero y el Último, el Interior y el Exterior» (57:3). Si todo posee una forma circular, ya sea en el dominio sensorial o en el suprasensorial, es porque Dios ha creado el cosmos según la forma divina. En consecuencia, la figura del círculo no solo se circunscribe al ámbito de la simbolización, sino que la realidad en su conjunto —declara nuestro autor— muestra una tendencia natural a la circularidad, derivada de la misma constitución de Allāh, ya que Él es, en un sentido espacial, el Interior y el Exterior —es decir, el centro y la circunferencia— y es, temporalmente hablando, el origen y el final de todo, tal como indican sus nombres el Primero y el Último, dado que todas las cosas parten de Él y a Él retornan. Estos cuatro nombres suministran la raíz del orden cósmico y delimitan el marco por el que discurre la existencia de las entidades posibles. Como hemos visto en el capítulo anterior, los nombres el Primero y el Último aportan la base para la ordenación del tiempo, mientras que en el Interior y el Exterior (llamados, respectivamente, el Oculto y el Aparente o el No-manifiesto y el Manifiesto) suministran la semilla del espacio.

Refiriéndose a la configuración circular de los nombres de Dios y a su reflejo en la constitución íntima de las cosas, expone:

> No hay nombre divino que no esté ubicado entre dos nombres porque el asunto divino es circular [...] No existe, por tanto, animal, árbol, hoja, piedra o cuerpo que no manifieste, sin excepción alguna, una cierta inclinación a la circularidad. Sin embargo, la circularidad tiene un carácter sutil en algunas cosas, mientras que resulta evidente en otras. Presta atención a todo lo que Dios ha creado, ya se trate de una montaña, un árbol o un cuerpo, porque siempre observarás en él esta tendencia a la circularidad. Esa es la razón de que la esfera sea la más excelente de las formas.[82]

Si reflexionamos en el proceso de crecimiento de los vegetales, nos damos cuenta de que este se atiene a un movimiento circular, marcado por la búsqueda de luz solar, cuya intensidad y duración vienen determinadas a su vez por los movimientos circulares de rotación y traslación de nuestro planeta. Pero no solo las flores adoptan un diseño circular o mandálico, sino que también podemos aducir el ejemplo de las caracolas y las conchas marinas, o, sin ir más lejos, el sistema circulatorio humano o la estructura de los átomos. Estos son unos pocos ejemplos de los múltiples modos en que el cosmos y el ser humano manifiestan en su estructura la ordenación circular de los nombres divinos.

La configuración del círculo conlleva, para Ibn ʿArabī, la idea de protección divina, pues el mundo está ubicado, como decíamos al principio, entre el centro y la circunferencia. El centro es el Primero; y la circunferencia, el Último. Es en el espacio intermedio delimitado por uno y otro nombre en donde se desenvuelven todas las posibilidades de existencia y se establecen las distintas relaciones que conforman el cosmos. Por consiguiente, la divina protección acompaña a todos los seres donde quiera que estén, impidiendo que traspasen los límites de la Creación y guiándolos en su periplo desde Él, en Él y hacia Él. No importa lo mucho que nos alejemos del centro porque la circunferencia —es decir, Dios con su nombre el Último— siempre estará detrás de nosotros conteniéndonos y protegiéndonos. A la postre, nada de lo que está incluido entre el punto central y la circunferencia se verá desconectado de la existencia. Y, abundando en esta idea de protección y citando las aleyas coránicas que proclaman: «Y Dios, los cerca por detrás» (85:20), así como «¿Pues no lo abarca Él todo?» (41:54), el Šayj matiza que, si bien Dios nos rodea, no lo vemos, porque nos contiene, como afirma la citada aleya, «por detrás», unas palabras que interpreta en el sentido de que el rostro de las criaturas —ya se trate del cosmos en general o de cada ser particular— siempre se orienta hacia su origen, que es Dios, con su nombre el Primero, el punto central del que dimanan todos los radios y formas.

Ibn ʿArabī sostiene que, a medida que vamos moviéndonos por los radios del círculo, o las diferentes etapas de la existencia, nos movemos, de hecho, hacia atrás y de espaldas a la circunferencia, ya que nuestro rostro siempre permanece orientado hacia el centro original, es decir, hacia el nombre el Primero, el punto del que procedemos: «Hemos emergido de ese punto —escribe— y no somos capaces de apartar de él nuestra mirada; es nuestra *qibla* y nuestro *imām*».[83] Cabe interpretar esas palabras en el sentido de que el ser humano solo puede, a lo sumo, llegar a conocer el pasado, pero nunca predecir el futuro. También los astrónomos, cuando escudriñan con sus potentes telescopios la inmensidad del espacio, captan tan solo imágenes procedentes del pasado e incluso imágenes de estrellas que desaparecieron hace mucho tiempo.

El Šayj completa la imagen esférica de la presencia y protección divinas añadiendo que, además de coronar los cielos y ocupar el centro y la periferia del círculo, Allāh nos sostiene y abarca por debajo, como cuando el Profeta declara que la cuerda que cae al suelo, lo hace, en realidad, en Dios porque:

> Así como Él se ha asignado las alturas instalándose en el Trono, también ocupa la base. Él, como reza la aleya correspondiente, incluye a todos los seres con el fin de preservar su existencia, de igual modo que la circunferencia abarcadora del círculo salvaguarda la existencia del punto central [...] De ahí que a Él pertenezca la altura, así como lo que está en la base, y que a Él pertenezca el Interior lo mismo que el Exterior.[84]

La imagen del círculo sirve para ilustrar, en el ámbito temporal, el dogma teológico de que, a la postre, todos los seres retornan a Allāh, porque las líneas que se proyectan desde el punto central para volver a Él, cerrando el círculo, nos recuerdan que Dios es nuestro destino último, o, como afirma el Corán, «el fin de todo» (11:123). Y declara el Libro sagrado: «Así como os ha creado, volveréis» (7:29); «Dios inicia la Creación y luego la repite, después de lo cual seréis devueltos a Él» (30:11).

Ibn ʿArabī, como no podía ser de otro modo, distingue en este tipo de declaraciones una clara confirmación doctrinal de la tesis de la circularidad de la existencia:

> Sabe que, puesto que el mundo es esférico en su forma, el ser humano añora al final de su vida su principio. Nuestra salida de la no-existencia fue por Él, y a Él retornaremos [...] ¿Acaso no ves que, cuando empezó tu existencia, fue establecido un círculo? Habiendo comenzado a través de él, nunca dejarás de recorrerlo hasta alcanzar el primer punto, y entonces tú mismo te convertirás en círculo. Si fuese de otro modo, al emerger de Él, seguiríamos una línea recta y, por tanto, nunca retornaríamos a Él. Y, en ese caso, Su palabra «después de lo cual seréis devueltos a Él» (2:245) sería falsa. Pero Él es el Verídico. Todo ser, toda cosa, es una simple circunferencia que retorna a aquel de quien tomó su principio.[85]

Ateniéndonos a lo dicho, el retorno inexorable a Allāh no ocurre a lo largo de un camino lineal, sino ciñéndose a una ruta circular;

es un camino recto —subraya— que va poco a poco curvándose porque, de lo contrario, nunca regresaríamos a Él. De ese modo, al hablar del estado de perplejidad (*ḥayra*) en que viven los más altos conocedores de Dios, insiste en la cualidad circular de este sendero de retorno:

> El que permanece en la perplejidad —nos explica— «sigue el círculo», y el movimiento circular se efectúa en tomo al Polo [o Eje], de manera que no se aleja nunca de él. Por el contrario, quien recorre un sendero rectilíneo se pierde por la tangente, se desvía del objeto de su búsqueda y se aleja en pos de lo que siempre ha estado dentro de él, siendo presa de su fantasía, que es el límite de lo que puede alcanzar. Para él, existen un «desde», un «hasta» y un «entre», mientras que para aquel que sigue el movimiento circular no hay ni punto de partida que implique un «desde», ni punto de llegada que suponga un «hasta». Él posee el Ser más perfecto. Es a él a quien fueron otorgadas las sabidurías y las palabras totalizadoras.[86]

Siendo una de las múltiples modalidades que asumen los caminos de retorno a lo Real, el sendero espiritual del sufismo presenta en su conjunto, y como el resto de la Creación, una idiosincrasia circular. En efecto, el Šayj insiste en muchos de sus escritos que Ley revelada (*šarīʿa*) y Realidad esencial (*ḥaqīqa*) conforman el punto de partida y la meta del sufismo, a los que debemos añadir el sendero (*ṭarīqa*) que conecta a ambas. La vía espiritual describe un recorrido que vuelve al punto de origen, dado que comienza en la *šarīʿa* y concluye en ella. Puesto que no hay oposición alguna entre las dimensiones interior y exterior, entre oculto y aparente, entre primero y último, el punto de partida es la meta. De ese modo, los santos de rango más elevado, los más próximos a Dios, pertenecientes a la categoría de los *malāmiyya* o Gentes de la Reprobación, no se distinguen en absoluto de los creyentes comunes, no llevan a cabo llamativos milagros y no destacan socialmente por su especial piedad, brillantez o perspicacia religiosa, sino que adoptan el aspecto de devotos ordinarios, limitándose a acatar las prescripciones obligatorias de la Ley religiosa —cinco oraciones diarias, ayuno, peregrinación y demás— sin sobrepasarse nunca en su fervor devocional. La consumación del camino espiritual consiste en efectuar a la perfección aquello que se demanda desde el principio, no más. Tal como reza el conocido adagio sufí: cinco oraciones diarias y esperar la muerte.

El Šayj también simboliza con el círculo el estado de realización espiritual del profeta Muḥammad y la cúspide de su periplo noctívago de ascensión a Allāh, tal como nos transmite la correspondiente aleya: «Estuvo a dos arcos de distancia o menos» (53:9), que es la distancia a la que, según el Corán, Muḥammad se aproximó a Dios en su Viaje Nocturno. La unión de dos arcos constituye, geométricamente hablando, un círculo completo y representa, de acuerdo a nuestro autor, la recuperación de la totalidad (*al-maŷmū'*), momento en el que la Creación vuelve a su origen en lo Real. En lo que se refiere a la ascensión muḥammadī, o el recorrido de ascenso a la Fuente de la existencia, Ibn 'Arabī nos asegura que el objetivo último del viaje espiritual es alcanzar el mayor grado posible de proximidad con respecto a dicha fuente, y la cercanía máxima está representada, en este caso, por la superación de la línea bisectriz que divide el círculo en dos mitades.

Recordemos que el texto coránico añade a la medida de «dos arcos», las lacónicas palabras «o menos», que sugieren que el viajero sigue avanzando más allá de esta línea hipotética de separación. Sin embargo, como nos informa William Chittick en su voluminoso trabajo sobre el maestro andalusí, la no diferenciación de la situación final no es comparable a la no diferenciación del cosmos y de las entidades «antes» de la Creación. Dado que el retorno a la Fuente se produce después de la separación, debe reintegrar a esta. El viajero se extingue provisionalmente para renacer y verse transformado en una realidad más plena. La situación hallada al final del viaje espiritual le permite realizar que él es la creación todo-comprehensiva en la que desaparece la distinción entre lo Real y lo ilusorio, entre lo absoluto y lo relativo, pero, al mismo tiempo, la preserva a través de su propia existencia, que es y no es idéntica a la existencia de lo Real.[87] La línea desaparece, pero el trazo subsiste.[88]

El carácter profundamente circular de la existencia entronca de pleno con el importante tema akbarí de la misericordia absoluta, que en su función existenciadora constituye tanto el principio del que dimanan todas las cosas como la conclusión a la que retornan. «La misericordia lo envuelve todo» (7:56), nos asegura el Corán. Y declara el Šayj:

> La situación final está en manos de la misericordia porque la realidad describe un círculo. El final del círculo se curva hacia su principio y se une con él. El final tiene la propiedad del principio. [...] La misericordia tiene preferencia sobre la ira porque es el origen de todo. La ira es accidental, y los accidentes desaparecen.[89]

Hemos girado con Ibn ʿArabī en su meditación continua sobre la circularidad de la existencia, un fenómeno que abarca desde lo más alto a lo más bajo y que es otro de los hilos maestros que vincula diferentes facetas de su pensamiento, tejiéndolas en un tapiz rebosante de belleza y sentido. La circularidad no es, en definitiva, sino una de las múltiples posibilidades que asume la figura de la unión de contrarios, una de las definiciones tentativas de la realidad y el elemento indispensable que caracteriza, según la psicología profunda, el equilibrio anímico fundamental.

Porque, si Él es el Primero y el Último, el Interior y el Exterior, no podemos afirmar de Él, sino que es unión de contrarios y resolución de opuestos. La unión de contrarios constituye, según el eminente psicólogo Carl G. Jung, el signo de una vida psíquica bien integrada, concluyendo que el «yo», como también decían acerca de Dios los filósofos antiguos, es coincidencia de opuestos, y que cada individuo debe tratar de integrar en una totalidad armónica las tendencias contradictorias presentes dentro de su propio psiquismo.

LA GEOMETRÍA DE LOS NOMBRES DIVINOS

«Yo soy la realidad del mundo, el centro y la circunferencia», proclama el Bienamado por boca de Ibn ʿArabī en el texto titulado «Teofanía de la perfección».[90] Centro y círculo son nociones cargadas en todas las tradiciones espirituales de un elevado valor simbólico que no puede sino hacernos evocar la antigua máxima medieval, popularizada por el filósofo francés Blaise Pascal, de que

Dios es una esfera cuyo centro está en todas partes y su circunferencia en ninguna.

Nos comunica Ibn ʿArabī que el mundo se manifiesta entre el punto y la circunferencia. El círculo es, como hemos visto, la figura geométrica ubicua con la que el Šayj explica diversos aspectos de la realidad, desde la presencia de Dios y la disposición de los nombres divinos, pasando por la estructura del cosmos, hasta la configuración del sendero espiritual e incluso del ser humano perfecto, del cual afirma que su forma original es esférica. Buena parte de la enseñanza del Šayj se nos presenta, de ese modo, como una meditación permanente acerca de las múltiples facetas que asume la circularidad de la existencia.

El círculo es, según expone, la primera forma comprensible que asume la unidad absoluta en su proceso de manifestación; representa la primera polarización que diferencia a la unidad de la Realidad, tal como es en sí misma, de la multiplicidad de los nombres y de los efectos que procuran estos nombres, aunque sin distinguirlos todavía entre sí, ya que, al igual que ocurre con los puntos que conforman la circunferencia, en el presente estadio, todos los nombres son similares —es decir, permanecen en un estado indiferenciado— y se relacionan del mismo modo con el punto central original. Es en un estadio subsiguiente del proceso creativo cuando los nombres divinos se diversifican, dando lugar a un número infinito de patrones y combinaciones.

Los patrones aportados por las distintas agrupaciones de nombres divinos pueden ser contemplados como un número ilimitado de figuras geométricas que se inscriben en el interior del gran círculo de la existencia. Ibn ʿArabī señala a este respecto:

> El mundo es en su totalidad un círculo, dentro del cual se diferencian luego las formas de todas las figuras, como la cuadratura, la triplicidad, la héxada, y así indefinidamente.[91]

Los modelos que regulan tanto la manifestación como la conservación de la existencia se basan en distintas combinaciones de nombres. El despliegue del proceso creativo que da lugar al cosmos, por ejemplo, exige una configuración distinta a la requerida para la subsistencia o permanencia de este, una vez ha sido creado.

Asimismo, se requiere una combinación diferente de nombres divinos para conocer a Dios como Creador del mundo que para conocerlo como el Autosuficiente y el Independiente. Sin embargo, si bien los sufíes distinguen diversos patrones de organización de los nombres divinos, la cuadratura y la triplicidad ocupan un lugar prominente entre ellos. La cuadratura proporciona el llamado patrón de proliferación, mientras que la triplicidad aporta el modelo de creación.

La revelación de Dios —o el hecho de tornarse cognoscible para otros— y la creación del cosmos son eventos equiparables. Por eso, escribe el Šayj:

> El conocimiento que Dios tiene de sí mismo es idéntico con el conocimiento que tiene del cosmos, puesto que el cosmos es conocido eternamente por Él, aunque esté cualificado por la inexistencia [...] Él no cesa jamás de ser y, por tanto, su ciencia no deja jamás de ser, y la ciencia que tiene de sí mismo es la ciencia que tiene del cosmos; en consecuencia, nunca deja de conocer el cosmos. Él conoce el cosmos en el estado de inexistencia y lo trae a la existencia de acuerdo con el contenido de su ciencia.[92]

LA CUADRATURA DE LOS NOMBRES

Según nuestro autor, la cuadratura es la primera relación que se establece dentro del círculo de la manifestación, pues se requieren cuatro nombres raíces para emprender cualquier proceso creativo. Estos nombres son el Viviente (*al-ḥayy*), el Conocedor (*al-ʿālim*), el Deseoso (*al-murīd*) y el Poderoso (*al-qadīr*), que se relacionan con los correspondientes atributos de vida, conocimiento, voluntad y poder. Existen, por supuesto, diferentes referencias coránicas a estos nombres divinos como, por ejemplo, «No hay Dios salvo Él, el Viviente, el Eterno» (3:2) o «Él crea lo que quiere. Él es el Conocedor, el Poderoso» (30:54). La lógica que vincula a estos cuatro nombres se basa en la analogía existente con la creatividad humana, puesto que, para poder producir algo, uno tiene que estar, en primer lugar, vivo y existir, además de conocer lo que quiere hacer, tener la voluntad de llevarlo a cabo y ser capaz de realizarlo.

Esta cuadratura creativa proporciona la primera impronta de orden y constituye el modelo primordial de todas las cuadraturas posteriores que emergen en el dominio de la Creación porque, tal como escribe el Šayj, todo cuanto existe procede de cuatro realidades divinas, que son: vida, conocimiento, voluntad y poder. Del mismo modo, los cuerpos proceden de cuatro realidades, que son calor, frío, sequedad y humedad. En cuanto a los seres engendrados, estos proceden de cuatro elementos, a saber, fuego, aire, agua y tierra. Por último, el cuerpo humano se deriva de cuatro humores, esto es, bilis, bilis negra, sangre y flema. En términos simbólicos, el número cuatro es de especial relevancia, razón por la cual no solo apreciamos la «signatura del cuaternario» en los cuatro elementos tradicionales, sino en las cuatro estaciones, los cuatro puntos cardinales, las cuatro fases lunares, etcétera, todos los cuales no son sino aspectos específicos de un mismo «esquema» original de manifestación.

Ibn ʿArabī ordena circularmente los cuatro atributos divinos fundamentales de vida, conocimiento, deseo y poder, esbozando una figura constituida por cinco círculos que intersectan entre sí, en la que el primer círculo, sobre el que se superpone el resto ocultándolo completamente, corresponde a la faceta invisible e indefinible de la Realidad, más allá de cualquier nombre y atributo, también llamada «presencia divina». El punto en el que termina cada círculo se convierte a su vez en el punto de origen de otro círculo, una mitad del cual se inserta en el círculo anterior, mientras que la otra mitad se ubica fuera de él, lo que representa la combinación de los nombres divinos el Exterior y el Interior. Además, los cuatro círculos se superponen sobre el círculo interior de la presencia divina, simbolizando la unión indiferenciada del conjunto de cualidades de la existencia en el círculo central.

Para el Šayj, el principal atributo divino —como hemos apuntado— es el de la vida, pues presupone a todos los demás, siendo su condición indispensable; por ese motivo ocupa el lugar más alto en esta jerarquía. El fundamento lógico de esta afirmación reside en el mayor o menor dominio de influencia de cada uno de estos cuatro atributos, ya que lo que está privado de vida no puede conocer, desear ni tiene poder para actuar. Sigue a la vida el conocimiento, pues el rango de influencia de este se extiende tanto al reino del Ser necesario como al dominio de la mera posibilidad, el cual incluye tanto lo que puede como lo que no puede existir. Y de él explica Ibn ʿArabī en el capítulo 558 de las *Futūḥāt al-makkiyya*:

> La verificación (*taḥaqquq*) de este nombre consiste en la conexión (*taʾalluq*) con las realidades esenciales de las cosas (*ḥaqāʾiq al-umūr*) y en el conocimiento de ellas tal como son el plano de la existencia (*wuŷūd*) o en el plano de la inexistencia (*ʿadam*), desde la perspectiva de la negación (*nafy*) o desde la perspectiva de la afirmación, en un modo de conocimiento que las comprende total y verdaderamente (*iḥāṭa*) en su realidad esencial (*ḥaqīqa*), no de modo limitado, lo cual implicaría ignorancia (*ŷahl*).[93]

Viene a continuación la voluntad, cuyo dominio de influencia está restringido al reino de lo posible, evidenciando de ese modo una preferencia en cuanto a lo que puede o no puede existir. El poder es el último atributo de esta jerarquía y el más restringido, ya que su función se limita a concretar en el reino de la manifestación la posibilidad a la que ya se ha otorgado una preferencia por la existencia.

La anterior jerarquía conduce a otro tipo de diferenciación en la que cada atributo o nombre divino se ve investido, a su vez, de una cualidad activa o pasiva:

> El mundo creado —prosigue explicando Ibn ʿArabī— es, en su totalidad, pasivo con relación a Dios, mientras que en sí mismo es activo en algunos de sus aspectos y pasivo en otros.[94]

El Šayj considera que los atributos primordiales de vida y conocimiento son activos, mientras que el deseo y el poder revisten un carácter pasivo. Para nuestro autor, como acabamos de apuntar, la vida es la condición indispensable del conocimiento —y de cualquier otra cualidad o nombre divino—, mientras que el deseo es el prerrequisito del poder. La diferenciación de la cuadratura original en cualidades activas y pasivas, en condicionante y condicionado, suministra el modelo divino de todos los demás planos existenciales que dependen de la intervención de dichas cualidades, con lo que llegamos al siguiente estadio de la manifestación.

Ibn ʿArabī glosa este estadio haciendo referencia a la tradición profética que sostiene que la Creación se inicia con el intelecto (*al-ʿaql*), también llamado «espíritu» y «luz», seguida por la creación del alma (*al-nafs*) a partir del espíritu y cuya producción vincula a los dos primeros atributos divinos cuando señala que Dios trajo el Primer Intelecto a la existencia a partir del atributo de la vida, y el alma a partir del atributo del conocimiento. Así pues, el primer intelecto/espíritu es la condición necesaria para la existencia del alma, de igual modo que la vida es la condición indispensable para la existencia del conocimiento. Por su parte, las dos realidades pasivas, con relación a intelecto y alma, son la materia universal (*al-habāʾ*) y el cuerpo universal (*al-ŷism al-kullī*). Estos cuatro constituyen el origen a partir del cual emergen todas las formas que pueblan el cosmos. El Šayj señala que todas las formas y figuras se manifiestan en la materia universal y el cuerpo universal, siendo nuestro mundo una de esas formas y figuras.

En el presente estadio del proceso creativo, Ibn ʿArabī introduce un nuevo factor, al que denomina «naturaleza» (*al-ṭabīʿa*), ubicada entre el alma y la materia universal. La naturaleza, que no debemos identificar con el concepto ordinario que actualmente tenemos de ella, se define como una realidad inteligible, una fuerza carente de ser propio que solo podemos llegar a percibir gracias a sus efectos en el mundo físico. Y escribe:

> Entre el alma y la materia universal se ubica el estadio de la naturaleza, que también está basada en cuatro realidades, dos de las cuales son activas y dos pasivas. Sin embargo, todas se hallan en estado de pasividad con respecto a la fuente de la cual proceden. Estas realidades son calor, frío, humedad y sequedad. La sequedad es pasiva con relación al calor, y la humedad es pasiva con relación al frío. El calor procede del intelecto, y este de la vida; por lo tanto, la naturaleza de la vida en los cuerpos sensibles es el calor. Por su parte, el frío procede del alma, y el alma del conocimiento [...] Dado que la sequedad y la humedad son pasivas con relación al calor y el frío, la voluntad exige sequedad, ya que pertenece a su estado, mientras que el poder exige humedad, dado que también pertenece a su estado. Y como el poder está restringido en particular a traer a la existencia, está encargado debidamente

de implantar la naturaleza de la vida —es decir, el calor y la humedad— en los cuerpos.[95]

Todo lo anterior lo representa el Šayj en el siguiente diagrama:

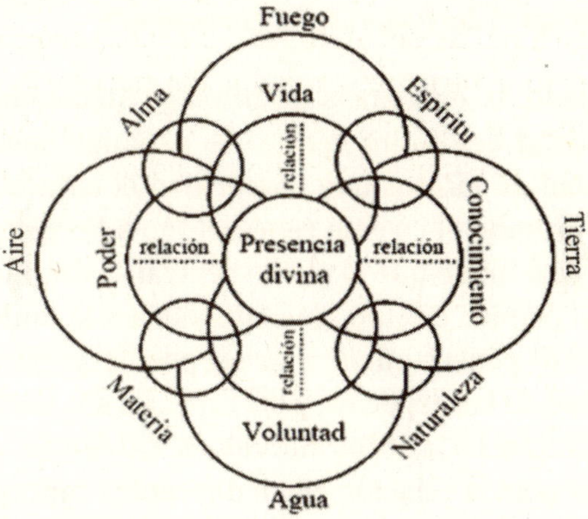

Figura 3.2 Cuatro nombres raíces, cuatro entidades primordiales y cuatro elementos

Y, a propósito del origen de los cuatro elementos mayores, que figuran en este esquema y que vincula, como veremos, a las doce casas tradicionales del Zodiaco, escribe:

> En primer lugar, Dios dispuso estas cuatro realidades naturales siguiendo un determinado patrón. Reuniendo calor y sequedad dio lugar al fuego elemental ideal, haciendo que gobernara en tres lugares del cuerpo del Trono (*al-arš*), que es la «Esfera Suprema» (*al-falak al-aqṣā*) y el «Cuerpo Universal» (*al-jism al-kullī*). Llamó al primero de estos lugares «Aries», denominó al segundo, que es en realidad el quinto de los lugares designados, «Leo» y llamó a la tercera posición, que es el noveno de los lugares designados, «Sagitario». Luego reunió frío y sequedad y apareció la tierra elemental ideal, haciendo que rigiese en tres lugares de esta esfera. Llamó al primer lugar «Tauro», al segundo «Virgo» y al tercero «Capricornio». Luego congregó calor y humedad, y creó el aire elemental ideal, manifestando su gobierno en tres lugares de la

> esfera suprema. Denominó al primer lugar «Géminis», al segundo «Libra» y al tercero «Acuario». Luego reunió frío y humedad y manifestó el agua elemental ideal, manifestando su gobierno en tres lugares de la esfera suprema. Llamó al primer lugar «Cáncer», al segundo «Escorpio» y al tercero «Piscis». Esta es la división de la esfera de las constelaciones [...]. Todo ello fue dispuesto por el diseño (*taqdīr*) del Poderoso, el Conocedor.[96]

Por otro lado, la existencia se propaga siguiendo un modelo radial. La unidad del punto central se expande hasta constituir la multiplicidad de puntos que conforman el círculo. Los puntos de que está formado el círculo representan a los géneros de existentes, y de igual modo que el punto central se despliega para dar nacimiento al primer círculo, que simboliza a la multiplicidad de los géneros, cada género puede a su vez proliferar para dar lugar a la multiplicidad de las especies, y las especies a la multiplicidad de las clases y las clases a la de los individuos. Categorías como género y especie expresan la relación entre diferentes conceptos desde el punto de vista de su mayor o menor inclusividad. Por ejemplo, si la amplitud del concepto *A* está incluida en la del concepto *B*, *A* es una especie respecto de *B*, mientras que *B* es el género respecto de *A*. Desde el punto de vista de su contenido, género y especie se relacionan entre sí como lo general y lo particular, respectivamente. Pero volvamos a las palabras de Ibn ʿArabī:

> El número de los círculos nacidos del primero es exactamente igual al de los tesoros [o ideas] de los géneros [...] Los [círculos] que de estos [géneros] se producen indefinidamente son los círculos de los infinitos entes concretos que a dichos géneros corresponden. A su vez, el círculo del individuo sirve como guía para encontrar aquello que se denomina especie, que es lo comprendido entre el género y el individuo. Dentro de las especies nacen otras y otros, pero ya de un modo limitado porque la especie solo puede ser conocida mediante los individuos, siendo como es un algo inteligible que se halla entre estos [individuos] y el género más común.[97]

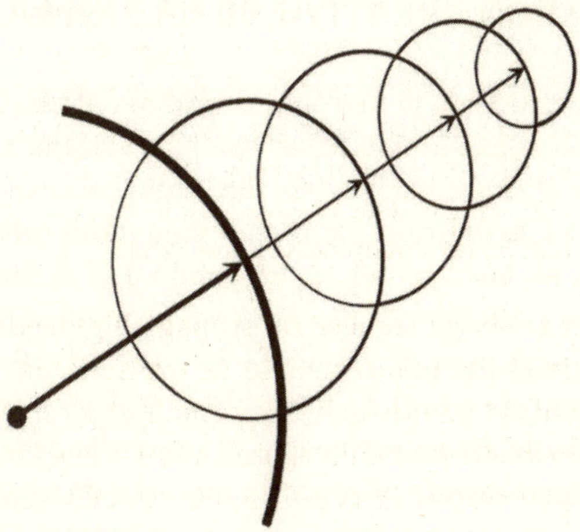

Figura 3.3 Modelo radial de género, especie e individuo

Y prosigue diciendo:

> El principio de todo ello es el primer punto porque la línea que se extiende desde el punto central hasta un determinado punto del círculo también puede extenderse desde esta a los puntos de los semicírculos ubicados fuera del primer círculo.[98]

Este patrón de propagación se atiene a la ley de la unidad y la multiplicidad, o de la totalidad y las partes, según la cual cada parte revela el mismo orden que la totalidad y, como tal, conforma un todo en sí misma. Y prosigue explicando en este sentido:

> Es evidente que cada parte del mundo puede llegar a ser causa de la existencia de otro mundo, si no, no más perfecto, sí semejante a aquel, y esto indefinidamente. En efecto, la línea que constituye la circunferencia está formada por puntos tan próximos entre sí que es imposible que exista entre dos de ellos [...] un tercero, a causa de que los espacios por ellos ocupados son inmediatamente contiguos. Ahora bien, cada uno de esos puntos es capaz de engendrar una nueva circunferencia si se los toma como centro; de la cual circunferencia puede afirmarse lo mismo que de la primera, y así indefinidamente, puesto que no cabe admitir término ni límite en el mundo.[99]

EL PATRÓN CREATIVO DE LA TRIPLICIDAD

Si la cuadratura aporta el patrón primordial del diseño de la existencia, la triplicidad suministra el modelo fundamental en lo que se refiere a su plasmación efectiva. Ibn ʿArabī subraya que el divino acto creador es de dos tipos porque, si bien Allāh conoce las cosas eternamente, no las trae del mismo modo a la existencia, distinguiendo entre creación por diseño o «determinación» (*taqdīr*) —que es la que acabamos de exponer— y creación mediante «donación de existencia» (*īŷād*) o «formación» (*takwīn*). La primera es una modalidad de acto creativo que, al contrario de la segunda, no conlleva necesariamente producción material de ningún tipo. Si el diseño de la Creación coexiste con el conocimiento que tiene Dios del cosmos, el cual es meramente potencial, la formación del cosmos supone, en cambio, la transición desde el estado de inexistencia al de existencia relativa, es decir, desde el estado potencial al actual, siendo esta transición del no-ser al ser la que viene determinada por la segunda modalidad de acto creativo.

El acto de conocimiento, como decimos, no tiene por qué llegar a producir nada externamente, sino que puede quedarse en una mera idea o proyecto. La distinción entre ambas modalidades creativas también se refleja en el plano lingüístico. En la lengua árabe, *ʿālam* y *kawn* son dos términos distintos que se traducen igualmente como «cosmos». El primero de ellos se deriva de la palabra *ʿilm*, que significa «conocimiento». Es por eso que Ibn ʿArabī declara que el autoconocimiento de Dios lleva implícito el conocimiento del cosmos en tanto que posibilidad. El segundo término, por su parte, tiene que ver con la palabra que designa a la orden creadora *kun*, es decir, «¡Sé!», y la plasmación del cosmos como una entidad externa.

La divina orden creadora (¡Sé!) está basada, en lo que respecta a lo Real, Allāh, en la triplicidad divina de esencia, deseo y verbo creador. Esta es una triplicidad de carácter activo con relación a la cual también aparece, en la cosa que va a ser creada, una triplicidad de carácter pasivo. Es la unión de ambas triplicidades la que hace que las entidades pasen a existir de manera efectiva. Y declara en este sentido:

[En el instante en que el Verbo creador de Dios es emitido] surge también en la cosa que va a ser creada una singularidad o triplicidad. Y solo en virtud de dicha triplicidad puede la cosa, por su parte, adquirir la capacidad de ser producida y cualificada por la existencia.[100]

La triplicidad en el objeto creado consiste en (1) su «coseidad» o «entidad», (2) su capacidad de audición y (3) su obediencia respecto a la orden creadora en lo relativo a su creación. De ese modo, la tríada [de la criatura] encaja con la tríada [divina]. Lo primero, como hemos indicado, es la entidad inmutable de la cosa en su estado de inexistencia, que es el modo en que esta es conocida por Dios durante toda la eternidad, y que corresponde a la Esencia del Creador. Lo segundo es que la cosa sea capaz de escuchar la orden existenciadora, lo que corresponde a la Voluntad de su Creador. Lo tercero es la aceptación obediente de lo que le ha sido ordenado respecto a su existencia, lo que corresponde al Verbo [del Creador] «¡Sé!»; con ello, la cosa cobra existencia actual. Por tanto, la «producción» o el «paso de la inexistencia a la existencia» ha de atribuirse también a la cosa [creada], ya que, si esta no poseyera en sí el poder de existir al emitirse el Verbo creador jamás llegaría a existir.

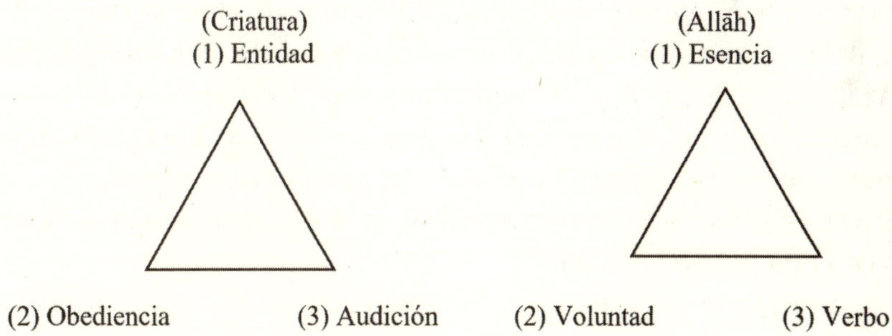

Figura 3.4 Modelo de la triplicidad creativa

Estas últimas palabras nos conducen a uno de los puntos más destacados de la ontogénesis akbarí, esto es, que la capacidad de transitar desde el no-ser al ser ha de atribuirse no solo al Creador, sino también a la entidad que va a ser creada, la cual participa en su advenimiento a la existencia, pues si no poseyese ese potencial, el imperativo creador sería incapaz de traerla desde el no-ser hasta el ámbito del ser. Recordemos en este sentido que uno de los principios de la ontología akbarí señala que Allāh trae el cosmos a la existencia de acuerdo con el conocimiento que este le proporciona en su estado de inexistencia, lo cual presupone que, antes de su existencia efectiva, el cosmos ya posee un tipo de existencia potencial.

4. IBN ʿARABĪ VISUAL

Hemos comprobado en capítulos precedentes la enorme importancia atribuida por Ibn ʿArabī a las representaciones gráficas con el fin de explicitar sus enseñanzas, sobre todo en lo que concierne al proceso de manifestación y a la organización de los distintos planos de existencia de que consta el cosmos. En el presente capítulo insistiremos en dicha idea presentando varios cuadros y esquemas (de los que es autor el Šayj y que figuran tanto en las *Futūḥāt al-makkiyya* como en otras obras) acerca de la disposición del proceso creativo del cosmos y la ordenación de los diferentes niveles existenciales que lo componen. Ibn ʿArabī adorna su exposición con determinados esquemas, cuyo marco idóneo sería la imaginación creadora o activa, que pretenden facilitar la comprensión del lector en torno a la exposición referente a los elementos constitutivos de la Creación y diversos aspectos de su enseñanza.

No podemos dejar de mencionar que la imaginación activa es la facultad indispensable para representarse los esquemas que componen el presente capítulo, así como otros, en los que Ibn ʿArabī nos explica de qué manera el mundo emerge a partir de la unidad indiferenciada hasta arribar al ser humano perfecto (que es la figura sintética que contiene la simiente de la Creación entera), así como la estructura de los nombres divinos, la composición del cielo y el infierno, etcétera. El gran estudioso Henry Corbin hace referencia a este arte «diagramático» al abordar el titulado «Textos de los textos» (*Naṣṣ al-nuṣūṣ)*, de Ḥaydar Āmulī (1319-1385), representante de la teosofía persa y comentarista de las enseñanzas del Šayj, a la hora de exponer distintos elementos de su enseñanza, y que vincula con la llamada «metafísica de la imaginación». Según el especialista francés, el objetivo de este arte es «hacer aparecer en el nivel de la imaginación activa una estructura que corresponda a un nivel intelectivo puro».[101] La imaginación no solo es el requisito fundamental de todo proceso de conocimiento, sino que la representación gráfica de los argumentos abstractos ayuda a comprender las nociones expuestas.

Pero veamos sin más dilación el primer cuadro que nos propone el Šayj, el cual tiene que ver con los elementos primordiales de la Creación, un aspecto que, si bien ya hemos considerado en otros lugares, no estará de más recordar en el presente contexto.

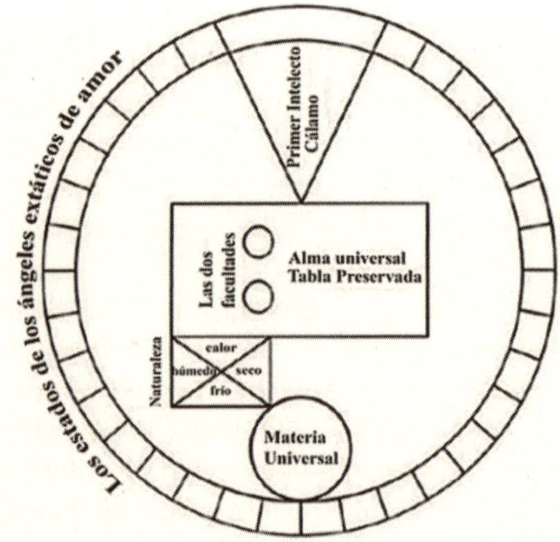

Figura 4.1 El principio de la Creación

Esta representación de lo que Ibn ʿArabī denomina la «Nube» nos muestra el llamado Mundo de la Orden (*ʿālam al-amr*). Y escribe a propósito de este primer gráfico:

> Esta es la imagen de la «Nube Primordial» y de lo que contiene, culminando con el Trono divino. Por desgracia, la imagen dibujada aquí es demasiado reducida para contener, en un mismo dia-

> grama, todas las formas que desearíamos incluir. Si pudiese dibujar un diagrama mucho mayor, todo quedaría más claro para el lector.[102]

El interés de Šayj por la cosmología no responde a una motivación «científica», sino que tan solo persigue el estudio del cosmos y del ser humano en tanto que estructuras creadas a imagen de Allāh. El cosmos es la manifestación de Dios y, por consiguiente, entender el proceso de creación de la realidad ayuda a conocer aquello que, para el ser humano, es posible saber de la divinidad.

El Mundo de la Orden es una instancia, de naturaleza extremadamente sutil, que precede al Mundo de la Creación (*ʿālam al-jalq*). El primero tiene que ver con la orden creativa «¡Sé!» y se refiere al dominio unitario en el que las entidades aún no se han diversificado de un modo absoluto en la multiplicidad. Es, en suma, la esfera luminosa del espíritu, estando poblada por ángeles e intelectos puros y desapegados, carentes de cualquier tipo de deseo.

El diagrama utilizado por el Šayj para representar este primer grado de existenciación evidencia la articulación de los componentes de la denominada «Nube primordial» (*al-ʿama'*), representada como un círculo envolvente cuya circunferencia está jalonada por las denominadas treinta estaciones de los ángeles extasiados de amor, siendo su única actividad contemplar y adorar a Dios. Estos ángeles son las primeras entidades luminosas creadas por Allāh sin la intermediación de otros seres. Constituyen la circunferencia de la Nube y el límite de la entera Creación. Originados a partir de la pura luz de la Majestad divina, estos espíritus se hallan completamente embelesados por el esplendor de Allāh, ya que no están expuestos a nada más y, tal como apunta la tradición, ni siquiera se percatan en ningún momento, debido al profundo éxtasis que los embarga, de que el cosmos y sus moradores han sido creados.

Observamos que el círculo se halla subdividido en 28 secciones correspondientes a las letras del alifato. Están representados a continuación, y en esta misma secuencia, Cálamo, Tabla Preservada, Naturaleza y Materia, cada una de ellas simbolizada por una forma geométrica distinta.

El Cálamo se identifica con lo que los filósofos antiguos denominan Primer Intelecto (*al-ʿaql al-awwal*), el cual asume la modalidad de un ángel extasiado de amor que se distingue del resto de los ángeles (situados en el exterior del círculo) de su misma categoría por su capacidad para tomar conciencia de sí mismo y distinguirse tanto de sus semejantes como de su Creador. Ibn ʿArabī nos refiere de él que es una sustancia única y carente de materia. Otras denominaciones aplicadas al Cálamo son Luz muḥammadī, espíritu, espejo de Dios y del universo, sombra primera, centro del círculo de la manifestación, perla blanca, etcétera. El Cálamo aparece por mediación de Dios, siendo el único elemento que es creado de este modo, puesto que el resto de componentes de la Creación advienen a la existencia debido a la acción del Cálamo. Según el relato que nos brinda el Šayj en las *Futūḥāt al-makkiyya*, el universo aparece en la Tabla Preservada (Alma Universal) por mediación del Primer Intelecto como resultado de lo que Ibn ʿArabī define como un «matrimonio espiritual». Esto se debe a que todo lo que ocurre promovido por una causa particular es como un «hijo» de esta causa que es considerada el «padre», mientras que la «madre» es el objeto donde este «hijo» sucede. Al igual que todos nosotros (en nuestra dimensión corporal exterior) somos, según considera la tradición, descendientes de Adán y Eva, se considera que todos los seres en el universo son «hijos» del Cálamo y la Tabla.

La Tabla Preservada o Alma Universal (*al-nafs al-kulliyya*) es la contraparte imprescindible del Cálamo y también adopta la forma de un ángel extático de amor, estando dotada de facultades teóricas y prácticas: la «facultad intelectiva» (*quwwa ʿilmiyya*) por la que percibe el conocimiento, y la «facultad activa» (*quwwa ʿamaliyya*) por la que conserva su existencia mediante el movimiento. El Šayj recurre a la imagen simbólica conyugal de la «boda» de los elementos generadores y del «nacimiento» en cada nivel sucesivo de creación o manifestación. Todo lo que ocurre en el cosmos es escrito por la luz del Cálamo en la superficie oscura de la Tabla. De ese modo, el Alma Universal engendra primero a la Naturaleza y luego a la Materia Prima o Polvo. A continuación, la Naturaleza y el Polvo engendran a su vez su primer «hijo», que recibe el nombre de «Cuerpo Universal» (*al-ŷism al-kullī*). Este proceso simbólico de «nacimientos» cósmicos continúa en una prolongada serie de causas y resultados hasta arribar al «suelo» (*turāb*), una expresión que designa en general a la materia. El mundo físico aparece con posterioridad al Cuerpo Universal, mientras que lo anterior a él posee una naturaleza puramente espiritual.

Todas las criaturas —incluidos, por supuesto, nosotros mismos— somos palabras de Allāh escritas de manera indeleble por el Cálamo primordial en la Tabla Preservada o Alma Universal. Tanto el Cálamo como la Tabla —la cual es equiparable al prototipo celestial del Corán— son inconmensurables. Un hadiz señala que Allāh creó la Tabla Preservada a partir de una perla cuyo tamaño es siete veces mayor que la distancia que hay entre cielo y tierra.

Junto a la Tabla Preservada, el estado de la Naturaleza (*martabat al-ṭabīʿa*) asume, tal como observamos en el gráfico, la forma de un rectángulo subdividido en cuatro partes. Estas divisiones se corresponden a cuatro principios dispuestos en dos pares antinómicos: calor/frío y sequedad/humedad. El Šayj distingue dos niveles en la Naturaleza: ilimitado y limitado. La Naturaleza ilimitada —según explica— es la relación que más merece ser identificada con lo Real porque todo lo que encontramos en el cosmos es manifestado gracias a ella. También es equiparable al Aliento del Todo-Misericordioso (*al-nafas ar-raḥmānī*) que impregna el mundo y gobierna la totalidad de las formas, incluido el Primer Intelecto. En este caso, Ibn ʿArabī está refiriéndose a la gran Naturaleza (*al-ṭabīʿa al-ʿuẓma*), idéntica con el instrumento creador de Dios, que es el mencionado Aliento del Todo-Misericordioso. El estado de la Naturaleza que se muestra en el diagrama que estamos comentando ahora es la «hija». La gran Naturaleza se identifica, pues, con la Nube en su totalidad, mientras que la «hija» tiene que ver con la Materia Universal.

Por último, la Materia Universal (*hayūlā*) aparece con forma de un círculo análogo al círculo que abarca la Nube —aunque más reducido—, siendo la sustancia del mundo físico y estando su forma circular condicionada por las determinaciones espaciales. Ibn ʿArabī no especifica la lógica de la composición asimétrica del diagrama que estamos comentando. A pesar de su forma circular general, parece haber un sentido jerárquico en la composición, que sugiere una lectura vertical del mismo. La circularidad, como expresión de unidad y de totalidad, emerge tanto en la forma de la Nube como en la de la Materia Universal. La circularidad de la Nube constituye la expresión cósmica de la primera forma cualificada de la unidad y también se refleja en la forma de la Materia Universal. Pero, si bien el círculo de la Nube abarca tanto lo metafísico como lo físico, el círculo de la Materia Universal está relacionado exclusivamente con las manifestaciones físicas.

La Nube, la primera masa luminosa, idéntica con el Aliento del Todo-Misericordioso, es el fundamento primigenio de todo cuanto existe, mientras que la Materia Universal, también denominada *al-habāʾ* o polvo, es la sustancia primigenia del dominio espacio-temporal. *Al-habāʾ* no es una sustancia primera en el sentido de potencia pura, sino una sustancia relativa o secundaria, que se determina atendiendo a las necesidades concretas impuestas por las condiciones espacio-temporales de la existencia. En este sentido, la Materia Universal se corresponde con la *materia secunda* de la filosofía escolástica, mientras que la *materia prima* equivale, como decimos, a la Nube o Aliento del Todo-Misericordioso.

Estructurada sobre la cuadratura, el estadio de la Naturaleza constituye un elemento intermedio entre la Tabla y su plasmación en la Materia Universal. Sin embargo, la Naturaleza carece de conocimiento inherente por sí misma y tampoco cuenta con los instrumentos imprescindibles para adquirirlo. En tanto que fuerza activa, actúa bajo las directrices del Alma Universal, siendo la cuadratura la estructura subyacente a su actividad. Pero, si bien funciona por medio de cuatro principios generadores, solo dos de ellos son activos. Esto se debe a que están sujetos a la determinación del Alma Universal —explica Ibn ʿArabī—, y esta, como terminamos de apuntar, solo cuenta con dos facultades: teórica y práctica. De ese modo, los dos instrumentos activos de la Naturaleza provienen de la estructura dual inherente al Alma Universal. Y siempre trabajan en cooperación, es decir, el Alma proporciona el conocimiento sobre el cual se fundamenta la Naturaleza para actuar.

Esto refleja la comprensión de que las leyes naturales que rigen la existencia ordinaria no pueden explicar por sí solas la realidad. Las leyes de la naturaleza constituyen el objeto del conocimiento o la ciencia de las causas (*ʿilm al-asbāb*), mientras que solo se puede acceder a los significados internos a través de la ciencia de las realidades (*ʿilm al-ḥaqāʾiq*). Los dos principios activos de la naturaleza son calor y frío. El calor provoca sequedad; y el frío, humedad. Sequedad y humedad son, pues, pasivos en relación con el calor y el frío. El calor es contrario al frío, mientras que la sequedad es el opuesto de la humedad, por lo que ambas no pueden mezclarse de manera natural. Las fuerzas activas y pasivas de la Naturaleza se conjugan en cuatro combinaciones posibles que dan lugar a los cuatro elementos naturales que conocemos: fuego, aire, tierra y agua.

La interacción de los polos activo y pasivo se aplica también al Cálamo y la Tabla Preservada, dado que ambas están sometidas a la Gran Naturaleza o Misericordia divina. El Cálamo constituye el polo activo de la manifestación, mientras que la Tabla representa el polo pasivo. El Cálamo, en tanto que «reflejo cósmico» de la palabra creadora primordial «¡Sé!» (*kun*), encarna la triplicidad de dicha orden creadora, mientras que la Tabla, en tanto que libro cósmico, actualiza la orden creadora divina, materializando la cuadratura de fuego, aire, agua y tierra. Por otro lado, una tradición profética señala que lo primero que Dios creó fue el Cálamo, cuya longitud era igual a la distancia entre cielo y tierra. Luego creó la Tabla, cuya longitud se extendía entre el cielo y la tierra, y su anchura se extendía de este a oeste.[103]

El Cálamo simboliza el eje de la Creación, correspondiente a la espiritualidad humana y a la verticalidad de la letra árabe *alif* (ا), el tronco del Árbol de la Vida y el eje vertical de la cruz tridimensional. La Tabla, por su parte, representa el principio de la horizontalidad, que corresponde a la corporeidad humana, a la letra *bā'* (ب), a las ramas del Árbol de la Vida y a los dos ejes horizontales de la cruz: anchura y profundidad. La Tabla también se corresponde con el círculo, que refleja la presencia divina, mientras que el Cálamo se halla representado por el punto, que muestra a lo Real tal como es en sí mismo. De igual modo que Allāh, sometido a la «presión» de las realidades latentes de los seres que anhelan la existencia efectiva, exhala el Aliento del Todo-Misericordioso y manifiesta las formas del mundo, así también el Cálamo, después de mirar hacia Dios con «una mirada de temor reverencial» (*hayba*), se abre de golpe y deja fluir la tinta (*midād*) de la existencia con la que es transcrito el modelo del cosmos.

Tras el cuadro referente a la Nube, el siguiente esquema con que nos obsequia el Šayj tiene que ver con los componentes sucesivos del proceso de manifestación. Los elementos que siguen a continuación, así como los de esquemas ulteriores, se ubican dentro de lo que designa como Materia Universal, siendo solamente la incapacidad para plasmarlos gráficamente en un mismo cuadro —debido al tamaño considerable que tendría la representación resultante— lo que obliga a desdoblarlos en figuras independientes.

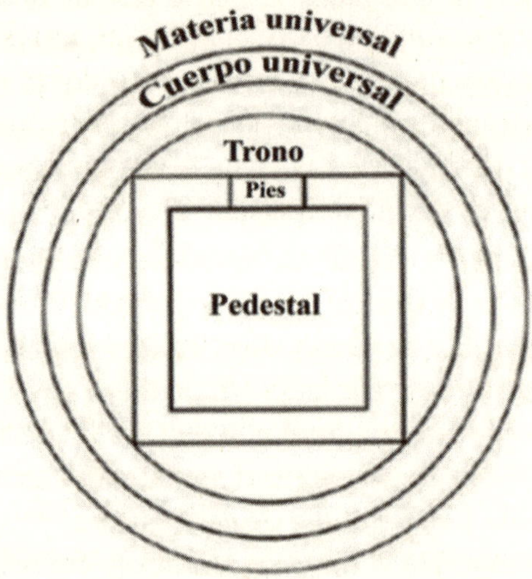

Figura 4.2 Trono divino y Pedestal

Escribe el Šayj:

> Esta es la forma del Trono divino y del Pedestal, el agua sobre la que se asienta el Trono y el aire que mantiene unidos esta agua y esta oscuridad.[104]

El Trono es la primera forma compuesta que señala el límite que conduce a la presencia exteriorizada de las entidades cósmicas complejas. Sin embargo, su composición no tiene todavía carácter material, dado que el Trono y el Pedestal (Escabel) no son entidades espaciales. No obstante, se considera que el Trono es ya una forma compuesta porque en su producción intervienen las cuatro realidades de Naturaleza, Materia Universal, Cuerpo universal, así como el componente de la Circularidad. Es a partir de aquí que se manifiesta el Mundo de la Creación.

En primer lugar, Allāh hizo surgir la Materia Universal, que se transformó en el Cuerpo Universal al recibir las cualidades espaciales de longitud, anchura y profundidad. La circularidad es la primera forma que recibe este Cuerpo, por mediación del cual existe la llamada «esfera» (*falak*). El Corán refiere que el Trono es el emplazamiento divino, señalando: «El Compasivo se ha instalado en el Trono» (20:5). El Trono, que es la plasmación de la misericordia divina (*ar-raḥma*), descansa sobre las aguas primordiales.

El Trono también cuenta con cuatro portadores —que se refieren a los cuatro ángeles principales—, los cuales pueden ser interpretados como símbolos de las leyes fundamentales que rigen el reino gobernado desde el Trono. Ibn ʿArabī puntualiza que Dios crea a dichos ángeles a partir de las luces que emanan del Trono. Dado que Trono y Pedestal constituyen el umbral del plano físico, se refieren a un dominio de transición que no es ni espacial ni no espacial. No obstante, se atribuyen al Trono características sensibles y espaciales, describiéndolo como un asiento dotado de cuatro esquinas y cuatro caras. Aunque las cuatro esquinas son los «pilares originales», no son los únicos soportes del Trono. El Trono está hueco porque en su interior se ubica nuestro mundo físico. Pero, a pesar de estas cualidades aparentemente espaciales, insistimos en que el Šayj advierte que el Trono no se atiene en sentido literal a las dimensiones espaciales. Si tomásemos al pie de la letra las características espaciales, nos enfrentaríamos a la difícil tarea de explicar en términos espaciales (cuando el espacio aún no ha sido creado) los modos en que Dios se «sienta» en él y también la forma en que los ángeles lo «rodean». Y por eso declara Ibn ʿArabī:

> Si dices que en lo que concierne a los ángeles que alegóricamente rodean el Trono, no hay espacio para moverse en su interior, puesto que el Trono ocupa todo el vacío, nosotros afirmamos que no hay diferencia entre que rodeen el Trono y que Dios descanse sobre él. Pues lo que no admite espacialidad no admite unión ni separación.[105]

Las entidades del Trono y del Pedestal concretan el patrón universal de la cuadratura. Los cuatro portadores del Trono corresponden a los cuatro atributos o nombres creativos fundamentales de Allāh —vida, conocimiento, voluntad y poder—, los cuales sustentan de manera primordial la presencia divina. Los portadores del Trono también son representados como cuatro ángeles que tienen la forma de hombre, toro, águila y león, lo cual evoca, sin lugar a dudas, la visión tetramórfica de Ezequiel (Ezequiel 1:10) conocida por la tradición mística hebrea como la *Merkaba*.

También se refiere la presencia de cuatro ríos celestiales dispuestos alrededor del Trono: un río de luz centelleante, un río de fuego ardiente, un río de nieve blanca resplandeciente y un río de agua pura. Los portadores del Trono —prosigue explicando Ibn ʿArabī— son los responsables de dirigir el mundo natural, función desempeñada tanto por los cuatro arcángeles correspondientes como por sus profetas acompañantes. Los ángeles son Serafiel (Isrāfīl), Gabriel (Ŷībrīl), Miguel (Mījā'īl) y Riḍwān, mientras que los profetas son Adán, Muḥammad, Ibrāhīm y Mālik. En ocasiones —escribe Henry Corbin—, los cuatro ríos del Paraíso son interpretados como una representación de los cuatro arcángeles.[106] Expresa también Henry Corbin que a cada uno de estos cuatro arcángeles se corresponde con un tipo de luz. El arcángel Miguel, que es el principio de todas las inteligencias, ocupa la columna superior de la derecha del Trono, siendo su luz de color blanco. El arcángel Serafiel es el principio de todos los espíritus y se halla en la columna inferior derecha, siendo su luz de color el amarillo. La columna superior izquierda del Trono está ocupada por Isrāfīl cuya luz es verde. Por último, a Ŷībrīl, situado en la columna inferior izquierda, le corresponde la luz roja. Cada arcángel simboliza también un principio ontológico. Ŷībrīl es el corazón, en tanto que morada del conocimiento. Miguel es la inteligencia, Serafiel se identifica con el espíritu, mientras que Isrāfīl corresponde al alma, siendo también el que recoge el espíritu de las personas fallecidas.

Cada una de las cuatro parejas mencionadas es responsable de un cometido fundamental: forma (*ṣūra*), espíritu (*rūḥ*), alimentación (*giḏā'*) y estado (*martaba*). Isrāfīl y Adán son los encargados de las formas; Ŷībrīl y Muḥammad, de los espíritus; Mījā'īl e Ibrāhīm, de la nutrición (*arzāq*); y, por último, Mālik y Riḍwān (el Guardián del Paraíso) de los estados. Cada pareja de sostenedores del Trono constituye la presencia de dos aspectos complementarios: oculto y manifiesto, espiritual y sensible. Ibn ʿArabī expone a este respecto que las formas son de dos tipos: luminosas, como las de los «ángeles extasiados de amor», y sensibles, como las del mundo natural (incluidas las formas imaginales); los espíritus se dividen en los asociados con las formas luminosas y los relacionados con las formas sensibles; la alimentación también se diferencia en sensible, como la comida; y espiritual, como las ciencias y el conocimiento; y, por último, el estado de cada ser también se polariza en felicidad y sufrimiento.

El Trono —expone el Šayj— tiene ocho pilares. Los otros cuatro pilares, para los que no hay portadores en este mundo, se sitúan en el centro de cada una de las cuatro caras del Trono. En el día de la Resurrección, Dios designará a los que sostendrán el Trono en la posición de estos pilares por ahora «invisibles», como se alude en la siguiente aleya: «Los ángeles estarán en sus confines, y ese día ocho de ellos portarán, encima, el Trono de su Señor» (69:17).

Allāh hizo hueco el Trono para contener en su seno la totalidad de las esferas celestiales. Una vez que creó el Trono, se sentó en él con su nombre del Todo-Misericordioso, queriendo decir con ello que su misericordia es absoluta e indivisa; es pura misericordia sin posible comparación ni menoscabo, de modo que incluso si ocurre alguna situación angustiosa, negativa o de desamor en cualquier lugar del cosmos debido a la aparente brutalidad de la naturaleza o a causa de un propósito egoísta, entonces eso es como la medicina amarga que tiene un sabor desagradable, pero es un remedio infalible para quien debe tomarla. Y menciona Ibn ʿArabī:

> Me situó como el mejor entre sus portadores, porque, si bien Allāh ha creado a estos ángeles para portar el Trono, este también tiene otras formas humanas para sostenerlo, y yo soy una de ellas, y el pilar supremo es para nosotros, y ese es el pilar de la Misericordia. Por ese motivo, Él me hizo absolutamente misericordioso a pesar de mi conocimiento de las dificultades, porque sé que hay tranquilidad en cada dificultad, misericordia en cada sufrimiento, expansión en cada contracción y alivio en cada tensión. Es por eso que conocí los contrarios. Y el pilar que está a mi derecha es también un pilar de misericordia, pero no incluye el conocimiento de las dificultades, mientras que el pilar que está a mi izquierda es el pilar de las dificultades y la sujeción, y su portador no conoce más que eso. En cuanto al cuarto pilar que

está frente a mí, en el que estoy situado, ha difundido misericordia sobre él para que apareciera en su forma, e incluye tanto la luz como las tinieblas y tiene misericordia y severidad. Luego, en el medio de cada una de estas cuatro caras también hay un pilar que no son esos cuatro pilares en cada esquina; pero hasta ahora nadie ha sido designado para llevarlos en este mundo, pero en el Más Allá Allāh se les designará.[107]

En el ámbito microcósmico, el Trono está representado por el corazón, tal como expresa el hadiz correspondiente que dice así: «El corazón del creyente es el Trono del Misericordioso».

En el interior del Trono, se ubica el Pedestal (*al-kursī*), que tiene forma cuadrangular, siendo el emplazamiento donde reposan, alegóricamente, los pies de Allāh, los cuales suponen la primera polarización en el proceso del devenir. Es por eso que el Pedestal se divide en «misericordia absoluta» y «misericordia mezclada con ira», así como la semilla se fragmenta para producir el árbol, porque Allāh, además de ser llamado el Misericordioso, también se refiere a sí mismo con nombres contrarios que tienen su correspondiente influencia en el cosmos. El Corán menciona que el Pedestal es la contrapartida del Trono. Si el Trono es la manifestación del Misericordioso (*ar-Raḥmān*) y su lugar de ascenso, el Pedestal es la manifestación del Compasivo (*ar-Raḥīm*). Cierta tradición señala:

> Los que soportan el Pedestal son cuatro ángeles, cada uno de los cuales con cuatro rostros y cuyos pies se sitúan sobre la Roca que está bajo la séptima tierra, la tierra más baja.[108]

Ibn ʿArabī consigna que la principal diferencia entre el Trono y el Pedestal radica en que este último se identifica, como terminamos de señalar, con el nivel en el que se produce la primera bifurcación, simbolizada por ambos Pies, de la unidad. Así pues, los Pies divinos suponen la primera polarización de la unidad y el modelo de todas las oposiciones que se inscriben en la Orden (*amr*) y la prohibición (*nahy*) o en la afirmación (*iṯbāt*) y la negación (*nafy*).

Este tipo de dualidades gobiernan el universo físico. Son los referentes cósmicos de los nombres y atributos antinómicos de Dios, que a su vez son los referentes de todos los opuestos del mundo, cuya expresión espacial por excelencia son los seis brazos de la cruz tridimensional que se proyectan en direcciones opuestas, partiendo desde un centro común. La cruz es un símbolo que, con distintas configuraciones, se encuentra en diferentes culturas desde tiempos inmemoriales; por lo tanto, está muy lejos de pertenecer de manera exclusiva al cristianismo. La cruz representa, en definitiva, la conjunción de contrarios, la reunión de los opuestos, la confluencia de elementos distintos. El simbolismo último que subyace al Pedestal, en el que Allāh posa sus dos pies, nos indica que todo se resume en la misericordia, incluidos el dolor y el sufrimiento.

Atendiendo a las indicaciones del Šayj, lo que nos muestra el siguiente esquema se hallaría inserto en el Pedestal. Y explica:

> Este es un dibujo de la órbita más lejana, los paraísos, las superficies de las órbitas planetarias y el árbol Ṭūbā.[109]

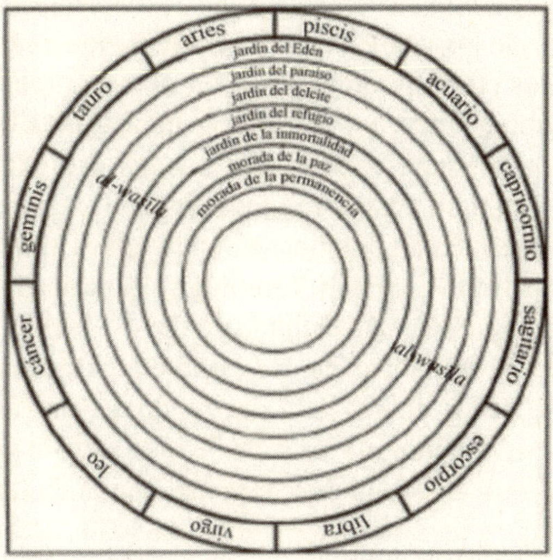

Figura 4.3 Los jardines celestiales

Dentro del dominio del Pedestal, Ibn ʿArabī sitúa los Jardines celestiales (*al-ŷinān*, singular *ŷanna*), la prometida morada de felicidad eterna para los creyentes que han efectuado buenas obras. El Šayj explica la existencia de los jardines en tanto que emplazamientos jerárquicamente estructurados y situados en un dominio cósmico que no está sometido a la destrucción y recreación y que se encuentra delimitado por las dos esferas que se hallan insertas en el interior del Pedestal: la esfera sin estrellas (*aṭlas*), su límite superior, y la esfera de las estrellas fijas (*falak al-kawākib al-ṯābita*), el límite inferior. La superficie convexa de la esfera de las estrellas fijas aporta el suelo de los Jardines, mientras que el límite superior de los cielos planetarios es el dominio del fuego infernal.

La esfera sin estrellas del *aṭlas*, o esfera del Zodiaco, es un cuerpo circular y transparente que Dios divide en doce secciones, como se explicita en esta aleya coránica: «Por el cielo con sus constelaciones» (*burūŷ*)» (85:1). El término árabe *aṭlas* significa «borrado» u «obliterado», lo que denota la idea de una perfecta homogeneidad carente de cualidades discernibles. La esfera del *aṭlas* constituye, pues, el fondo homogéneo sobre el cual se proyectan las configuraciones de estrellas y planetas, así como sus movimientos.

El dominio paradisíaco descrito por Ibn ʿArabī consta de ocho Jardines, siete de los cuales se hallan ordenados jerárquicamente en siete niveles correspondientes, y un octavo superior, denominado *al-wasīla* (el sendero de la Intercesión y la vía de aproximación a Allāh), que atraviesa todos los niveles, estando asignado al profeta Muḥammad. La palabra *al-wasīla*, que atraviesa dos veces los siete Jardines (como podemos ver en la figura 3.3) corresponde al grado más elevado del Edén. También se conoce como *al-maqām al-maḥmūd* (la estación más alabada).

Los nombres específicos de cada uno de los siete jardines han sido extraídos de las aleyas del Corán y de las enseñanzas de los hadices, siendo diferentes de los siete cielos o siete esferas celestes. Los siete jardines, en orden descendente, son *Edén* (que tiene que ver con el nombre de Adán), *al-firdaws*, *an-naʿīm*, *al-maʾwā*, *al-juld*, *dār as-salām* y *dār al-maqāma*. La estructura de los jardines refleja el orden de la presencia divina, puesto que los corresponden a los siete nombres divinos primordiales, mientras que *al-wasīla* simboliza a lo Real tal como es en sí. Dado que este nombre es el fundamento del resto de los apelativos de los diferentes grados del paraíso, *al-wasīla* prevalece sobre el resto de los jardines.

En referencia a la repetida imagen de los jardines «por cuyos bajos fluyen arroyos» (85:11), escribe que, en cada tipo de jardín,

Allāh ha dispuesto cuatro ríos, por lo que hay doce ríos en total, en consonancia con el ordenamiento de los signos astrológicos. Los cuatro ríos representan las principales fuentes de conocimiento esotérico e incluyen un río de agua inmutable, que representa la ciencia de la vida; un río de vino, que simboliza la ciencia de los estados espirituales; un río de miel, que alude a la ciencia de la revelación divina; y un río de leche, que representa la ciencia de los secretos, el núcleo de todas las ciencias que Dios revela directamente a quienes se consagran plenamente a Él. Debemos recordar en este sentido la Ascensión y el Viaje Nocturno del Profeta, donde se le ofrecen para beber sendas copas de vino y leche, escogiendo el Profeta la que contenía leche, haciendo hincapié en la ciencia de los secretos por encima de la ciencia de los estados espirituales.

El Šayj también vincula las ocho puertas del Paraíso con el número de los órganos humanos: ojo, oído, lengua, mano, estómago, genitales, piernas y corazón (véase, más adelante, el cuadro correspondiente). Por consiguiente, los que utilizan sus órganos de acuerdo con la Ley divina entrarán por la puerta adecuada del Paraíso, e incluso pueden ingresar, si han utilizado los ocho órganos adecuadamente, por las ocho puertas al mismo tiempo. Por su parte, el Infierno cuenta solo con siete puertas, que también se relacionan con los órganos humanos, excluyendo el corazón, ya que Allāh no condena a nadie, en la medida en que no lo use contra la Ley, por lo que tiene en su corazón. Allāh les comunica a sus ángeles:

> Siempre que Mi siervo tenga la intención de cometer un acto malvado, no lo denunciéis en su contra, a menos que realmente lo haga, y solo entonces anotadlo como un acto malvado. Y cuando tenga la intención de hacer el bien, pero no lo haga, registradlo como un acto de bondad, pero si lo lleva a cabo, escribidlo como el equivalente a diez buenas acciones.[110]

La estructura de la esfera del *aṭlas* corresponde a las formas cósmicas superiores en las que está contenida, al tiempo que determina la estructura de los jardines que ella misma contiene. El ordenamiento divino de la manifestación universal se proyecta en el dominio de los jardines celestiales, manifestándose en una nueva modalidad cósmica.

En la exposición acerca de la naturaleza del Zodiaco, el Šayj asimila la astrología hermética e integra en ella la angelología islámica. De ese modo, si bien asigna a cada constelación el control sobre determinados aspectos de la existencia terrenal, critica sin ambages a los que consideran que el origen de lo que ocurre en la Tierra se debe a la acción de los astros.

La centralidad y la axialidad se revelan con el llamado árbol Ṭūbā', que se encuentra en el centro de los jardines. Este árbol representa al ser humano perfecto, designando, por así decirlo, su lugar en los jardines celestiales. Se relaciona con el resto de los árboles de dichos jardines como Adán se relaciona con la humanidad. Dios lo plantó con su propia mano del mismo modo que creó a Adán. También le insufló el espíritu, convirtiéndolo en el más espléndido de todos los árboles. Se eleva por encima de la valla del Jardín del Edén, mientras que sus ramas se extienden por el resto de los jardines. Sus raíces se hallan en el suelo de nuestro mundo y sus frutos en el paraíso.

El árbol Ṭūbā', de enorme envergadura, se yergue en el centro del séptimo paraíso o jardín (*yannat an-naʿīm*) y sus ramas recitan de manera permanente las azoras del Corán, recibiendo también el apelativo de «árbol de la alegría y el deleite». El pie del árbol es de rubí; la tierra donde está plantado, de almizcle y ámbar; las ramas, de esmeralda; las hojas son de brocado; las flores, de oro; y sus frutos, «más blancos que la nieve», son como perlas. La hierba en torno a él exhala un agradable perfume. Es este el árbol de la vida espiritual, que solo alcanzan a ver los elegidos que logran ascender al séptimo jardín, en la antesala de la contemplación de Allāh.

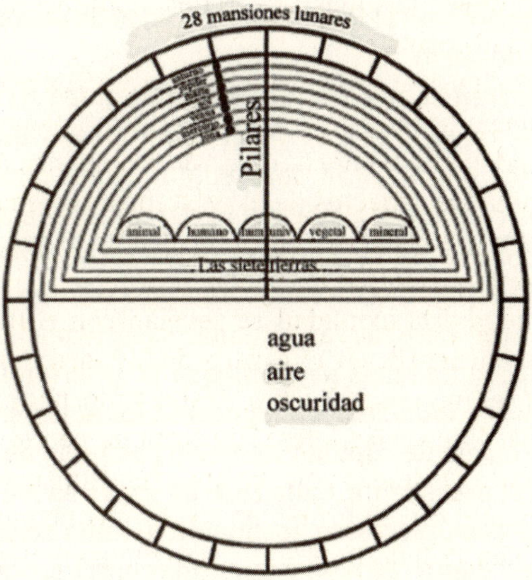

Figura 4.4 Los siete cielos y las siete tierras

Escribe Ibn ʿArabī:

> Esta es la forma de la órbita planetaria, de las bóvedas celestes y de aquello sobre lo que se asientan, esto es, la tierra y los tres pilares mediante los cuales Dios mantiene unidos la bóveda, los minerales, los vegetales, los animales y los seres humanos.[111]

Dentro de la esfera de las estrellas fijas, la cual se corresponde con el suelo de los jardines del Paraíso, Allāh despliega los cielos y las correspondientes tierras, esto es, la esfera espacio-temporal tal como lo conocemos. El diagrama elaborado por el Šayj nos muestra la esfera de las estrellas fijas con las correspondientes veintiocho mansiones lunares (*manāzil al-qamar*) —representadas por los segmentos en que se divide el círculo—, las siete cúpulas de los cielos que descansan sobre sus respectivas tierras (*al-arḍūn*), los cuatro reinos y el ser humano universal. En el centro del diagrama se alza una línea vertical que constituye el pilar cósmico invisible que sostiene la bóveda celeste. El cielo y la tierra son el último y más íntimo mundo en la jerarquía de la manifestación cósmica, es decir, el mundo sensible de la corporeidad. El tamaño de este mundo en relación con el Pedestal es como el de un anillo arrojado en medio del desierto.

Según nos transmite el Corán: «Dios es quien ha creado siete cielos y otras tantas tierras» (65:12). Se afirma que el Profeta enseñó que los cielos están construidos como una cúpula. Las descripciones coránicas del cielo y la tierra tienden a apoyar esta interpretación: «Os ha hecho de la tierra lecho y del cielo edificio» (2:22). El Profeta, elaborando aún más esta imagen, puntualiza que Dios creó siete tierras, situadas sucesivamente una debajo de la otra, y cada una más pequeña que la anterior. Los siete cielos (*as-samāwāt*), igualmente dispuestos los unos encima de los otros, tienen forma de cúpula y también cada uno de ellos es más pequeño que el precedente. Cada cielo se apoya en los extremos de su respectiva capa terrestre, formando así una serie de cúpulas dispuestas una dentro de otra y separadas entre sí por una distancia de quinientos años de viaje.

Por su parte, las veintiocho mansiones lunares son las veintiocho constelaciones por las que transita la Luna en su recorrido celeste y se corresponden con el número de letras del alifato. Es pues en esta esfera donde se sitúan los arquetipos que son el origen de las letras articuladas que conocemos de manera ordinaria. Pero, dado que la Palabra divina precede a cualquier otro elemento en la creación del cosmos no son las mansiones lunares las que constituyen el modelo de las letras, sino a la inversa, es decir, son las veintiocho letras las que determinan el ciclo lunar. Ibn ʿArabī relaciona las veintiocho mansiones lunares con otros tantos nombres divinos.

El Šayj ilustra en estas descripciones la manera en que los musulmanes de su época concebían la estructura cósmica de los diferentes cielos y tierras. Por eso, al comentar su diagrama, se atiene a las descripciones del Profeta contenidas en los hadices:

> Dios hizo los siete cielos que reposan sobre la tierra como cúpulas. Sobre cada tierra, que está extendida como una alfombra, descansa un cielo como un hemisferio en sus extremos. Dios extendió la tierra para que el cielo pudiera estar sobre ella.[112]

Las primeras narraciones islámicas nos describen la tierra como si estuviese extendida sobre el lomo de un gran pez, una ballena llamada *nūn* (ن) cuyos extremos alcanzan los confines del cielo. Esta descripción se entiende mejor cuando tenemos en cuenta que la letra *nūn* es representada en forma de medio círculo con un punto diacrítico en su centro. Originalmente —explica Ibn ʿArabī—, la *nūn* era un círculo completo, que simbolizaba la forma esférica del mundo. Pero, como el mundo se divide en dos mitades equivalentes —sensible e inteligible—, la letra *nūn* se fracciona igualmente en dos mitades correspondientes, que son la visible y la invisible.

En su obra *ʿUqlat al-mustawfiz*, el Šayj se refiere al proceso de creación del mundo inferior (*dunyā*, de *danā*, «aproximar», en contraposición a *al-ājirā*, el «mundo futuro», de *ajjara*, «retrasar»). Tras crear el Intelecto, el Alma, el Trono, el Pedestal, la esfera del *aṭlas* y la esfera de las estrellas fijas, la mirada divina (*naẓar*) se ocupó de la creación del mundo sensible. En primer lugar, Dios ordenó a un ángel que descendiera hasta la profundidad del espacio, hasta su punto más interno, para formar el centro, el cual es, respecto del mundo, lo mismo que el hueso sacro (*ʿajb ad-ḏanab*) es para el cuerpo animal, esto es, el fundamento de su formación:

> Es la parte que nunca se descompone —explica Ibn ʿArabī—, el lugar de atención del elemento supremo, a partir de cuya breve atención se crea el Intelecto.[113]

De hecho, según las referencias de la época, el hueso sacro es la única parte del cuerpo que necesita ser conservada para que se produzca la Resurrección —según la correspondiente doctrina escatológica— en el mismo cuerpo del que uno disfrutó en vida.

Así pues, cumpliendo con lo que se le ordenó, este ángel descendió hasta el centro del mundo y colocó la roca, reafirmando el orden divino de todas las cosas en el que el centro es siempre la fuente de la que parten y a la que retornan de manera ineludible. Entonces el ángel hizo girar la esfera terrestre, convirtiendo «lo que rodea el centro —señala el Šayj— en una inmensa roca esférica, y en el centro de esa roca el ángel situó un animal con una hoja verde en la boca».[114] La hoja verde en la boca de este inmenso animal fantástico alude a la Fuente de la Vida, la inmortalidad y el conocimiento de Dios. Por ese motivo, dicha roca se halla asociada a la legendaria figura de Jaḍir —el inmortal por excelencia—, de quien el Corán señala: «...a quien habíamos hecho objeto de una misericordia venida de Nosotros y enseñado una ciencia de Nosotros» (18:65).

La anterior perspectiva introduce un llamativo cambio en el proceso creativo. Hasta este momento, Allāh se atiene a un orden lineal descendente. Sin embargo, tras crear la esfera de las estrellas fijas, cambia el procedimiento y pasa a establecer, en primer lugar, la roca central en lo más profundo del espacio, desplegando a continuación los cielos y la tierra en orden ascendente. Así pues, al contrario de lo que sostienen muchos filósofos antiguos, Ibn ʿArabī sostiene que el centro es el primer elemento instituido en el mundo corpóreo, en torno al cual se erigen a continuación los cielos y las correspondientes tierras. La roca conforma el «sacro» de la estructura del mundo, el punto focal desde el cual el cuerpo del mundo se despliega en las seis direcciones —delante y detrás, izquierda y derecha, arriba y abajo—, materializando la estructura espacial de la presencia humana.

La axialidad es igualmente importante en este ámbito existencial. Cierta tradición postula que Dios posee un pilar de luz (*ʿamūd an-nūr*), cuya base se ubica debajo de la séptima tierra y cuya cima alcanza hasta la parte inferior del Trono. Este pilar, que se hace eco de la noción de Muḥammad como columna de luz, vibra cada vez que se da testimonio de la unidad divina y conecta cielo y tierra, actuando como canal de comunicación entre ambos dominios. Así pues, traspasando las siete capas de la tierra y las siete bóvedas celestes, este pilar actúa como *axis mundi* en torno al cual gira la existencia y constituye, en suma, la expresión espacial directa de la presencia humana como eje del cosmos.

La tradición consigna que, cuando Adán fue expulsado del paraíso, era tan alto que su cabeza tocaba el cielo, mientras que tenía sus pies posados sobre la tierra. En su diagrama del mundo corpóreo, Ibn ʿArabī identifica la configuración del ser humano universal con la forma del eje del mundo, en ausencia del cual se derrumbaría la bóveda celeste. *Al-insān al-kāmil*, el ser humano perfecto, el pilar cósmico, también se denomina *al-quṭb*, el polo en torno al cual gira el mundo. El término *quṭb* deriva de la raíz trilítera *q-ṭ-b*, que significa «reunir». En tanto que epítome de la totalidad de las realidades manifiestas, el ser humano perfecto congrega el conjunto de las posibilidades y modos de existencia, expandiéndose tanto en dirección horizontal como vertical. La expansión horizontal alude a la realización de todas las realidades cósmicas, mientras que la vertical tiene que ver con su comprensión de las realidades divinas. Por otro lado, la expansión horizontal es cuádruple, ya que comprende las realidades de los cuatro reinos —mineral, vegetal, animal y humano—, cada uno de los cuales representa una cierta modalidad de existencia y actualiza un conjunto particular de posibilidades, mientras que la expansión vertical traza el pasaje de retorno de la cuadratura a la unidad. La idea del ser humano perfecto recapitula las realidades cósmicas y divinas, mientras que la noción de axialidad, que le es inherente, asegura la comunicación continua entre los mundos superiores e inferiores.

El *quṭb* es la pieza central en torno a la cual gira la muela del molino. Actuando como eje inmóvil de la parte giratoria, el *quṭb* está firmemente fijado en la parte inferior de la piedra, de ahí la imagen del *axis mundi*. Se considera que esto representa el firme arraigo terrenal del ser humano universal, mientras que su verticalidad actúa como el polo inmutable alrededor del cual gira la rueda del cambio y la transformación:

> Una piedra de molino solo gira alrededor de su polo (*quṭb*) cuando este polo está en la misma piedra de molino —escribe Ibn ʿArabī—, pues el polo es su esencia firme, que no es susceptible de movimiento ni de transposición durante el estado de rotación.[115]

Y, a modo de conclusión de esta sección, diremos que una lectura rápida o superficial de los textos de Ibn ʿArabī acerca del cosmos nos transmite una cosmovisión tradicional aristotélica (geocéntrica) porque, como la mayoría de las cosmologías antiguas (y aparentemente también el Corán y los hadices), habla de «siete cielos» situados alrededor o por encima de la Tierra, cada uno de ellos regido y habitado por un planeta concreto (incluidos el Sol y la Luna). Pero —como insiste Mohamed Haj Yousef— Ibn ʿArabī subraya en algunos pasajes de las *Futūḥāt al-makkiyya* que esta es solo la perspectiva aparente de la persona situada en la Tierra, distinguiendo así entre esta visión terrestre habitual y el movimiento real de los planetas y las estrellas. De ese modo, para Ibn ʿArabī, la visión de Aristóteles es una visión del mundo tal como lo vemos desde nuestra posición habitual... mientras que en sí mismo no puede describirse de la misma manera. Destaca la posición central del Sol, que considera que se ubica en el «corazón» (centro) de los siete cielos, y subraya su superioridad sobre los otros planetas. Su visión real del mundo es, por tanto, «heliocéntrica» en cierto sentido, por lo menos en relación con el «rango» o el estatus central del Sol.

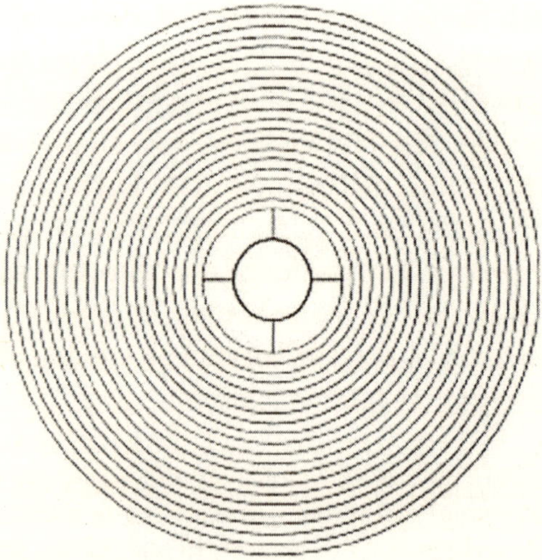

Figura 4.5 El conjunto de las múltiples capas del cosmos

Y escribe a propósito de la imagen anterior:

> Esta es la imagen del mundo en su completud y la jerarquía de sus diferentes grados, tanto espirituales como corporales, tanto elevados como inferiores. Los grados son: la «Nube Primordial», el Trono, la órbita más alejada, la órbita de las estaciones, morada de la resurrección, infierno, presencia de los Nombres divinos, moradas paradisíacas y el resto del mundo creado.[116]

Sin duda, no faltan otras representaciones visuales en la extensa obra del Šayj, como las que aparecen en su libro *La producción de los círculos*, en la que nos explica con el siguiente gráfico los grados de la presencia del ser:

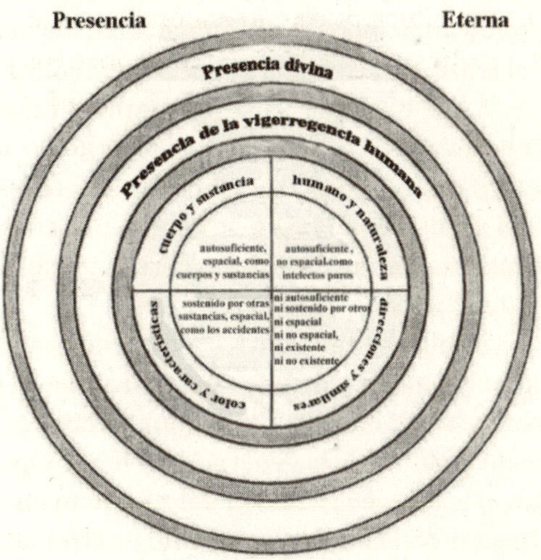

Figura 4.6 Diagrama de la trascendencia (*tanzīh*) y de la inmanencia (*tašbīh*)

Para explicar el contenido de esta figura recurriremos a una amplia cita en la que el Šayj describe los distintos elementos de este diagrama:

> El ser humano es, pues, una síntesis —¡alabado sea Dios!—. Así, en la existencia, no puede haber una realidad más eminente, ni un existente más puro, como no puede haber una realidad más degradada y carente de dignidad, ya que, entre las criaturas, encontramos tanto a Muḥammad como a Abū Ŷahl y tanto a Moisés como a Faraón. Date cuenta de cuál es la constitución más hermosa y considérala como la condición fundamental de los sometidos y los próximos. Date cuenta también de cuál es la realidad de lo más bajo entre lo más bajo (95:5), y considéralo como la condición básica de los seres malvados y de los negadores. Alabado sea

Aquel que no tiene «nada que se le asemeje, sino que Él es Quien todo lo oye, Quien todo lo ve» (42:11).

El anillo blanco situado entre los dos círculos negros simboliza el grado de la Presencia Divina en su modo de trascendencia. Como este anillo lo envuelve todo en este diagrama, podemos aplicarle las siguientes palabras divinas: «Y Dios todo lo abarca» (4:126); «Dios abarca todas las cosas con Su ciencia» (65:12).

El segundo anillo blanco, ubicado dentro del primero y delimitado por el trazo circular más pequeño, simboliza el lugar del ser humano [o lo que en el gráfico se denomina Presencia de la vigerregencia humana].

El área circular, situada entre la circunferencia que delimita el anillo del grado de la Presencia Divina y la circunferencia más pequeña inscrita en su interior, representa al ser humano en correspondencia con la Presencia Divina.

El área circular situada entre la circunferencia más pequeña y el anillo más pequeño inscrito en su interior representa al ser humano en correspondencia con el mundo de la generación [también llamado «mundo de la generación y la corrupción»].

Los dos ejes que se cruzan en ángulo recto en el centro de las circunferencias determinan en el anillo interior cuatro partes que representan una perspectiva general de la multiplicidad [de categorías de existentes] en el mundo.

El círculo que rodea el centro representa al mundo del que el ser humano es el vicerregente y sobre el cual ejerce su tutela. Las cuatro líneas que se dirigen desde el centro a la periferia son las separaciones entre las distintas categorías de existentes en el mundo.

Comprende bien el contenido de este diagrama porque accederás al secreto que te hemos presentado. Dios es el Rector. No hay otro Señor más que Él.[117]

Asimismo, en el mismo libro, nos presenta otro diagrama que representa, según sus propias palabras, a la «materia informe»:

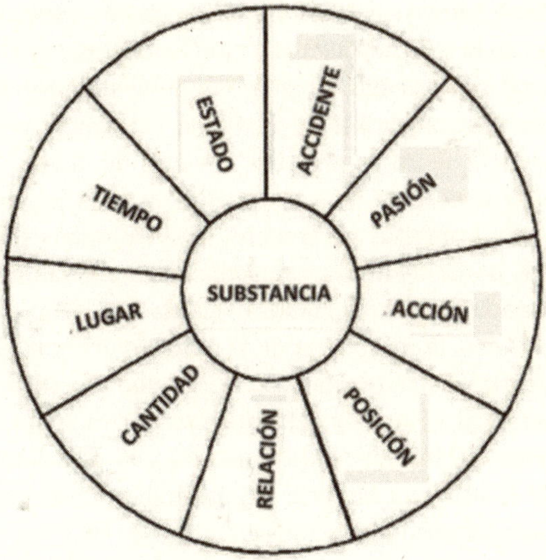

Figura 4.7 El orden de las diez categorías (o géneros) de Aristóteles

Y escribe en relación con ello:

> Es el círculo que abarca a todos los seres sin excepción, ni limitación, y que engloba todas las realidades inteligibles, existentes, inexistentes o no inexistentes. En él, reside la vida inteligible, que en el Eterno es eterna y en lo creado es creada, y todo lo referente al conocimiento y la voluntad [lo que recuerda a su definición de lo que denomina «tercera entidad»]. Y este es el diseño de su imagen, si es que lo tiene. Pero ya que ha sido inteligible y cognoscible para nosotros, lo hemos mostrado en el siguiente círculo, aunque de manera analógica y general. Y así el núcleo de la substancia se refiere a todo ser que se mantiene por sí mismo, eterno o creado.
>
> El segmento del círculo llamado «accidente» (*ʿaraḍ*) representa todo lo que no es autosuficiente, es decir, todo tipo de accidentes como géneros, color y cualidades como las ciencias y las habilidades, etcétera. Asimismo, se podría explicar lo que representan [los segmentos del círculo] denominados «tiempo» y «lugar», y las demás relaciones (*nisab*) como podrás ver en este gráfico, si Dios quiere.
>
> Sabe que este diagrama de la materia primordial representa la realidad de la materia (o sustrato, *mādda*) a partir de la cual Dios produce los existentes superiores e inferiores. Por consiguiente,

es la Matriz (*umm*) que engloba a todo cuanto existe. Puede representarse en la mente sin existir concretamente, es decir, sin tener una forma substancial, si bien es una realidad indivisible en lo existente, no susceptible de partición, incremento o disminución. Su existencia se torna efectiva a través de la emergencia de las realidades concretas de lo existente, ya sean eternas o accidentales. Si no hubiesen [aparecido] las realidades concretas de lo existente, no podríamos comprender la materia primordial y, sin ella, no podríamos concebir las realidades esenciales de lo existente; por eso, la existencia de la materia primordial se constata en función de la existencia de los individuos. Se diría, por ejemplo, que el mineral, el ángel y el Eterno son una misma cosa, ya que no conocemos las realidades [esenciales] y lo que distingue lo existente de lo otro. La Materia primordial se presenta así primero en el conocimiento y se manifiesta a través de lo existente. Si se le aplica la posterioridad, es en virtud de la posterioridad de la existencia individual y no en virtud de lo que es en sí misma, pues en este sentido es universal e inteligible y no está cualificada por la existencia o la no existencia. Es el sustrato de todo lo existente. Aparece en su totalidad a través de la manifestación de lo existente, por lo que nada puede existir fuera de ella.

Por eso, el Imam (Abū Ḥāmid Muḥammad al-Gazālī [1057-111]) pudo decir: «No hay nada en la Posibilidad (*imkān*) [universal] más perfecto que nuestro mundo, pues si hubiera un mundo más perfecto y Dios lo hubiera retenido, habría mostrado una codicia incompatible con Su generosidad, y una debilidad opuesta a Su poder». Ahora bien, describir a Dios de esta manera es imposible y ese tipo de conclusión es impensable. Si, además de este mundo, hubieran existido otros mundos, y así indefinidamente, serían análogos a él.[118]

La noción de la perfección de este mundo, o de que este es el mejor de los mundos posibles, reaparece en el filósofo alemán Gottfried Leibniz (1646-1716), conocedor, por otra parte, de la filosofía islámica. Asimismo, el cuadro anterior hace referencia a las ocho categorías aristotélicas, lo que nos pone sobre aviso de que no todas las exposiciones del Šayj tienen un carácter platónico. Estas categorías aparecen en el *Órganon*, compilado por Andrónico de Rodas, en el siglo I a. C. Según se dice, el texto fue escrito por Aristóteles cuando aún se hallaba en la Academia platónica. El texto referente a las categorías está incompleto y forma parte de los contenidos esotéricos —o acromáticos— que a modo de apuntes utilizaba el Estagirita, y que después explicaba con ejemplos y sentidos velados que solo se hallan bosquejados en el material escrito. Las diez categorías enumeradas —que coinciden plenamente con las expuestas por Ibn ʿArabī— son, en definitiva, los predicados (lugar, tiempo, cantidad, etcétera) que pueden atribuirse al ser.[119]

En cualquier caso, no podemos catalogar el pensamiento del Šayj como puramente aristotélico o netamente neoplatónico, a pesar de todas las tentativas efectuadas en ese sentido, sobre todo en lo que respecta a la segunda adscripción. Hay que tener en cuenta que esa es una distinción propia de la filosofía occidental moderna. Los antiguos pensadores islámicos no distinguían entre uno y otro filósofo como se ha hecho en época posterior, y en eso, todo hay que decirlo, seguían la línea general de los filósofos neoplatónicos, los cuales tampoco diferenciaban demasiado entre los mensajes de los respectivos maestros de la Academia y el Liceo.

Estos son algunos de los diagramas que aparecen en distintas obras del Šayj, como el capítulo 371 de las *Futūḥāt al-makkiyya*, de donde han sido extraídos la mayoría de los aquí presentados, así como de *La producción de los círculos*. Se trata de una cartografía profunda de la realidad, concebida con fines pedagógicos, para ilustrar y facilitar la comprensión de algunas de las exposiciones de naturaleza filosófica o cosmogónica de nuestro autor.

5. EL VIAJE ESPIRITUAL A TRAVÉS DE LAS ESFERAS DE LA EXISTENCIA

NATURALEZA DE LAS TEOFANÍAS

El término «teofanía» es de origen griego y significa, como sabemos, «aparición divina». En árabe, la palabra utilizada es *taŷallī*, relacionada con el verbo *ŷilwa*, que reviste el sentido de «quitar el velo a la novia en la noche de bodas», aunque la también poética definición que nos brinda Ibn ʿArabī es que teofanía es «aquello que se revela al corazón desde las luces de lo invisible».[120] El concepto se halla, como vemos, íntimamente relacionado con el de descubrimiento, o, si prefiere, con el hecho de sacar a la luz o develar algo que permanece oculto. Esta noción de traer a la luz es fundamental, pues es a través de la luz —que, recordémoslo, es en el contexto del islam uno de los principales nombres de Dios— que lo divino se torna perceptible a los seres de acuerdo al grado de receptividad de estos. Gracias a la actividad radiante de la actividad teofánica, la luz de la existencia alumbra y permite actualizar las posibilidades que residen en el seno de la inexistencia relativa (la cual es diferente de la incognoscible nada o inexistencia absoluta).

Taŷallī es el acto divino en virtud del cual el ser humano alcanza una percepción más o menos mediatizada de Dios. El verbo «pulir» (en árabe, *ŷalā*) y el substantivo *taŷallī* comparten la misma raíz. Se trataría entonces de pulir el espejo del corazón para que refleje con las menos impurezas posibles la belleza y profundidad tanto del cosmos como de la divinidad. La principal herramienta para este pulido es, según el sufismo, el contacto con lo Real, el recuerdo de Dios o *ḏikr*.

TIPOS DE TEOFANÍA

Entrando ahora en la cuestión relativa a los tipos de teofanía, existen dos tipos fundamentales de *taŷallī*: teofanías formales y supraformales. Aunque esta diferenciación no es ajena a distintos maestros del pasado, encuentra su más completa formulación en la obra de Ibn ʿArabī, si bien se halla desperdigada en sus escritos y no es abordada de modo sistemático. Así pues, el *taŷallī* no solo surge en una forma tangible o en una modalidad imaginal, sino también de un tipo de manifestación que trasciende toda forma, si bien este último aspecto quedó eclipsado en un principio, al menos en Occidente, por los imponentes estudios de Henry Corbin a propósito de la imaginación creadora y la dimensión imaginal de la existencia. Los únicos especialistas contemporáneos que, hasta donde yo sé, han tratado esta cuestión son Michel Chodkiewicz y su hija Claude Addas; el primero en un enjundioso artículo titulado «The Visión of God»,[121] y la segunda en un apartado de su pequeño libro, publicado en castellano como *Ibn ʿArabī y el viaje sin retorno*, que lleva por título «La visión suprema».[122]

Las teofanías, más allá de la forma, aluden a las revelaciones divinas que imperan en un plano concreto de existencia, como es el dominio de los inteligibles y de los significados desnudos (conocido en árabe como *ŷabarūt*), un plano que trasciende la conciencia egoica en un tipo de experiencia mística conocida como *fanāʾ*, mientras que las teofanías formales no exigen la aniquilación de la conciencia del yo y acaecen en las esferas imaginal y tangible, llamadas *malakūt* y *mulk*, respectivamente. Asimismo, debemos tener en cuenta que las teofanías formales son más fáciles de describir —y también más fáciles de experimentar—, y tal vez por ese motivo abundan en mayor medida en los anales históricos de las experiencias contemplativas.

Probablemente, las teofanías más divulgadas en el entorno occidental sean las protagonizadas por Moisés: la primera acaece cuando Dios pulveriza la montaña y hace que Moisés caiga fulminado en el suelo, no sin antes advertirle de que ningún ser humano puede contemplar el rostro divino sin haber muerto previamente (un episodio reseñado tanto en el Éxodo 33:18-23 como en el Corán 7:143). Esta muerte se refiere, sin duda, a la extinción contemplativa (no a la muerte literal) en la que el sujeto va más allá de todos los puntos de referencia personales y pierde completamente la conciencia de sí mismo y de su entorno, para sumergirse en un tipo de metaexperiencia interior, donde olvida la conciencia del espacio, del tiempo y hasta de su identidad.

La segunda experiencia teofánica de Moisés, ocurrida asimismo en la cima del monte Sinaí, tiene lugar cuando Jehová le otorga las tablas de la Ley. En ese momento, el pueblo de Israel queda advertido de que, si se acercan mucho a Dios y traspasan los límites establecidos por Él, perderán la vida. Aunque el pueblo no ve en ese momento, ni mucho menos, a Dios, la perspectiva de esta experiencia numinosa les resulta terrorífica, rogando a Jehová que los mantenga a salvo, puesto que no dudan de que morirán si llegan a presenciarlo directamente:

> Todo el pueblo percibía los truenos y relámpagos, el sonido de la trompeta y el monte que humeaba. Cuando el pueblo vio aquello, temblaron y se mantuvieron a distancia. Entonces dijeron a Moisés: «Habla tú con nosotros y escucharemos, pero que no hable Dios con nosotros, no sea que muramos» (Éxodo 20:18-19).

Por supuesto, también hay teofanías protagonizadas por otros personajes bíblicos, como la historia de la vocación de Isaías, cuando este ve a Dios sentado sobre un trono alto y sublime, y sus faldas llenaban el templo [...]:

> Y los quiciales de las puertas se estremecieron con la voz del que clamaba, y la casa se llenó de humo. Entonces dije: «¡Ay de mí!, que soy muerto; porque siendo hombre inmundo de labios, y habitando en medio de pueblo que tiene labios inmundos, han visto mis ojos al Rey, Jehová de los ejércitos». Y voló hacia mí uno de los serafines, teniendo en su mano un carbón encendido, tomado del

altar con unas tenazas; y tocando con él sobre mi boca, dijo: «He aquí que esto tocó tus labios, y es quitada tu culpa, y limpio tu pecado» (Isaías 6).

Tal vez entendamos mejor la cuestión de las teofanías con forma y sin forma, si dirigimos nuestra atención a tradiciones orientales como el yoga, puesto que en ella se definen muy claramente ambas condiciones. Este nos brinda una amplia clasificación de los estados meditativos que van desde los estados con forma o, como este sistema dice, con semilla (*sabija*) hasta los estados sin semilla (*nirbija*) o sin modificaciones de la mente. Se entiende por modificaciones mentales, tanto emociones y pensamientos, todo aquello que altere la tersa superficie del océano de la conciencia. Estos estados se caracterizan por una profunda absorción mental y por la completa identificación de la mente con su objeto de meditación, de manera que desaparecen las distinciones entre ambos.

Detengámonos ahora en una muestra de teofanía formal, esta vez procedente del ámbito del hinduismo. En el marco de esta tradición, quizá la teofanía más célebre sea la recogida en la *Bhagavad-Gitā*, una pequeña sección del inmenso texto épico titulado *Mahābhārata*. En la *Gitā*, el famoso guerrero Arjuna le pide al dios Kṛiśna (tras un monólogo de este en el campo de batalla de Kurukśetra, en el que revela que es más que un mortal) que le muestre cuál es su verdadera forma. Kṛiśna accede, otorgando a Arjuna la visión divina que le permitirá ver a Kṛiśna en su verdadera forma, una manifestación terrorífica que ocupa la mayor parte del capítulo 11 del mencionado texto:

> Contempla, pues, oh, Arjuna, mis centenares y millares de formas divinas, todas variadas, y de innumerables aspectos y colores. Contempla los dioses del sol, los del fuego y los de la luz; los dioses de la tempestad y del relámpago, y los dos luminosos aurigas de los cielos. Contempla, pues, oh Arjuna, las maravillas nunca vistas hasta ahora. [...] ¡Oh, rey!, después de que Kṛiśna, el Señor del Yoga, hablase así a Arjuna, se le manifestó en su Suprema Forma Divina. Y Arjuna, dotado de visión divina, contempló, en una visión portentosa, cómo su Señor tomó incontables formas de impresionante aspecto, con multitud de ojos correspondientes a innumerables caras, con gran profusión de ornamentos divinos,

y blandiendo numerosas armas celestiales. Ataviado con espléndidas guirnaldas y ostentosas vestiduras, despidiendo fragancias de aromas celestiales y luciendo todo tipo de maravillas, resplandeciente en su infinita divinidad, su cara miraba en todas direcciones. Como si la deslumbradora luz de mil soles juntos surgiera de repente en medio del firmamento, tal era el refulgente esplendor que desprendía Su Espíritu Supremo. Y Arjuna vio el universo entero en su incontable variedad, suspendido y formando una inmensa unidad dentro del resplandor que desprendía el cuerpo del Dios de los dioses.

Obviamente, por más excelsa que resulte, esta teofanía se incluye en la categoría de las teofanías formales. Dicho lo cual, también encontramos, dentro del marco del hinduismo, referencias a las teofanías supraformales, o a lo que en el contexto del yoga se conoce como *samādhi* sin semilla, *nirbija* o *nirvikalpa* y que se correspondería, más o menos, con lo que en el presente trabajo denominamos «teofanías más allá de la forma». Un ejemplo de este tipo nos lo suministra el relato de la experiencia de Indira Devi, discípula del célebre maestro Śri Aurobindo, quien, hablando en tercera persona de su propia experiencia, nos dice lo siguiente:

> La última vez que eso ocurrió fue en 1971. Como de costumbre de la base de su columna vertebral partió una corriente eléctrica. Sintió abrirse su cabeza, quedando así liberada de la esclavitud del cuerpo. Como un pájaro al que se le abre la jaula, el espíritu voló hacia lo alto, reclamando su dignidad entre las estrellas. Era como si atravesara volando mundos diferentes siempre en pos de un Llamado de Flauta [se refiere al sonido de la flauta del dios Kṛiśna]. Indira recuerda haber visto seres de Luz y Armonía y haber sentido el éxtasis de los dioses libres de lo terrestre y, sobre todo, recuerda el Llamado de la Flauta. Estaba muy próxima y sin embargo no podía alcanzarla. Se elevó más y más hasta que ya no hubo otra cosa que el Llamado de la Flauta y ese sonido se convirtió en una Forma, una Realidad que de algún modo quería tocar. En el momento de tocarla Indira se rompió en millones de pedazos y luego ya no hubo nada más, y sin embargo era el todo. Ningún *yo* había quedado atrás, no había nada para percibir: forma, dualidad, Dios o devoto. Había perdido toda la conciencia y era concien-

cia. Solo existía la Bienaventuranza, donde reinaba una vasta realidad, más allá de todo pensamiento, descripción o imaginación.[123]

En el contexto del islam, no faltan relatos de experiencias teofánicas encuadradas tanto en el plano formal como en el supraformal. Por ejemplo, Rūzbihān Baqlī (m. 1209), místico aventajado, nacido en Persia, que disfrutó de importantes experiencias teofánicas, desde su más temprana adolescencia, a lo largo de su vida, es un notorio caso de este tipo de vivencias. Veamos ahora una de ellas, acaecida al principio de su carrera espiritual, en una época en la que no debía contar más de quince o dieciséis años. Cierta noche, después de la cena, Rūzbihān sale de su casa y se dirige hacia un lugar del desierto que rodea Šīrāz (en Persia), con la intención de efectuar allí sus abluciones previas a la oración:

> *Súbitamente —relata— escuché el sonido de una voz dulce. Mi conciencia íntima (sirr) y mi ardiente deseo (šawq) se sobresaltaron. Grité entonces: «¡Eh, hombre de la voz, espérame!». Subí a una colina próxima y me encontré en presencia de un personaje de gran belleza con la apariencia de los maestros sufíes. Yo era incapaz de decir nada. Él mismo pronunció algunas palabras referentes al tawḥīd (declaración de la unidad divina). Yo no comprendía, pero experimentaba simultáneamente una gran angustia y un amor insensato.*[124]

Rūzbihān se queda parte de la noche, en pleno desierto, con sus sentidos trastornados. Pasado algún tiempo, retorna a casa, donde permanece *hasta rayar el alba —según refiere— presa de la emoción y la inquietud, embargado en suspiros y lágrimas. Después se tranquilizó, pareciéndole que aquello había durado varias horas y se sentó a orar y meditar durante un buen rato. Luego, cediendo al embate de la intensa emoción que le acometía, se levantó, hizo con todas sus pertenencias un hatillo que arrojó a un rincón y se marchó al desierto:*

> Estuve en ese estado —prosigue— durante año y medio, nostálgico, estupefacto, transportado de emoción. Cada día estaba marcado por grandiosas visiones de éxtasis y por las visitaciones repentinas de los mundos invisibles. En el curso de esas visiones,

los cielos y la tierra, las montañas, los desiertos y las plantas, todo se me aparecía como luz pura. Luego, conocí un cierto sosiego.[125]

Y esta otra experiencia, también de Rūzbihān, parece encuadrarse dentro de la categoría de las teofanías supraformales:

> Se manifestó dentro de mí y me sobrevino la dulzura del anhelo, la licuefacción del espíritu, la agitación de la conciencia interior, la ruptura del corazón y la aniquilación del intelecto. Si tan solo un átomo de esto cayera sobre las montañas de la tierra, estas se derretirían a causa de la dulzura. Mientras yo suspiraba, lloraba, giraba y sollozaba, Dios me condujo hasta el reino angelical y me dejó en la puerta de la eternidad. Entonces se me manifestó como grandeza y magnificencia. Vi luz sobre luz, gloria sobre gloria, poder sobre poder, hasta el punto de que soy incapaz de describirlo. No podía dar un paso más cerca de su majestad y poder. Si lo contemplase para siempre, sería incapaz de entender un átomo de ninguna de sus cualidades pre-eternas. Pero Dios está más allá de cualquier descripción.[126]

Debemos advertir que, insistiendo en las características de los diferentes tipos de teofanía, Ibn ʿArabī subraya en distintas ocasiones que, en el ámbito de las teofanías más allá de la forma, no es posible ver a Dios y escucharle al mismo tiempo. Según escribe:

> Cuando Él (Dios) se deja mirar, no te habla; y, cuando te habla, no se deja ver, a menos que se trate de una teofanía con forma.[127]

El Šayj insiste en la distinción entre teofanías formales y supraformales, o entre manifestaciones divinas representables, por un lado, y revelaciones divinas encuadradas en el reino de la pura luz y de los significados carentes de substrato, por el otro, cuando señala en *Viaje al Señor del Poder*:

> Dedícate al *ḏikr* [recuerdo de Dios] hasta que desaparezca el mundo de la imaginación y se te revele el mundo de los significados abstractos, libres de materia.[128]

El hecho de que se hable de teofanías formales y de teofanías más allá de la forma presupone que la realidad está compuesta de distintos planos de existencia, o, si se prefiere, de distintos grados de conciencia. La articulación de la realidad en niveles burdos, sutiles y muy sutiles es una pauta común que aparece en todas las culturas tradicionales, con la excepción del Occidente moderno, postindustrial y cientificista. Para acceder a este tipo de perspectiva resulta imperativo introducir la noción de que la realidad es jerárquica y de que el cosmos no se reduce a su aspecto cuantificable. Todas las cosmologías tradicionales están imbuidas de esta verdad axiomática, esto es, que existen diferentes planos de realidad de creciente sutilidad, los cuales se corresponden a su vez con diversos estados de conciencia de progresiva profundidad. El sufismo nos habla de tres grandes planos de existencia, correspondientes a lo que los sufíes designan como mundo de la Dominación (*ŷabarūt* o plano espiritual), mundo de la Soberanía (*malakūt*, intermundo o *mundus imaginalis*) y mundo del Reino (*mulk* o dominio de la materia tangible).[129]

El ordenamiento que tanto Ibn ʿArabī como otros sufíes nos brindan de los distintos planos de realidad y conciencia que conforman el cosmos visible e invisible concuerda plenamente —como hemos señalado— con la tradición espiritual universal. Por ejemplo, en el texto seminal de los *Yoga-sūtra* de Patañjali, el sabio hindú que codificó las enseñanzas del yoga, se enumeran distintos tipos de condiciones acrecentadas de conciencia, llamadas *samādhi*, en los que distingue claramente entre los estados con forma (*sabija*: con semilla) y los estados sin forma (*nirbija*: sin semilla), correspondientes a lo que venimos denominando aquí teofanías con forma y teofanías más allá de la forma y los planos sutiles y muy sutiles de conciencia, queriendo decir con ello que el dominio de cada uno de estos grados de *samādhi* se corresponde con el acceso a un grado de realidad, ya sea burdo, sutil o muy sutil.

Y lo mismo podemos afirmar del budismo tradicional y su división de los mundos en tres grandes planos de existencia: deseo, forma y más allá de la forma, los cuales se corresponden de una manera amplia con los planos existenciales del *mulk*, *malakūt* y *ŷabarūt*. Como es posible colegir de lo anterior, todas las cosmologías tradicionales sin excepción están imbuidas del axioma de que la realidad cuenta con varias dimensiones de creciente profundidad y no se halla limitada de manera reduccionista tan solo a lo que perciben nuestros cinco sentidos ordinarios.

El hecho de que el número de mundos varíe entre distintas clasificaciones —pudiendo estar constituidos por tres, cuatro, cinco, seis o incluso más planos de conciencia— tan solo significa que existen diferentes modos de ordenar la realidad. Si nos planteamos la división de los distintos planos de conciencia como un territorio a través del cual tiene lugar el viaje por las esferas de la existencia hasta arribar a su Fuente, el cosmos se nos aparece como un grandioso laberinto con diferentes grados de sutilidad por el cual se desplaza el peregrino (sin moverse de su emplazamiento físico) en una peligrosa aventura en la que, literalmente, está en juego todo lo que es y posee. Por eso, apunta el Šayj que en este viaje no existe comodidad, seguridad ni deleite. Y el viaje al que nos referimos no es otro, en definitiva, que el conocido en la tradición islámica como el Viaje Nocturno y la Ascensión, el cual es el culmen de todos los viajes y conduce al peregrino interior hasta el centro o la Fuente de la existencia.

MULK, MALAKŪT, ŶABARŪT

El primer plano de existencia, en orden ascendente, desde el que parte el viajero que aspira a arribar la Fuente de la realidad es la esfera del *mulk*, también llamada, en el islam, mundo del testimonio (*'ālam al-šahāda*) o de la percepción sensible, el plano ontológico en el que se ubican los cuerpos físicos y la materia orgánica, densa y oscura, es decir, el mundo terrestre, el ámbito empírico de los sentidos y el dominio de los objetos materiales y de los cuerpos carnales. Ateniéndonos al itinerario del Viaje Nocturno y la Ascensión, comprende desde la Tierra hasta el primer Cielo, o aquello que, según la nomenclatura aristotélica, recibe el nombre de mundo sublunar.

El siguiente dominio existencial con el que nos encontramos, siguiendo con nuestra ascensión, es la «esfera del *malakūt*», el mundo de las percepciones de la imaginación creadora o activa. En determinadas corrientes no islámicas, se refieren a él como plano sutil, anímico o psíquico, puesto que aquí se manifiestan —también durante el estado onírico— formas despojadas de cualquier correlato físico, como, por ejemplo, entidades desencarnadas, ángeles, demonios, genios (sg. *ŷinn*; pl. *ŷunūn*), el infierno y los siete cielos, etcétera. Este mundo intermedio, situado entre el plano sensible y el puramente inteligible, abarca desde el primer hasta el séptimo cielo según la geografía interior del Viaje Nocturno y la Ascensión. Es en cada uno de esos cielos donde el viajero celeste mantiene, según la exposición clásica de esta experiencia, diferentes encuentros imaginales con los principales profetas de la tradición monoteísta y con los ángeles que rigen cada cielo planetario. Aunque este dominio recibe, según los autores, distintos apelativos —como, por ejemplo, «octavo clima» y «país del no-dónde», vasta tierra de Dios o Morada de los Símbolos son las designaciones más utilizadas por Ibn ʿArabī. Y leemos en el Corán: «Oh, servidores míos que creéis, mi Tierra es vasta, adoradme pues» (29:57). Y nos recuerda el Šayj a este respecto:

> Yo mismo adoro allí a Dios desde el año 590 (1194) y estamos hoy en el 635. Esa Tierra es imperecedera e inmutable; es por ello por lo que Dios ha hecho de ella morada de sus servidores y lugar de Su adoración. Es una tierra espiritual, inteligible y no sensible.[130]

También se define esta extraña dimensión como el lugar de encuentro de los dos mares, el mar de lo sensible y el océano espiritual de lo puramente inteligible, tal como nos recuerda el Corán: «Él es quien ha hecho que las dos grandes masas de agua fluyan: una dulce, agradable; otra, salobre, amarga. Ha colocado entre ellas una barrera y límite infranqueable» (25:53); y también: «Ha dejado fluir las dos grandes masas de agua, que se encuentran, pero las separa una barrera que no rebasan» (55: 19-20).

Una de las virtudes más sobresalientes de la imaginación (*jayāl*) consiste en integrar contrarios, reunir opuestos y conciliar paradojas. Escribe Ibn ʿArabī que la imaginación es el ser más dilatado y, a la vez, el más ambiguo creado por Dios, pues es capaz de dotar de cuerpo a los significados y de espiritualizar o sutilizar los datos sensibles. Por ese motivo explica:

> El *barzaj* es la más amplia presencia de la existencia y el lugar de encuentro de los dos océanos, el océano de los significados y el océano de los sensibles. El objeto sensible no puede ser un significado, ni este puede ser un objeto sensible. Pero la presencia de la imaginación —que llamamos el lugar de encuentro entre dos mares— incorpora los significados y sutiliza los objetos sensibles. Transforma ante la mirada del observador la entidad de todo objeto de conocimiento. Por consiguiente, es el gobernador que se gobierna a sí mismo y que, aun siendo creación, gobierna sin ser gobernado.[131]

La peculiaridad del mundo de la imaginación —y la relevancia que, sin duda, le atribuye Ibn ʿArabī— es su capacidad para congregar elementos de distintas esferas de existencia; o, dicho en palabras de Henry Corbin, para espiritualizar el cuerpo y corporeizar el espíritu. Por ese motivo, el Šayj declara que el *barzaj* es el más encomiable de los mundos, ya que en él confluyen los atributos del dominio sensorial y del reino de los significados, aunque recalca que el dominio ontológico más elevado es, no obstante, el de los significados puros, los cuales se manifiestan tanto en las formas que aparecen en el mundo intermedio como en el grado más denso de la existencia:

> Los significados —apunta— son la raíz de las cosas. En sí mismos son significados ausentes, inteligibles. Entonces se manifiestan en la Presencia de la sensación como objetos sensoriales y en la Presencia de la imaginación como entidades imaginales, aunque nunca dejan de ser ellos mismos. Sin embargo, padecen fluctuaciones en cada Presencia de acuerdo con su naturaleza, como un camaleón que asume la coloración del entorno en que se haya.[132]

Siguiendo entonces nuestro recorrido ascendente, penetramos ahora en la esfera del *ŷabarūt*, un término que, como hemos indicado, se refiere al reino de las luces y los significados desnudos y que proviene de la misma raíz que la palabra Ŷibrīl (Gabriel), que designa en árabe al arcángel cuya constricción o poder ningún ser humano es capaz de eludir.[133] Valga como ejemplo el hecho de que Ŷibrīl obliga al Profeta, a pesar de que este aduce de entrada su incapacidad para tal cometido, a leer y transmitir el mensaje de la Revelación. El *ŷabarūt* es el dominio de los arquetipos, tronos y poderes de la nomenclatura cristiana; también el reino de lo invisible (*ʻālam al-gayb*), el ámbito de los espíritus despojados de forma o el reino estrictamente inteligible. La esfera del mundo abstracto del intelecto se extiende desde el Pedestal hasta el Trono divino.

Este dominio existencial también recibe el apelativo coránico de «Mundo de la Orden», el cual está poblado —comenta el Šayj— por «ángeles e intelectos desapegados, carentes de todo deseo», todos ellos formados por la misma substancia radiante, es decir, la luz. La «orden» se refiere a la orden existenciadora (*kun*) —es decir, el «¡sé!» con el que son creadas todas las cosas— procedente de Dios y a la que ninguna entidad es capaz de sustraerse, lo cual entronca con el carácter coercitivo, como indica su denominación árabe, de esta esfera existencial.

La identificación entre intelecto, luz y espíritu viene expresada en diferentes tradiciones proféticas. De ese modo, podemos leer: «Lo primero que Allāh creó fue el intelecto». Y, asimismo: «Lo primero que creó Allāh fue la luz». También: «Lo primero que creó Allāh fue mi espíritu». Esa luminosidad espiritual es identificada, en el contexto del sufismo, con la llamada «realidad muḥammadī» (*ḥaqiqa muḥammadiyya*). Y expresa de manera inequívoca Ibn ʻArabī que existen contemplativos que se sumergen en profundos estados extáticos de conciencia sin que exista mediación alguna de la conciencia imaginal. Y nos dice de ellos que son «los extáticos puros, análogos a los arcángeles del amor».[134] La expresión «arcángeles del amor» se refiere a lo que en otros lugares denomina inteligencias querubínicas. Y añade que los objetos y seres puramente inteligibles solo se revelan con una forma debido a la incapacidad de los individuos para aprehender aquello que sobrepasa todas las formas. [135] No obstante, existen sabios que son capaces de captar cada realidad con la naturaleza que les es propia. Las palabras anteriores no solo son un indicador evidente de que la dimensión inteligible —o de la pura luz— es un factor a tener muy en cuenta en la enseñanza de Ibn ʻArabī, sino que nos aclara que los conocedores de Allāh captan cada realidad de acuerdo a su íntima naturaleza, ya esté dotada de forma o pertenezca a la dimensión puramente espiritual, la cual trasciende toda forma.

A diferencia de las luces del plano imaginal, denominadas «luces de belleza», en este plano carente de forma se manifiestan otra categoría de luces —esto es, las luces de majestad— cuyo efecto más ostensible es el de aniquilar la conciencia egoica. En ello precisamente reside la paradoja de la visión no mediatizada de Dios y de la experiencia de las teofanías más allá de la forma, porque solo aquel que lo ha perdido todo —incluso la conciencia de su propio ser separado—, solo aquel cuya contemplación se libera de toda forma y constricción, llega a encontrarse con el Ser en su plena desnudez.

Esta extinción del contemplador en la contemplación —apunta Michel Chodkiewicz— acarrea una consecuencia lógica que puede, sin embargo, parecer extraña a ojos del lector no avisado: en esta contemplación (*mušāhada*) no hay disfrute ni conocimiento, dado que este tipo de experiencias implicarían un tipo de vivencia incompatible con la condición *sine qua non* de la visión desnuda de Dios, que es la aniquilación del yo. Pero ¿no se trataría entonces —se pregunta el especialista francés— de una especie de coma, o, en el mejor de los casos, de un estado de sueño profundo, carente de toda conciencia?

Ibn ʿArabī responde a esta cuestión en varios pasajes. Y lo que nos explica es que, si bien el gozo y el conocimiento son, entre otros, los frutos de la contemplación, solo se puede ser consciente de ellos al emerger del estado contemplativo más profundo, es decir, el estado que está más allá de la forma y del yo. Porque, correspondiendo a cada verdadera contemplación, existe necesariamente un «testigo» (*šāhid*) que no es sino «la huella dejada en el corazón del contemplador por la contemplación».[136] Únicamente tras recobrar la conciencia, emulando a Moisés después del *taŷallī* que derribó su cuerpo y pulverizó la montaña, el individuo se deleita con este supremo conocimiento cuyo precio es, justamente, el de la sumisión incondicional a la grandeza mayestática de la teofanía más allá de cualquier forma. «Nadie verá a su Señor antes de morir», sentenció el Profeta. Y por eso Ibn ʿArabī, haciéndose eco de este hadiz, escribe sin vacilar en el *Kitāb al-taŷalliyāt* (Libro de las teofanías) «¡Exige la visión y no tengas miedo a ser derribado!», esto es, igual que Moisés, quien, tras solicitar a Dios que se le mostrase sin velos, se vio inmerso en un estado de muerte mística. «No fue sino al despertar —relata Moisés al Šayj durante la experiencia visionaria de su propio Viaje Nocturno y Ascensión— cuando supe que lo había visto».[137]

La doctora Claude Addas manifiesta que las teofanías más allá de la forma, que revelan la presencia divina en su plena desnudez, comportan la aniquilación del sujeto que, en el curso de dicha experiencia, ignora incluso que está viendo a Dios. Solo puede aprehender ese portentoso hecho una vez que retorna a su conciencia ordinaria. En consonancia con lo anterior, en uno de sus escritos, refiere Ibn ʿArabī: «El que me ve y sabe que me ve, no me ve».[138] Y en otro texto declara: «La verdad solo se revela a aquel que ha eliminado sus huellas y perdido hasta su nombre».[139]

Por eso, únicamente la teofanía sin forma es la concerniente a la pequeña muerte a la que hacía alusión el Profeta cuando dijo: «Morid antes de morir». No obstante, la aniquilación del yo rara vez es completa —y solo se concede a unos cuantos privilegiados—, puesto que el ser humano es un microcosmos que contiene el germen de todas las realidades presentes en el universo y, en consecuencia, no puede desprenderse plenamente de ellas. Y así, escribe el Šayj que el velo de las formas no puede ser alzado de manera permanente para ningún mortal, si bien se alza para los elevados, los arrebatados y los querubines, es decir, los ángeles extasiados de amor que no flaquean en la contemplación de Dios. «En lo que respecta al ser humano mortal —concluye Ibn ʿArabī—, eso solo sucede en determinados momentos».[140]

Estos «arrebatados» son aquellos a los que el Šayj designa en otros contextos como *malāmiyya* y amigos muḥammadíes, los cuales, dicho sea de paso, disimulan sus más que probadas realizaciones espirituales apareciendo como personas ordinarias y creyentes comunes. Nada permite diferenciarlos del resto de sus congéneres, si bien en realidad pertenecen al mundo de la Orden o mundo de la luz.[141]

Los que están encuadrados en el mundo de la luz son también los que han arribado a la estación de la no estación (*maqām lā maqām*). La etapa más excelsa de la perfección humana exige —según el Šayj— que los nombres divinos alcancen un equilibrio en el que el amigo de Dios se torna incoloro y no se ve delimitado por nombre ni atributo alguno, igualándose de este modo al propio *wuŷūd* (el cual es, según la poética definición de Rūmī, el Uno «carente de todo color»). En la estación de la no-estación, ninguna cualidad impera sobre las demás. Así pues, al acceder a esta dimensión luminosa carente de forma, uno pierde cualquier rastro de sí mismo y todo atributo específico —pues estos atributos quedan eclipsados por el fulgor de la luz divina—, si bien es capaz de mostrar cualquier cualidad, dependiendo del momento y las circunstancias imperantes. Por otra parte, al igual que la luz se descompone en distintos colores sin convertirse en ninguno de ellos —y permaneciendo, en esencia, incolora—, el amigo de Dios se involucra en todo tipo de acciones y manifiesta el conjunto de los nombres divinos, sin aferrarse a ninguno de ellos, de acuerdo con lo que exige cada situación.

La progresión a través de los niveles de la forma burda y sutil, hasta alcanzar lo que está más allá de la forma (siendo mayormente pura luz) se torna patente en la organización de las estaciones espirituales que nos propone el Šayj, pues el culmen de este viaje, simbolizado por la estación de la no estación, solo resulta accesible —como ya hemos sugerido— a los llamados *malāmiyya*, quienes pertenecen al mundo de la luminosidad inmaculada, puesto que ellos mismos se transforman en luz. Y, respecto a la cualidad profundamente luminosa de las experiencias supraformales, prosigue exponiendo Ibn ʿArabī que Muḥammad señaló que la luz es el velo de Allāh o que Él «posee setenta (o setenta mil) velos de luz y de tinieblas». Por eso en el momento en que se le preguntó: «¿Has visto a tu Señor?», él respondió: «¡Él es luz! ¿Cómo podría verlo?».[142] Y respondió con estas palabras porque paradójicamente la luz que hace ver no puede ser vista. La luz solo puede ser percibida a través de la luz. En consecuencia, Él permanece oculto en su misma manifestación.[143] Y esto es lo que apunta, respecto de la meta última, en el texto publicado en castellano —ya citado— como *El viaje al Señor del Poder*:

> La aparición de Su luz es tan intensa que supera a nuestras percepciones, hasta tal punto que a Su manifestación la llamamos misterio.[144]

E insiste en otro de sus escritos que el objeto de la visión, lo Real, es luz, mientras que aquello que percibe dicho objeto también es luz, con lo que la luz se funde en la luz que es el origen de todo lo manifestado. Si en el mundo imaginal las ideas asumen forma y, en el plano sensible, están dotadas de consistencia material, en el reino de los espíritus puros y de los significados desprovistos de todo substrato tan solo son luminosidad inmaculada. Sin embargo, para captar dicha luz, es imprescindible transformarse en luz. Eso es lo que indican las palabras de la célebre plegaria del Profeta donde dice: «Hazme luz».[145]

Habiendo alcanzado la estación de la no-estación, igualmente llamada estación muḥammadī —o de la máxima proximidad divina— y, viéndose transformado en pura luz, el viajero accede a la presencia directa de la Realidad suprema. Entonces, según escribe de nuevo el Šayj: «Lo par y lo impar se reúnen. Él es, y tú no eres [...]. Él se ve a sí mismo a través de sí mismo», puesto que «su visión no tiene lugar más que por medio de tu propia extinción».[146]

No podemos obviar que, para que sea completo, este es un viaje de ida y vuelta, un periplo que, si bien conduce hasta las alturas excelsas de la suprema trascendencia, debe conducir luego a las profundidades de la realidad compartida para hacer partícipes al resto de los seres de las experiencias aquilatadas en la cima de la existencia. Con ello, el círculo de la existencia está completo, pues este se halla inevitablemente, al igual que el círculo, formado por un arco de ascenso y por uno de descenso.

Una vez recorridos todos los planos de existencia, el ser humano se transforma en «dos veces nacido» y en un «muerto que anda», dado que ha resucitado espiritualmente, aquí y ahora, antes de la Resurrección escatológica final. Es capaz de leer el cosmos como un conjunto inagotable de teofanías, pudiendo contemplar el carácter divino de las formas de la naturaleza y de experimentar la Realidad última no como un elemento transcendente, ubicado en un hipotético más allá, sino como algo plenamente accesible en la vida presente y en este cuerpo. Es entonces cuando el cosmos revela su belleza intrínseca, dejando de ser un mero fenómeno exteriorizado, para devenir símbolo y signo, reflejo de la Realidad más profunda, un reflejo que es esencialmente uno con la realidad reflejada porque, tal como insiste el Corán: «Les haremos ver

Nuestros signos en el horizonte y en ellos mismos hasta que se les haga evidente qué es la verdad. ¿Acaso no basta con que tu Señor sea testigo de todas las cosas?» (41:53).

La palabra *taŷallī* (teofanía) alude a ese testimonio privilegiado, a este reflejo de lo divino en los espejos del cosmos y del corazón. Es así como los objetos y los seres resplandecen no solo a la manera de símbolos abstractos, sino como la misma presencia concreta de la divinidad. Y apunta Ibn ʿArabī de manera abiertamente paradójica, pues la paradoja es la cualidad intrínseca de la experiencia contemplativa más profunda: «Si Me encuentras no Me verás, mas Me verás si Me pierdes».[147] En el contexto de la tradición, esta luz exuberante, la luz divina o la presencia de lo invisible que deslumbra el entendimiento y aniquila incluso al testigo de la contemplación, no es —reiteramos— sino la misma que fulminó a Moisés en el Monte Sinaí.

LA VISIÓN QUE NO ES VISIÓN

Si Dios se torna accesible en forma de luz, siendo Él mismo la fuente de toda luz, no puede ser aprehendido más que por la eliminación de los conceptos que lo asimilen a las cosas creadas, lo que equivale a ver más allá de las imágenes, allí donde paradójicamente se torna imposible cualquier tipo de visión. Estaríamos hablando entonces, como ocurre en el budismo zen, de una visión en la que no hay nada que ver. Todo lo que somos capaces de conocer no es el conocimiento último, lo cual supone que para estar en condiciones de acceder a la visión absoluta hay que desprenderse de toda visión, puesto que la verdadera visión es ver sin ver, así como la genuina comprensión es comprender no comprendiendo. Si nos parece que lo entendemos todo, entonces es que no entendemos nada. Se trata, como afirma de nuevo la tradición zen, de responder a lo correcto y lo erróneo sin aferrarnos a ello, de vivir en medio de las pasiones sin identificarnos con ellas; en definitiva, de ver sin ver, de oír sin oír, de actuar sin actuar y de buscar sin buscar.

Casi al final de uno de los capítulos más significativos de las *Futūḥāt al-makkiyya*, el titulado *Kīmiyā' as-saʿāda* (*La alquimia de la perfecta felicidad*), en el curso del viaje ultramundano que conduce a la «Nube divina» (*ʿamāʾ*) —el velo teofánico supremo y la primera localización metafísica concebible de la divinidad en su descenso hacia la creación del cosmos—, el peregrino espiritual se encuentra con la llamada Nube o Tiniebla primordial en la que, según la tradición de los hadices, Dios permanecía «antes de crear la Creación», una idea de la que se hace eco *ʿAbd* al-Karīm al-*Ŷīlī* (m. circa 1410) cuando plantea que la Nube divina es la condición idónea para referirse al aspecto inaccesible, inaprensible e inalcanzable de la divinidad. La Nube constituye el principio ontológico más cercano a Dios. Dicho estado es descrito por Ibn ʿArabī en términos de una «fina neblina», si bien ya diferenciada de la divinidad. Tanto al-Ŷīlī como Aḥmad at-Tiŷānī (1737-1815) se refieren a ella como «oscuridad» o el aspecto interior de la realidad, más allá de ser y no-ser. Esta Nube o Aliento del Todo-Misericordioso exhalado desde y en Allāh, donde mora el aspecto del Señor (*ar-rabb*) de manera primordial, es la consecuencia de la condensación del aliento existenciador y la entidad mediadora entre la Realidad tal como es en sí misma y el mundo manifestado de las formas múltiples. De ahí el sentido del célebre hadiz en el que un compañero del Profeta inquiere acerca del emplazamiento preexistencial del Señor: «Alguien preguntó al Profeta: "¿Dónde estaba tu Señor antes de crear la Creación?". Y él respondió: "Estaba en una Nube; no había espacio ni por encima ni por debajo"», queriendo decir con ello que el Nombre divino *ar-Rabb* trasciende toda localización espacio-temporal. La Nube no se refiere a la completa incognoscibilidad de la Realidad en sí, pero tampoco al mundo denso de la manifestación. Es el grado máximo al que le es dado acceder a la criatura.

La célebre formulación «la imposibilidad de percibir es ya percepción», un conocido dicho atribuido a Abū Bakr, primer califa del islam y que el Šayj cita con cierta frecuencia, se refiere al hecho de que, si la imposibilidad de percibir lo más oculto —la faceta interior o no-manifiesta de la divinidad— ocurre de manera simultánea con la conciencia de dicha limitación, se convierte en una percepción válida, que no hace sino revelar nuestros propios límites. La trascendencia e incomparabilidad propia del *tanzīh* nos enseña que

> la vista no puede enjuiciar [a Dios] ni siquiera al contemplarlo [si es que tal cosa fuese posible], puesto que la mirada se encuentra en la estación de la perplejidad (*ḥayra*) [y de la incapacidad (*ʿayāz*)].[148]

Sin embargo, la imposibilidad de percibir a Allāh no se deriva de nuestra separación respecto de Él, sino muy al contrario, del hecho de que estamos completamente inmersos en su realidad. La misma situación tiene lugar al ver las imágenes proyectadas en un espejo, cuyas formas se perciben como desligadas de la materia de manera similar a lo que sucede con el conocimiento acerca de Dios. Ante la inaccesibilidad y el *tanzīh* de la aleya «La vista no Le alcanza» (6:103), la cual proclama la imposibilidad de ver a Dios, la realidad de la teofanía muestra un carácter más compasivo —y por tanto más accesible— en aleyas como «Ese día, unos rostros brillarán mirando a su Señor» (75:22-23), una actividad teofánica en la que Dios se expone de alguna manera ante nosotros para que podamos percibirlo con nuestra mirada. Y, en consecuencia, señala Ibn ʿArabī:

> Las imágenes del mundo no son constreñibles ni abarcables, ni se conocen los límites de cada una de ellas, sino tan solo lo que el conocedor es capaz de alcanzar a ver en esa imagen. Por ello mismo se desconoce el límite del Verdadero, pues Su límite no se sabe sino con el conocimiento del límite de cada imagen, y es imposible de lograr. Así, el límite del Verdadero es un hecho imposible.[149]
>
> Quien de vosotros imagine que Lo ha visto, no Le conoce; y quien de vosotros sepa que se ha visto a sí mismo, ese es el conocedor verdadero: ello es lo que divide a las gentes en sabios e ignorantes [...].[150]

La formulación «la imposibilidad de percibir es ya percepción» no es sino una nueva vuelta de tuerca a la importante figura de la unión de contrarios, expresada de manera magistral en *Las contemplaciones de los santos misterios* (*Mašāhid al-asrār*) cuando el Šayj declara a propósito de la resbaladiza cuestión de la trascendencia y la incomparabilidad divinas:

Las miradas quedan cortas, los intelectos pasmados, los corazones están ciegos, los sabios están perdidos en el desierto de la perplejidad, mientras que los entendimientos, sumidos en la estupefacción, son incapaces de aprehender el más ínfimo secreto de la epifanía de Mi Grandiosidad. ¿Cómo, entonces, podrían abarcarla? Vuestra ciencia es polvo diseminado. Vuestros atributos no son nada. Vuestra realidad es solo una metáfora en un remoto rincón de Mi existencia. Vuelve atrás, pues no podrás rebasar [los límites que impone] tu rango. Tú, como cada uno de vosotros, Me desconoces, eres incapaz e insuficiente, estás mudo, ciego, sin habla y perplejo, y no tienes absolutamente nada, por pequeño que sea, que te pertenezca.[151]

La realidad divina, en su pura desnudez, resulta demasiado excelsa para ser contemplada por ojo limitado alguno, pues, como insiste el Šayj a lo largo de sus escritos, solo Dios ve a Dios y únicamente Él se conoce a sí mismo. Por ese motivo, las teofanías más allá de la forma, que nos aproximan a la realidad divina tal como es en sí misma, exigen la aniquilación del sujeto, que, en el culmen de tan excelsa experiencia, ignora incluso —como hemos recalcado— que está viendo a Dios. El viajero solo es consciente de esa vivencia trascendental al retornar a su estado ordinario y recuperar su identidad habitual. La mencionada formulación akbarí de que «el que me ve, y sabe que me ve, no me ve», supone que el conocimiento de Dios coincide, de manera tan chocante como inapelable, con la ignorancia absoluta del propio yo, lo que es una de las definiciones paradigmáticas del estado místico de aniquilación (*fanā'*).

Adentrándonos ahora en su *Kitāb at-Taŷalliyāt al-ilāhiyya* (*Libro de las teofanías divinas*), Ibn ʿArabī entrelaza en dicho texto dos temas que se sitúan en el núcleo de la doctrina akbarí: el *tawḥīd* (el secreto de la unidad divina, fundamento del credo musulmán) y el despliegue de las teofanías (*taŷalliyāt*) que establecen la multiplicidad de los existentes sin comprometer por ello la unidad divina, puesto que dichas teofanías no son más que manifestaciones de Él mismo a Él mismo. El tratado recién citado reviste la particularidad de estar conformado en varias secciones por los diálogos mantenidos entre el Šayj y grandes sufíes del pasado como Ŷunayd, Sahl at-Tustarī, Ḥallāŷ y Ḏū n-Nūn el Egipcio, entre otros.

En las teofanías que comentamos seguidamente, el Šayj presenta un escenario sumamente sintético del proceso espiritual de ascensión mística hacia la divinidad, la cual se muestra a la postre al contemplativo con los atributos de la «luz muḥammadī», cuyos tres colores (rojo, blanco y verde: teofanías 70, 71 y 72, respectivamente) constituyen en esta narración los indicios teofánicos, y en compañía, respectivamente, de ʿAlī b. Abī Ṭālib (m. 661), cuarto califa; de Abū Bakr aṣ-Ṣiddīq (m. 634), primer califa y uno de los más allegados al Profeta; y de ʿUmar b. al-Jaṭṭāb (m. 644), segundo califa. El Šayj reserva, de este modo, a los compañeros del Profeta las claves del *tawḥīd* esotérico que se fundamenta en la unión de contrarios, atribuyéndoles las estaciones más excelsas de la amistad divina (*walāya*), que limitan con el conocimiento profético.

En la teofanía de la luz roja, ante la pregunta del Šayj: «¿Es esto?», el califa ʿAlī le responde: «Es esto y no es esto, así como soy yo y no soy yo; y tú eres tú y no eres tú».[152] La anterior respuesta acerca de la experiencia de Dios que arrebata al contemplativo nos introduce de pleno en la referida figura de la unión de contrarios, que es una de las cuestiones fundamentales del conocimiento contemplativo. Seguidamente, en el grado culminante de la ascensión, ya en la teofanía de la luz blanca, el Šayj se encuentra con Abū Bakr (m. 634), quien está situado «detrás de los pabellones de lo invisible», con la mirada posada en la dirección oeste, la dirección de la disolución de las formas y conceptos, incluido el propio yo. Abū Bakr está completamente envuelto por la luz y permanece inmóvil, sin pronunciar palabra. No obstante, Ibn ʿArabī le pregunta acerca de lo que debe hacer y este le responde que ha de hacer lo que el Enviado de Dios ha señalado que haga, anunciándole también que esta es la estación muḥammadī, la cual le es concedida al Šayj en ese mismo instante.

A continuación, en la teofanía 72, desarrollada en el seno de la luz verde «detrás de los pabellones divinos», el último velo teofánico de la santidad muḥammadī, el Šayj se encuentra con el segundo califa, ʿUmar b. al-Jaṭṭāb, quien le indica:

> Aférrate a la luz desplegada [luz muḥammadī] porque ha llegado el momento del testimonio. Tiende las manos y sube por la escala de la ascensión divina.[153]

En estas tres teofanías, simbolizadas respectivamente por los colores rojo, blanco y verde, es importante no obviar que estos tres colores constituyen las modificaciones teofánicas de una sola y única luz, es decir, determinaciones de una misma realidad, la llamada luz muḥammadī. También es posible concebir estos colores como los velos teofánicos más elevados de la Luz divina, la cual es puramente suprasensible o invisible. Las variaciones de los colores rojo, blanco y verde que afectan a los ojos del peregrino en su percepción más o menos mediatizada de lo Real le llevan a comprender en última instancia que Allāh es incognoscible en sí mismo, y que solo resulta accesible cuando se lo califica mediante estos tres tipos de luces relacionados con la Luz muḥammadī. De este modo, el peregrino interior se aproxima paulatinamente al misterio de lo Real en sí simbolizado por «la luz resplandeciente (*al-nūr aš-šaʿšaʿānī*) a través de la cual se percibe, aunque ella misma no puede ser percibida» a causa de su resplandor cegador.

Explicar también que, paradójicamente, la luz blanca representa un grado más elevado que las luces roja y verde porque —tal como Ibn ʿArabī le comenta a Ibn Sawdakīn— «el color blanco es el único que acoge a todos los demás... Su rango es el del Nombre de Majestad [Allāh] entre los otros Nombres y el de la Esencia entre los atributos».[154] La superioridad del blanco sobre el resto de colores se respeta, no anteponiéndolo a la primera posición, sino manteniéndolo en una posición intermedia (*barzaj*). Abū Bakr, que permanece en esta luz blanca, tiene no obstante la mirada puesta en Occidente —el lugar de ocultación de la luz— pues Occidente es «la mina de los secretos»: así se nos indica que se ubica más allá de las teofanías formales más elevadas, más allá de las luces creadas, donde se revela, a aquel que se vuelve hacia la tiniebla «occidental», la luz increada de la Realidad divina tal como es en sí misma.

Vienen, a continuación de las teofanías recién enumeradas, la teofanía número 73, la cual nos habla del árbol cósmico que representa al ser humano perfecto y en donde el Šayj, arrebatado por su profunda experiencia mística y sosteniendo, tal como escribe, los corazones de los creyentes en sus manos, escucha una voz que le indica: «Concédeles la luz resplandeciente [luz muḥammadī] porque la tiniebla de la descreencia lo ha invadido todo, y nada puede disiparla salvo esta luz».[155]

Y ya casi en el culmen de la ascensión mística (teofanía 74), el viajero presencia la soberanía del *tawḥīd* digno de Él, borrando en dicha contemplación cualquier trazo de pensamiento, conocimiento, visión, ni nada que lo sostenga. Es en la siguiente experiencia (teofanía 75) donde se manifiesta la llamada «luz de lo invisible» (*nūr al-gayb*) como preludio de la teofanía de las teofanías (número 76), donde el Šayj se hace eco del siguiente verso de Manṣūr al-Hallāŷ: «El encuentro es mi pérdida, y la pérdida es mi encuentro», una declaración evidente de que este periplo espiritual se mueve, recalquémoslo, en el terreno de la coincidencia de opuestos.

Así pues, tras haber alcanzado el *tawḥīd* de la abolición [teofanía 74], el Šayj se sumerge en la estación de la teofanía de la «luz de lo invisible» (teofanía 75), donde conversa con el gran maestro Sahl at-Tustarī (m. 896). Es esta la luz divina no condicionada, la que procede de la dimensión no manifiesta (*gayb*) de la divinidad, recibiendo también la denominación de «Misterio de los misterios». Se trata de la luz pura de lo Real en sí, y por ello mismo incolora. El oxímoron «luz de lo invisible» se refiere a la existencia pura que trasciende cualquier tipo de determinación, es decir, a la faceta incognoscible de Allāh. En la cosmología de Ibn ʿArabī, es el «Tesoro Oculto», el cual corresponde a la experiencia mística de la oscuridad resplandeciente o la «luz negra», llamada igualmente «luz de luces» o luz incolora. Como la mayor parte de los místicos islámicos, el Šayj profundiza en la tipología coránica de los términos *gayb* y *šahāda*, que designan respectivamente el plano de lo Real tal como es en sí mismo y el plano de la manifestación visible, que solo Allāh conoce en su naturaleza más íntima.

El contemplativo accede pues al misterio de la Luz de lo invisible, puesto que esta luz intangible (que hace ver si bien ella misma no puede ser vista) es la luminosidad de Dios mismo, por medio de la cual resulta factible ver y conocer todas las cosas. El peregrino experimenta de esta manera el paradójico conocimiento de lo incognoscible en una suerte de magnífica coincidencia de opuestos, una situación más allá de la dualidad, que es lo único que puede aproximar al ser humano al misterio inefable de Allāh. Este es el motivo por el cual la progresión del peregrino a través de estas teofanías cromáticas que señalan el límite de la visión desemboca en la apofática luz de lo invisible. La presente teofanía pone de relieve pues el *tawḥīd* esencial, señalando el punto culminante de la ascensión a través de los distintos tramos de la *walāya* muḥammadī, tipificada, de manera sucesiva, por los colores rojo, blanco y verde a los que ya hemos aludido y que Ibn ʿArabī atraviesa en su ascensión mística.

Y, por último, la «teofanía de la gloria» (teofanía 77), Ibn ʿArabī insiste en la tesis de la unión de contrarios como definición más aproximada a lo indefinible y expresión más cercana a lo inexpresable. De ese modo, escribe:

> Si se te pregunta «Cómo encuentras a Dios», responde: «Por el hecho de que Él admite simultáneamente los contrarios que conviene atribuirle, como el Primero y el Último, el Exterior y el Interior [57:3], la estabilidad y el descenso, la coexistencia y todo aquello que se deriva de ella».[156]

La importante tesis de la unión de contrarios, en tanto que descripción más profunda de la realidad, también irrumpe en otros momentos del libro, como, por ejemplo, en la teofanía 54, en la que señala que Dios cuenta con servidores a los que Él introduce a su presencia, haciendo que la presencia sea idéntica a la ausencia y su ausencia a la presencia, lo cual nos indica que la realidad de Dios presupone la ausencia del yo en el culmen de la metaexperiencia mística conocida como aniquilación (*fanāʾ*). Y apunta el Šayj, por boca de Ŷunayd al-Bagdādī (m. 911) e insistiendo en la figura de la unión de contrarios, que la ocultación de Dios es idéntica a su visión y su visión es igual que su ocultación. Y, más adelante (en la teofanía 59), relata, en un encuentro visionario que mantiene con D̲ū n-Nūn el Egipcio (m. 860), que este le transmite que Dios es contrario a todo aquello mediante lo que lo representamos, imaginamos o nos figuramos acerca de Él, a lo cual se apresura a matizar Ibn ʿArabī que ese planteamiento no capta de manera adecuada la realidad divina porque, si bien esta es inabarcable, Dios no es idéntico ni diferente de las representaciones que los humanos nos hacemos de Él. No admite las ideas que nos forjamos acerca de su realidad, pero tampoco las excluye, puesto que ninguna representación o ausencia de representación abarca su verdadera naturaleza, concluyendo que el conocimiento divino no se deja restringir ni por un instante, ni por un lugar, ni por una constitución, ni por un estado, ni por ninguna estación.[157]

En las estaciones superiores del *tawḥīd*, en presencia de la divinidad inefable, el intelecto deja de estar operativo, pues ante la presencia de lo invisible ya no resta nada que comprender ni es posible describir ninguna cosa. Por ello, al final de esta ascensión espiritual, el Šayj da entender a Sahl at-Tustarī, su interlocutor en esta visión teofánica, que, cuando se arriba a la estación de la luz más allá de las luces, la única respuesta posible es el «silencio». Y por ese motivo comenta en otro texto:

> ...porque su conocimiento no implica una impotencia para conocer, sino lo inexpresable; y es este último quien realiza el conocimiento más perfecto de Dios.[158]

LA VISIÓN DE DIOS

Pero ¿existen, en el contexto del sufismo, experiencias o situaciones más propicias que otras para alcanzar la visión suprema de la divinidad o la visión más allá de toda visión? Aunque Dios es libre de manifestarse cuando quiera, a quien quiera y como quiera, Él ha dado a conocer a sus siervos los caminos más seguros que conducen a su presencia.

Ibn ʿArabī señala que los actos prescritos —u obligatorios— (es decir, los que marca la práctica islámica, también llamados los cinco pilares: profesión de fe, oración, ayuno, limosna y peregrinación) son, a diferencia de los actos de adoración libremente escogidos por el sujeto, aquellos que conducen con mayor facilidad a la presencia divina, a esa visión resplandeciente a la que se refiere el profeta Muḥammad cuando declara: «Veréis a vuestro Señor igual como veis la luna llena durante la noche». La explicación es que los actos obligatorios constituyen de por sí un tipo de muerte, ya que la voluntad del siervo no interviene para nada en su ejecución, sino que es únicamente Dios el que decide los momentos y la forma que estos asumen. Y, entre estos actos obligatorios, hay uno que reviste una importancia suprema: la oración (*ṣalāt*), que, como puntualizó el Profeta, constituye la ascensión espiritual de los creyentes, el espacio privilegiado para que se muestren las teofanías más sublimes.

Estas teofanías tienen lugar, durante la oración, de manera jerarquizada en relación armónica con las diversas posiciones prescritas para el creyente a lo largo de la plegaria. Así pues, la experiencia mística durante la cual Dios habla a su siervo corresponde a la posición sedente, que denota estabilidad, vigilancia y permanencia (*baqā'*), condiciones todas ellas inexcusables para escuchar el discurso divino, pero que excluyen, no obstante, la visión inmediata. Y es que, como señala el Šayj:

> Solo aquel que se encuentre bajo la influencia de una contemplación imaginal de su Señor, indicada por la expresión «como si Le vieses», puede reunir la contemplación y la palabra, porque se trata de una presencia que se manifiesta en la imaginación: en ese estado, el «compañero» es semejante a ti y no Aquel «que no se puede comparar con nada».[159]

Para aquellos a los que Dios habla, Él todavía permanece «detrás de un velo», en alusión a las palabras coránicas que indican: «A ningún mortal le es dado que Dios le hable si no es por inspiración o desde detrás de un velo» (43:51). Sin embargo, no se les niega a esas personas la posibilidad de acceder a la contemplación directa cuando, durante el siguiente movimiento de la oración, las condiciones propicias para escuchar a Dios se ven sustituidas por la postración —símbolo de la aniquilación (*fanā'*)—, la cual rasga el mencionado velo y procura la experiencia de la visión. Entonces se verifica lo que Ibn ʿArabī consigna en las *Tanazzulāt Mawṣiliyya* (Las revelaciones de Mosul): «En tu caída comienza tu elevación, y es en tu tierra donde hallarás tu cielo».[160] Es por eso que, cuando la frente toca el suelo y el cuerpo se rebaja a la altura de este, se alcanza la cima del «Sinaí del propio ser», la cota más elevada de conciencia a la que es dado acceder al ser humano y donde paradójicamente pierde la conciencia separada de su propia existencia.

Una última precisión a tener muy en cuenta. El Šayj insiste en sus escritos en el hecho de que procurar el bien de los demás es una de las condiciones inexcusables para alcanzar la visión suprema, tal como le ocurrió a Moisés, quien buscando un fuego para calentar y guiar a su familia durante la noche ascendió a la cima de la montaña con el fin de averiguar qué era aquel resplandor que se divisaba en ella, encontrándose con Allāh, tal como se relata en el Corán: «Cuando vio un fuego y dijo a su familia: "¡Quedaos aquí!". Distingo un fuego. Quizá pueda yo traeros de él un tizón o encontrar la buena dirección con ayuda del fuego» (20:10). Y, por su parte, en el budismo mahāyāna, siempre se preceden y concluyen las meditaciones, y cualquier acción, teniendo en cuenta a todos los seres y poniendo incluso la noción de salvación de estos por delante del logro de la salvación personal, porque buscar el bienestar de los demás es uno de los principales ingredientes del combustible que catapulta a la iluminación. No puede haber deseo egocéntrico en el encuentro con Dios ni en el logro de la comprensión última de la realidad. Eso sería un enorme contrasentido. El desapego y el desasimiento de uno mismo son, como proclama el maestro Eckhart, imperativos en el viaje en pos de lo Real.

6. «LOS ÁNGELES NO SUEÑAN»[161]

Teniendo presente que, en una sociedad como la nuestra, gravemente aquejada por los afanes del materialismo más recalcitrante, no resulta fácil hablar sobre determinadas cuestiones, y siendo conscientes también de que son muchos los consumidores compulsivos, con o sin educación universitaria, que adquieren de manera indiscriminada todo tipo de productos en el floreciente supermercado espiritual —como cultos sectarios, rituales «cuánticos», esoterismo desaforado, sanaciones milagrosas, etcétera—, a lo largo de las páginas que siguen atravesaremos una verdadera tierra de nadie, ubicada entre los dogmas propios de la fe ciega y los variados artículos que se ofertan en el citado supermercado de la Nueva Era; entre el territorio de los credos sostenidos de manera irracional y el imperio de un mundo, como el actual, hace mucho *desangelado*; entre las discusiones bizantinas en torno, por ejemplo, al número de ángeles que caben en la cabeza de una aguja y la necesidad de reconocer que la presencia angélica —y la de otros seres sutiles hoy en día considerados fantásticos— tiene mucho que ver, según han demostrado ampliamente exponentes de la psicología profunda, como Carl G. Jung y James Hillman, con nuestra plenitud psicológica.

A propósito de una sociedad en la que no solo los ángeles, sino cualquier otro vestigio de misterio y profundidad, se han visto despojados de toda carta de naturaleza y en la que imperan las fuerzas de la concreción, la limitación y el egoísmo, parecen más indicadas que nunca las palabras del gran sabio persa Suhrawardī en las que nos indica que los ángeles son una cofradía de seres inmateriales, procedentes del país del no-donde.[162] Este territorio remoto, a la par que íntimo, no es sino lo que, en la cosmología de Ibn 'Arabī y de otros ilustres exponentes del sufismo, se conoce como mundo intermedio de la imaginación activa, ubicado entre la dimensión del puro espíritu y el plano material ordinario, el «lugar sin lugar» en el que, según la conocida formulación de Henry Corbin, se espiritualizan los cuerpos y adquieren cuerpo los espíritus. Es este plano intermedio de existencia, que fluctúa entre el mundo tenebroso y denso de los cuerpos materiales y el plano luminoso y sutil de las entidades puramente espirituales, un territorio fronterizo donde entran en contacto seres pertenecientes a órdenes distintos de realidad y en el que se dan cita ángeles, genios y seres humanos que han vivido en distintas épocas o que se hallan a miles de kilómetros de distancia del sujeto que accede a dicho ámbito de conciencia. Es en esta dimensión intermedia donde se desarrolla, en palabras del mentado Henry Corbin, el «drama central de la existencia humana».[163]

Antes de proseguir, y dado que hemos hecho referencia a la facultad de la imaginación activa, conviene precisar que no conviene identificar fantasía con imaginación. En su libro *Psicología y alquimia*, escribe Carl G. Jung:

> La *imaginatio* se ha de entender aquí como «imaginación» al pie de la letra, respondiendo al empleo clásico de la palabra y en contraposición a «fantasía», que a lo sumo equivale a «ocurrencia» [...]. La *imaginatio* es una creación activa de imágenes (interiores) *secundum naturam,* un auténtico trabajo de pensamiento o representación que no «fantasea» sin orden ni concierto, a lo que salga, que no juega con sus objetos, por tanto, sino que intenta captar en ideas las realidades internas, en ideas que son fiel reflejo de las circunstancias naturales.[164]

Se nos antoja imperativo —tanto personal como colectivamente—, recuperar esa dimensión sutil que nos conecta con lo que está más allá de nuestros sentidos ordinarios, dado que, como hemos apuntado, vivimos en una cultura que prima lo visible y confía tan solo en aquello que puede tocarse, mensurarse y cuantificarse, sin darnos cuenta de que la vida depende de muchas cosas que trascienden el alcance de nuestros aparatos de medición, y que, al potenciar un único aspecto de la existencia, estamos mutilando nuestra totalidad y convirtiéndonos en lisiados espirituales. Es esta una modalidad, contraria a la habitual, de contemplar la realidad. Así pues, si la sociedad actual nos conmina a tomar en consideración solamente aquello que podemos ver y palpar, la visión espiritual del mundo nos aconseja creer en aquello que no puede ser visto ni aprehendido, y no solo eso, sino que además declara que constituye la faceta más decisiva de la existencia. El Corán, por ejemplo, se refiere a la creencia en lo invisible como uno de los signos que permiten reconocer a los verdaderos musulmanes. Lo visible hunde sus raíces en lo invisible, de igual modo que la palabra brota del silencio e, inexorablemente, retorna a él.

Abordaremos el tema de los ángeles desde diferentes perspectivas. En primer lugar, desde un punto de vista tradicional, atendiendo a las tipologías angélicas que establece la tradición coránica. También introduciremos de manera sintética, tanto en un sentido espiritual como en un sentido ontológico-teológico, la opinión que a propósito de esta cuestión ha manifestado el citado Henry Corbin, una de las máximas autoridades contemporáneas en este campo. Incidiremos asimismo en la relación existente entre ángel y palabra, ya que ambos denotan cualidades muy similares, sin olvidar la «lengua de los ángeles», o lo que conoce la tradición como «lenguaje de los pájaros»; y nos adentraremos en el terreno del encuentro con los ángeles a través de las experiencias tanto de Muḥammad como de otros profetas, así como de algunas vivencias de Ibn ʿArabī en este sentido, porque teniendo una vida visionaria tan sumamente rica, la biografía del Šayj no adolece de este tipo de encuentros. Asimismo, nos sumergiremos en la figura de Ŷibrīl (Gabriel), el llamado ángel de la humanidad, y las múltiples manifestaciones, tan hermosas como inquietantes, que ha asumido en sus visitas a algunos privilegiados en la intrahistoria humana.

El antropólogo y mitólogo francés Gilbert Durand señala que el ángel es imagen

> de la función simbólica misma que es mediadora entre la trascendencia del significado y el mundo manifiesto de los signos concretos, encarnados, que por medio de ella se transforman en símbolos.[165]

El mismo Durand recuerda la concepción que sobre este particular mantiene Henry Corbin, quien señala que el ángel nos pone en contacto con las diferentes gradaciones simbólicas del ser y que, en él, se halla contenido tanto lo particular como lo general, poniendo ambos términos en relación. A este respecto, menciona ahora el propio Corbin, insistiendo en este matiz de fusión entre lo general y lo particular, que «la idea de "Ángel" es la de una individualidad que es en sí misma su especie».[166]

Creer en los ángeles (pl. *malā'ika*; sing. *malak*) es uno de los seis artículos de fe islámicos, además de la fe en Allāh, los enviados, las escrituras (tanto la revelada a Muḥammad como las precedentes, es decir, la Torá y los Evangelios) y el Día del Juicio. Es por ello que, cuando el Libro revelado pide a los musulmanes que tengan fe, esa petición se refiere a todos y cada uno de los elementos recién enumerados, una fórmula que con ligeras variaciones se repite tres veces en el Corán (2:177, 2:285, 4:136), así como en distintos hadices.

La relación con el mundo angélico tal vez sea en el seno del islam (al menos desde que Occidente se vio privado de esta dimensión durante la época moderna) un imperativo más apremiante que en otras tradiciones religiosas, hasta el punto de que no se entendería el islam sin la presencia en él de los ángeles, los cuales forman parte intrínseca de la revelación coránica, dado que esta llegó hasta el Profeta por intermediación de Ŷibrīl, de quien nos comunica el Corán que es uno de los «próximos» (*muqarrabūn*). Por ello, rechazar la existencia de los ángeles equivale a negar la revelación coránica. Esa es la razón de que, ateniéndose a una lógica temporal, se los mencione en el texto sagrado antes que a los enviados y las escrituras.

PALABRAS COMO ÁNGELES

Sabemos que la traducción castellana del término griego «ángel» (ἄγγελος) es la de mensajero, de donde deriva la palabra «evangelio», si bien este término tiene el significado preciso de «buena nueva». Atendiendo a esta etimología, el ángel sería aquello que pone en comunicación la dimensión trascendente de la realidad

con el mundo de las apariencias, es decir, el puente entre distintos planos de existencia. Los ángeles cumplen —según el mencionado psicólogo arquetípico James Hillman— una función muy similar a la desempeñada por la palabra, dado que esta también es portadora de un mensaje. No deja de ser significativo —prosigue Hillman— que la *logofobia*, es decir, el miedo a las grandes palabras como «ser», «amor», «Dios», «libertad», etcétera, manifestada por la corriente nominalista de la filosofía que se ha apoderado del panorama del pensamiento occidental durante los últimos siglos, discurra pareja a la desaparición de los ángeles de nuestro panorama filosófico, religioso y psicológico, desterrados a lo más profundo de la mente como entidades ridículas y supeditadas a múltiples supersticiones. Sin embargo, al relegar a la trastienda psíquica a este tipo de entidades lo único que conseguimos es, paradójicamente, mutilar nuestra propia totalidad como seres humanos, cercenar decisivas facetas de nuestro equipamiento interior que resultan imprescindibles para mantener el equilibrio psíquico.
Por ese motivo, escribe Antonio Betancor, prologuista del libro seminal de James Hillman *Reimaginar la psicología*:

> El ángel es anunciador del cielo, el revelador de su presencia en la tierra (el «hermeneuta del silencio divino» de los neoplatónicos), la llama de la conciencia que rescata las imágenes del alma de su cautiverio en los literalismos de la lógica, de la experiencia, y, si es preciso, de la fe. El ángel es el instaurador de un diálogo que no puede acontecer en su ausencia (¿quién puede hablar con un dios, una tierra, o un corazón que no tienen rostro?) [...] El ángel es... el aliento imaginal que mueve a los desconcertantes dioses de nuestras mitologías, y que inspira a filósofos, alquimistas, caballeros errantes y poetas, y es también, cómo no, el psicólogo en cada uno de nosotros que —llamado o no— restituye a la apariencia su profundidad, su elocuencia y su poder. Si, como afirma James Hillman, el anhelo esencial del alma es transparentarse, hacerse presente a sí misma, talvez el secreto más recóndito de esta —el secreto que une al hombre con el ángel de su epíteto posesivo y con la inaccesible divinidad— sea la transparentación definitiva, el paradójico encaje en el alma de lo visible y lo invisible en una metáfora continua, sin principio ni fin, que los orientales llaman iluminación [...].[167]

Parafraseando el título del mencionado libro de Hillman, debemos reimaginar no solo la psicología, sino también las palabras, concibiendo a estas como presencias autónomas o huéspedes que nos habitan. Y, en este sentido, escribe ahora el mismo Hillman:

> Nuestra ansiedad semántica nos ha hecho olvidar que también las palabras arden y se hacen carne cuando hablamos. Es necesaria una nueva angelología de las palabras para que podamos recuperar la fe en ellas. Sin la inherencia del ángel en la palabra —y «ángel» significa originalmente «emisario», «mensajero»—, ¿cómo vamos a expresar otra cosa que no sean opiniones personales, cosas elaboradas en nuestra mente subjetiva? ¿Cómo transmitir de una psique a otra algo de valor y con alma —una conversación, una carta, un libro—, si no hay significados arquetípicos en las profundidades de nuestras palabras?
>
> Necesitamos recordar el aspecto angélico de la palabra, reconocer las palabras como portadoras independientes de alma entre las personas. [...]. Las palabras, como los ángeles, son poderes que ejercen sobre nosotros un poder invisible. Son presencias personales que tienen mitologías enteras: géneros, genealogías (etimologías relativas a los orígenes y creaciones), historias y modas, así como sus propios efectos protectores, blasfemadores, creadores y aniquiladores. Pues las palabras son personas. Este aspecto de la palabra trasciende sus definiciones y contextos nominalistas y evoca en nuestra alma un eco universal. Sin la inherencia del alma en las palabras, el habla no nos impulsaría, las palabras no nos proporcionarían formas para conducir nuestra vida y dar sentido a nuestra muerte. [...]
>
> Es esta *persona en la palabra*, y su poder angélico, la que causa pavor al nominalismo. El nominalismo no es simplemente una posición filosófica que destripa las palabras, convirtiéndolas en pura charlatanería, *flatus voci*. Es una defensa psicológica contra el componente psíquico de la palabra. La grandeza que teme y que querría reducir remite a la compleja naturaleza de las palabras, que actúan sobre nosotros como complejos y liberan complejos en nosotros.[168]

Abundando, desde el punto de vista del sufismo, en el simbolismo que vincula a ángel y palabra, añadiremos que el dominio de experiencia en el que la función de los ángeles parece más íntimamente ligada al devenir de los seres humanos es la «ciencia de las letras» (*ʿilm al-ḥurūf*). Según esta ciencia, que es un saber fundamental entre los santos musulmanes, la creación del cosmos tiene lugar por mediación de las 28 letras del alifato combinadas entre sí en orden de complejidad creciente. Estas letras primordiales son consideradas en sí mismas presencias angelicales. Es en ese sentido que Ibn ʿArabī declara que las letras del alifato son una comunidad de seres vivientes. De ese modo, si los ángeles también son palabras (verbos divinos, como los define Suhrawardī), el conocimiento esotérico del lenguaje dará acceso, sin duda, al conocimiento esencial de los ángeles. Según el gran especialista en magia y esoterismo, el magrebí Aḥmad al-Būnī (s. XIII), cada aleya coránica es un ángel y cada palabra de la que está formada remite a un ángel, el cual constituye su sentido oculto.

La anterior afirmación evoca la experiencia que tuvo Ibn ʿArabī durante su infancia, en la que, habiendo caído en coma debido a una grave enfermedad, experimenta una visión en la que se ve acosado por un grupo de seres horrendos, hasta que de pronto son derrotados por una figura luminosa, de espectacular belleza, que exhalaba un poderoso perfume. Al preguntarle quién era, aquel ser le respondió que era la azora coránica *Yāʾ-sīn*. Al despertar del coma, vio que su padre terminaba de recitar, en la cabecera de su lecho, dicha azora. Asistimos, pues, de manera flagrante a la equiparación de ángel y palabra, aunque sea, en este caso, la palabra divina.

En otro orden de cosas, en ocasiones, los sufíes sumergidos en trance profieren palabras y frases en lenguas desconocidas, y la enunciación de estas glosolalias recibe el nombre de *suryāniyya*, un término que no se corresponde con el idioma arameo, tal como se designa ordinariamente, sino con la lengua de los ángeles, la cual no se refiere a un idioma particular utilizado por estos, sino que designa el efecto de su presencia —dado que los ángeles son en sí mismos palabras— en el alma de los extáticos.[169] Al afirmar que los ángeles son palabras (así como las palabras, ángeles), no podemos sino recordar que Ŷibrīl, por ejemplo, es la palabra santa que dimana del divino Aliento del Misericordioso y el intermediario de la Revelación entre Dios y su Profeta.

El idioma de los ángeles es sinónimo del lenguaje de los pájaros, criaturas estas con las que se simboliza, sobre todo en el ámbito del sufismo, a estos seres sutiles. El Corán menciona a los pájaros en distintas ocasiones: «Sujetamos, junto con David, las montañas y las aves para que Le glorificaran» (21:79) «Y los pájaros en bandadas, todo vuelve a Él» (38:18-19). Nos informa el Libro sagrado que Salomón fue instruido en el lenguaje de los pájaros y, por ese motivo, colmado de todo bien, siendo esta una ciencia heredada de su padre David. Por otro lado, se afirma que el ejército de Salomón está formado por hombres, *ŷinn* y pájaros. De ese ejército forma parte la abubilla, que le trae noticias de la reina de Saba y es devuelta a ella con un mensaje de parte de Salomón (27:15-17). Cuando, en la leyenda nórdica, Sigfrido vence al dragón, entiende de inmediato el lenguaje de estos seres alados. La victoria sobre el dragón aporta la inmortalidad, la cual representa, según el especialista en simbología René Guénon, la comunicación con los ámbitos más sutiles del ser, siendo los ángeles —y, por ende, los pájaros— la representación de dichos estados superiores de conciencia.

En definitiva, entender el lenguaje de los pájaros equivale a comprender el lenguaje secreto que habla cada ser por el mismo hecho de existir. Implica hallarse en posesión de la clave de los símbolos, un privilegio que se pone aquí en relación con el estado del alma preexistente a su caída en este mundo. «El lenguaje de los pájaros» también es el título de la célebre epopeya mística de la que es autor el persa Farīd ad-Dīn ʿAṭṭār (s. XII) y que encuentra su desenlace en el símbolo del Sīmurg, un ave ancestral —el rey de las aves— que es el sumatorio de todos los pájaros que parten en su búsqueda. El tema coránico de la abubilla mensajera será retomado en esta epopeya persa, erigiéndose en guía del resto de las aves en su viaje de búsqueda del Sīmurg por haber servido a Salomón y estar en posesión de los secretos divinos. El papel de la abubilla como heraldo del mundo invisible no hace sino reforzar la identificación de pájaro, ángel y palabra divina.

Siendo David cantor y autor de los Salmos, es lógico relacionar el lenguaje de los pájaros con la poesía. Y no olvidemos que el magnífico Cantar de los Cantares, atribuido a Salomón, pasa por ser una de las principales muestras de la poesía mística que ha dado lugar a innumerables comentarios a lo largo de la historia. Según René Guénon, la expresión «lenguaje de los pájaros», o «lengua angélica», tiene su reflejo en el mundo humano en el lenguaje ritmado (que no rimado), pues el dominio de las aplicaciones de la ciencia del ritmo —escribe— es el que puede ponernos en comunicación con las realidades superiores.

Cierta tradición islámica —apunta de nuevo este autor— señala que Adán en el Paraíso hablaba en verso, que es precisamente la lengua siríaca o *suryāniyya*, cuando la poesía tenía un genuino carácter sagrado que ha ido perdiendo con el paso del tiempo, aunque nunca completamente, a nuestro modesto entender. Todos los libros sagrados están originalmente escritos en dicho lenguaje rítmico. La poesía tenía el tratamiento en la antigüedad de lengua de los dioses, los cuales en numerosas tradiciones son equiparados a los ángeles. En latín —sigue ilustrándonos el especialista francés—, los versos se llamaban *carmina*, siendo la poesía *carmen*, una designación que vincula a la palabra sánscrita *karma*, pues era ese lenguaje ritmado el utilizado en el cumplimiento de los ritos, de igual modo que debemos traducir en este contexto la palabra *karma* como «acción ritual». Los poetas eran los intérpretes de la palabra divina, un sentido que permanece de algún modo en la palabra «vaticinar», o adivinar el futuro, encargado a los vates —o poetas—, si bien la función de la adivinación es considerada, en última instancia, una degradación de dicho lenguaje original.

Este idioma original, este lenguaje de los pájaros, es el que permite, según la tradición bíblica, que Adán asigne nombre a cada cosa y el que le faculta para entablar un fructífero diálogo con todo lo que le rodea, ya sea mineral, vegetal o animal. La nostalgia del Edén —escribe el poeta José Ángel Valente— es el deseo de reconstruir ese lenguaje original en la situación de no-dualidad del paraíso, en el que las palabras eran cosas y las cosas palabras.

DIFERENTES PLANOS DE EXISTENCIA

Las tradiciones proféticas y las enseñanzas cosmológicas islámicas, así como Ibn ʿArabī en las *Futūḥāt al-makkiyya*, señalan que los ángeles son creados a partir de la luz, los seres humanos del agua y la tierra, y los *ŷinn* (es decir, los genios) del fuego. Escribe el Šayj que el ser humano está compuesto de espíritu, alma y cuerpo, o, expresado en términos coránicos, de luz, fuego y barro. El espíritu es una substancia luminosa y diáfana, muy similar a los ángeles, y por ello cabe afirmar que los seres humanos portan en sí mismos dicha naturaleza angélica. El alma, por su parte, está ubicada entre la luz y la oscuridad, entre espíritu y cuerpo, y este es el dominio que corresponde a los *ŷunūn* (sing. *ŷinn*). Todo ello nos ayuda a entender por qué el Profeta señaló que Šayṭān —que según la angelología islámica no es un ángel caído sino un *ŷinn* maligno— también habita en el interior de cada uno de nosotros. El ser humano, en tanto que compendio del cosmos visible e invisible, entraña dentro de sí todas las posibilidades de existencia. Por ese motivo, los seres humanos no pueden llamarse realmente tales a menos que despierten a su propia naturaleza angélica —el luminoso aliento divino que fue insuflado en su forma de arcilla tras ser amasada y modelada por el mismo Dios—, y que, como señalase el Profeta, consigan convertir al islam a su Šayṭān personal. Por supuesto, cuando se habla de convertir al islam, no nos referimos tanto a una tradición religiosa formal como a la pacificación del alma, tal como expresa también el Corán: «Oh, alma pacificada, regresa a tu Señor» (89:27-28). Teniendo en cuenta que la palabra «islam» significa «paz», no es difícil relacionar la pacificación del alma con su conversión a ese islam ubicado más allá de moldes históricos y dogmáticos.

Estos tres tipos de criaturas —ángel, *ŷinn* y humano— habitan en los tres planos principales de conciencia y de existencia en que la tradición sufí subdivide el cosmos visible e invisible, a saber: plano espiritual, imaginal y sensorial, correspondientes a lo que se conoce en árabe como *ŷabarūt*, *malakūt* y *mulk*, respectivamente.

El *ŷabarūt* es el plano existencial puramente espiritual, más allá de las formas, desde el cual Allāh «obliga» (*ŷabara*) a las cosas a advenir a la existencia. Por ese motivo, recibe la denominación coránica de «mundo de la orden», esto es, de la orden divina que conmina a ser a las entidades que deben ingresar en la corriente del devenir. Este es el plano en el que habitan Ŷibrīl y otros arcángeles. De hecho, ambas palabras, Ŷibrīl y *ŷabarūt*, tienen la misma raíz en árabe. El «Mundo de la Orden» se opone al «Mundo de la Creación», formado este último por el mundo de los ángeles (*malakūt*) —también llamado mundo intermedio o reino imaginal— y el ámbito del *mulk*, donde habitan los seres humanos y el resto de los seres manifestados. La etimología de las palabras *mulk* y *malakūt* responden a la raíz trilítera *m-l-k*, que denota los sentidos de poder, reino o gobierno (de ahí el término árabe *malik*, rey). La acepción de «poder» corresponde a la función que desempeñan los ángeles en el conjunto de la Creación de cumplir, sin dilación y en completa conformidad con la orden divina, lo que les ha sido encomendado por el Creador de todas las cosas. Asimismo, *malak* significa «mensajero», «ayudante», «enviado», «superintendente» y «poderoso».

Existen, según el islam, distintas categorías de ángeles. No obstante, a diferencia de la angelología cristiana, expuesta principalmente por Pseudo-Dionisio Areopagita en su obra *Las jerarquías celestiales*, donde subdivide en triadas —a imagen de la Trinidad cristiana— los distintos órdenes angélicos (es decir, serafines, querubines y tronos; virtudes, dominaciones y potestades; principados, arcángeles y ángeles), la angelología islámica se basa principalmente en las menciones efectuadas en el Corán y los hadices a este respecto. Entre las principales categorías de seres angélicos el Libro revelado menciona en especial la de los Próximos o Allegados (*muqarrabūn*): «El Ungido no tendrá a menos ser siervo de Allāh, ni tampoco los ángeles allegados» (4:172). No olvidemos que Ibn ʿArabī también denomina de esta manera a la categoría más alta de los amigos de Dios o *afrād*.

En términos generales, la angelología islámica señala que, además de entidades espirituales sutiles de naturaleza lumínica, los ángeles carecen de voluntad propia y de necesidades biológicas: no necesitan comer ni dormir y, por tanto, tampoco soñar. El Corán abunda en menciones de su presencia y de sus múltiples actividades. De hecho, el texto sagrado los menciona en ochenta y ocho ocasiones. Las fuentes tradicionales los describen como seres de belleza sobrecogedora y especifican que su número es desconocido; solo conoce dicho número quien los ha creado. Sea como fuere, los ángeles ejemplifican las cualidades de perfección y obediencia, puesto que nunca flaquean en su glorificación y adoración a Allāh y no albergan otro deseo sino el de servirle y obedecerle sin descanso. Jamás se distraen de su cometido, siendo su único alimento la glorificación. Tampoco conocen —nos comunica el gran Šayj— las prohibiciones. Y es por eso que sigue señalando el Corán: «No desobedecen a Dios en lo que Él les ordena» (66:6). Y respecto a esta adoración intrínseca recoge el Libro revelado: «Le glorifican, incansables, noche y día» (41:38); y asimismo: «Suyos son quienes están en los cielos y en la tierra. Y quienes están junto a Él no se consideran demasiado elevados para servirle, ni se cansan de ello. Glorifican noche y día sin cesar» (21:19-20).

El Corán nos indica: «Por temor a Él, el trueno celebra Sus alabanzas, y los ángeles también» (13:13). Alaban sin cesar a Dios quienes se congregan alrededor del Trono divino y los que lo portan: «Los que llevan el Trono y los que están a su alrededor celebran las alabanzas de su Señor, creen en Él y Le piden que perdone a los creyentes» (40:7). De ese modo, una de las principales funciones de los ángeles es interceder por los seres humanos. El Corán insiste en otro pasaje en esta labor de intercesión: «Casi se hienden los cielos allí arriba al celebrar los ángeles las alabanzas de su Señor y pedir Su perdón en favor de los que están en la tierra. ¿No es Allāh el Indulgente, el Misericordioso?» (42:5).

Nos advierte además el texto coránico que el número de sus alas es variable. Algunos tienen dos, algunos tres y otros cuatro [se sobrentiende que pares] (35:1). Las alas angélicas son interpretadas en el sentido de que los ángeles se hallan en constante actividad. Cuando mueven sus alas, cada movimiento los conduce a una nueva situación. Se afirma que el número de alas tiene que ver con la rapidez en cumplir la misión que tienen encomendada.

Según se desprende de la lectura tanto del texto sagrado como de los sabios sufíes, parecen existir ángeles de naturaleza más permanente, por así decirlo, y ángeles que emergen debido a las acciones de los seres humanos. Por ejemplo, se afirma que, cuando los humanos recuerdan a Dios o cuando llevan a cabo buenas acciones, dichos actos engendran ángeles bellísimos.

Tenemos luego a los ángeles principales, de los cuales Ŷibrīl (Gabriel), Mīkā'īl (Miguel) e Isrāfīl son los más importantes y los guardianes de toda forma de vida. Ŷibrīl es el depositario de la Revelación que transmite la vivificación espiritual a las almas y los corazones; a Mīkā'īl le ha sido confiada, entre otros cometidos, la lluvia mediante la cual las plantas, los animales y el suelo son nutridos por la vida; mientras que Isrāfīl es el depositario de la trompeta cuyo toque convocará a muertos y vivos en el Día del Juicio. No hay lugar en el cosmos que no esté custodiado por ángeles. Un ángel acompaña a cada gota de lluvia, requiriéndose siete de ellos para que crezca una sola hoja de un árbol. Según explica el místico persa Suhrawardī, cada especie presente en nuestro mundo cuenta con su propio ángel.

Entre los ángeles principales de la tradición islámica, a los que Ibn ʿArabī hace también referencia con relativa frecuencia en sus obras, se cuentan también ʿAsrāʾīl, Munkar, Nakīr o Riḍwān.

En cuanto a Ŷibrīl, del que nos ocupamos en diferentes secciones, sabemos que es el mensajero que porta la revelación divina a distintos profetas, así como el anunciador que señala a María que va a concebir un hijo. Leemos en el Corán: «Ha sido él quien, con permiso de Allāh, lo ha traído hasta tu corazón, con la autorización de Allāh, como una confirmación de lo que ya había y como guía y buena nueva para los creyentes» (2:98).

Se nos cuenta de Mīkāʾīl que contribuye a distribuir los alimentos y a procurar la lluvia, actuando en ocasiones como asistente de Ŷibrīl. En la famosa batalla de Uḥud se le apareció en forma humana al Profeta.

Isrāfīl es el ángel que tocará la trompeta en el último Día. En una tradición profética, recogida por al-Ḥakīm at-Tirmiḏī, expresa:

> El Profeta Muḥammad —sobre él la plegaria y la paz— dijo: «Verdaderamente, el ángel de la Trompeta está constantemente esperando desde que esta obligación le fue impuesta y mira intensamente hacia el Trono temiendo que, si aparta la vista, le sea dada la orden antes de que vuelva a mirar hacia él. Al mismo tiempo, sus ojos son como dos estrellas brillantes».

ʿAzrāʾīl es el ángel de la muerte, acogiendo las almas tanto de los afortunados como de los desdichados. A los primeros se les aparece en ese momento de forma amable y a los otros con un aspecto terrible. Él les muestra su lugar en la otra vida, de tal manera que la persona conoce su destino antes de ser depositado en su tumba de forma definitiva. A este respecto señala el Corán: «El ángel de la muerte, encargado de vosotros, os llamará y luego seréis devueltos a vuestro Señor» (32:11).

Munkar y Nakīr son los dos ángeles que interrogarán al difunto en su tumba. Una tradición profética mantiene que, al ser depositados en el sepulcro, los difuntos reciben la visita de ambos ángeles, quienes les inquieren acerca de sus actividades en este mundo. A lo largo de la vida de cada individuo, estos dos ángeles son los encargados de anotar cómo se comporta, y los rollos de papel que escriben se convierten en documentos decisivos durante el Día del Juicio. El mensajero de Allāh —sobre él la plegaria y la paz— dijo: «Después de que el hombre sea enterrado, dos ángeles de ojos azules van hacia él. Uno de ellos es llamado Munkar y el otro, Nakīr». Y leemos en el Corán: «Es igual el que de vosotros habla en secreto o el que lo hace en público, así como el que se oculta en la noche o el que se mueve a la luz del día. Tiene ángeles guardianes que se van turnando delante y detrás de él guardándolo por el mandato de Allāh» (13:11-12). Y también: «Cuando tenéis dos guardianes pendientes de vosotros, nobles escribas, que saben lo que hacéis» (82: 10, 11-12).

Riḍwān es el guardián del Paraíso, custodiando las puertas del cielo. Su nombre no figura en el Corán, al menos con ese nombre, sino que aparece en los relatos posteriores del Viaje Nocturno y la Ascensión. No obstante, leemos en el Libro: «Y los que temieron a su Señor, serán conducidos al Jardín en grupos sucesivos y cuando lleguen a él se abrirán sus puertas y sus guardianes les dirán: "Paz con vosotros, fuisteis buenos, entrad en él para ser inmortales"» (39:73).

Mālik es el nombre del ángel que se ocupa de los condenados. «Di: "El ángel de la muerte, al cual habréis sido confiados, tomará vuestras almas y luego se os hará regresar a vuestro Señor"». Mālik es el jefe de los guardianes del fuego del infierno y tiene a su cargo a diecinueve ángeles que son los que gobiernan al resto de los ángeles que vigilan la Gehena (el infierno) (40:49-50; 66:6; 74:27-31).

Un rango inferior de ángeles son los generados a partir de los actos y los alientos de los adoradores. Así, por ejemplo, los ángeles del *ḏikr* —es decir, los ángeles generados por la recitación de los nombres sagrados de Allāh— viajan constantemente en busca de reuniones en las que se recuerda a Dios.

Ibn ʿArabī aborda en distintos lugares el simbolismo de las funciones angélicas y establece correspondencias con los doce signos del Zodiaco. Por ejemplo, además de comentar que es de naturaleza seca y caliente, el signo de Aries está regido por un ángel que controla la creación de cualidades y accidentes; Cáncer es frío y húmedo, y su ángel rige la creación del mundo; Géminis es caliente y húmedo, y su ángel posee en particular la clave de la creación de los metales, etcétera.[170] En el texto titulado en castellano *La alquimia de la felicidad*, el cual constituye el capítulo 167 de las *Futūḥāt al-makkiyya*, el Šayj nos describe el Viaje Nocturno y la Ascensión través de las esferas celestiales, donde, además de otras consideraciones, escribe respecto a la génesis de los metales y su relación con cada ángel planetario:

> En ese preciso instante (en que aparece la forma metálica), la toma a su cargo la «entidad espiritual» de uno de los siete planetas móviles, esa entidad es uno de los ángeles de ese cielo. Ese ángel se mueve conjuntamente con el planeta sometido a su circunvalación, siendo Dios quien le dirige hacia una meta asignada por su Creador. Y el objetivo es conservar intacta la fuente propia de esa sustancia metálica. Es así que este ángel astral que tiene por generoso corcel ese planeta, toma a su cargo la forma del hierro y efectúa su revolución en el séptimo cielo, contado desde nuestro planeta. De la misma manera, el estaño, como cualquier otro metal, es tomado a cargo por el ángel que tiene por corcel el planeta (correspondiente a ese metal) y gira en su cielo propio y en la órbita particular, asignada y dirigida por su Señor.[171]

Es un ángel —prosigue señalando en el mencionado texto— el que cuida del desarrollo del embrión durante los primeros cuarenta días, que pasa a ser relevado por otro ángel que lo custodia durante un periodo similar y un nuevo ángel a lo largo de otros cuarenta días, hasta que es enviado el ángel que insufla el espíritu en el ser que va a nacer, anotando nuestra riqueza, la longitud de nuestra vida, nuestras acciones y si seremos miserables o felices. En esas páginas, el Šayj expone la relación que mantiene cada ángel planetario con el desarrollo del embrión en el seno materno. El ángel del cielo donde mora Adán, regido por la luna, está encargado de velar durante el séptimo mes que sigue a la caída del semen dentro del útero. Al ángel guardián que habita en el cielo de Jesús vela por el desarrollo del feto durante el sexto mes. En el cielo de

José, presidido por el planeta Venus, se ubica el ángel que preside la transformación en la matriz de la gota de esperma durante el quinto del mes, y así sucesivamente.

Además, los ángeles custodios —de los cuales en el islam hay un número indeterminado— velan por todos los seres humanos en cualquier tipo de situación y circunstancia, tanto si están despiertos como dormidos. Por eso, leemos en el Corán: «Da lo mismo que uno de vosotros diga algo en secreto o lo divulgue, se esconda de noche o se muestre de día. Tiene, por delante y por detrás, pegados a él, que le custodian por orden de Allāh» (13:10-11). Y, por otro lado: «Él es quien domina a Sus siervos. Envía sobre vosotros a custodios» (6:61).

Mención aparte merece el grado angélico de los ya citados *karubiyyūn* (querubines), los más próximos a Allāh. Ellos son los ángeles más importantes, ya que la manifestación del cosmos se inicia con su presencia. Son, en cierto modo, y como explicaremos más adelante, el tejido de que está constituida la Creación. La actividad exclusiva de los *karubiyyūn* consiste en adorar y contemplar a Dios. Por ese motivo, son los únicos seres de la Creación que pueden contemplarlo directamente sin terminar pulverizados por las luces que emanan de Su Faz. Estos ángeles se hallan tan embelesados por el amor hacia Allāh que ni siquiera se percatan de que el cosmos ha sido creado. Es uno de estos ángeles arrebatados el designado por Dios para hacerse cargo del conocimiento de la Creación. Es el llamado Primer Intelecto, Cálamo o Espíritu. La primera creación de Allāh —nos comunica Ibn ʿArabī— son estos espíritus angélicos embargados por el amor hacia la majestad divina.

La luz aporta el ingrediente esencial de la Creación y es el símbolo más reconocible de la divinidad. A pesar de que los hadices sostengan que Dios está envuelto por setenta velos de oscuridad y de luz, también está escrito en el Corán que «Allāh es la luz de los cielos y la tierra» y «Luz sobre luz» (24:35). Al proclamar que los ángeles han sido creados a partir de la luz, que poseen cuerpos luminosos y que se hallan presentes por doquier en el cosmos, se infiere que constituyen un componente esencial de la existencia, conformando la estructura más íntima del cosmos y de la vida.

Los ángeles no actúan tan solo como mensajeros, sino que el mundo es creado por mediación de los ángeles, lo cual supone que el cosmos está impregnado de luz, vida y conciencia. Dados el carácter luminoso y la ubicuidad de los ángeles en el proceso que da lugar a la Creación, podemos considerarlos como el esqueleto luminoso —es decir, la estructura interna de la realidad— que sustenta tanto los universos como al ser humano. Al ser interpelado en este sentido por Ŷābir ibn ʿAbd Allāh al-Anṣārī, el Profeta respondió:

> La primera cosa que Dios creó es la luz de tu Profeta a partir de Su luz, y esa luz permaneció (literalmente, «giró») en medio de Su Poder durante el tiempo que Él quiso, y no había, en ese momento, Tabla, Cálamo, Paraíso, Fuego, ángeles, cielo ni tierra. Y, cuando Allāh quiso crear la Creación, dividió esa Luz en cuatro partes y de la primera hizo el Cálamo, de la segunda la Tabla, de la tercera el Trono y de la cuarta todo lo demás. Es la luz de tu Profeta, Ŷābir, lo que Allāh ha creado en primer lugar, pues Él ha creado en esta luz todo bien, y después de ella ha creado cualquier otra cosa [...].

PLENITUD ANGÉLICA

Al margen de estas pinceladas tradicionales, la figura del ángel también se refiere al logro de la plenitud del ser humano, a la realización de su naturaleza perfecta, dicho en el lenguaje de los antiguos textos gnósticos. Existe, en este sentido, una auténtica pedagogía angélica, que el gran especialista Henry Corbin aborda de manera profusa en sus escritos, en la que el ángel deja de ser un mero servidor o mensajero de Dios que revela exotéricamente el mensaje divino y se transforma en un guía que, a través de su enseñanza espiritual, es capaz de conducir al ser humano hasta la liberación de las cadenas de este mundo, o, si se prefiere, hasta su completud como ser universal que contiene dentro de sí la totalidad del cosmos.

Los trabajos del fenomenólogo francés dejan bien patente que el tema de los ángeles se inserta en lo más profundo de la cuestión del monoteísmo. En el texto titulado *Avicena y el relato visionario* apunta:

> La idea del Ángel (común al islam y al cristianismo) como servidor de Dios supremo y mensajero de sus comunicados a los Profetas, es sustituida por la idea neoplatónica del Ángel como «hermeneuta del silencio divino», es decir, como anunciación y epifanía de la trascendencia divina impenetrable e incomunicable. Así pues, según la teosofía sufí, el ángel no es un simple «servidor» de Dios en relación con el ser humano, sino que adquiere el estatuto de un verdadero «hermeneuta» a través de cuyos símbolos el ser humano puede verse reconducido a su origen pleromático.[172]

Y de nuevo Suhrawardī señala que, además de los ángeles guardianes de las especies, cada ser humano posee su propio doble angélico que reside en la dimensión celestial. Para Suhrawardī, cada alma disfruta, antes de descender al dominio corporal, de una existencia previa en la dimensión angélica. Al ingresar en el cuerpo, el núcleo angélico del alma queda escindido en dos partes. Una de ellas permanece en el cielo, mientras que la otra pasa a ser prisionera, dicho en términos platónicos, en la cárcel del cuerpo. Es por eso —señala el místico persa— que el alma nunca llega a sentirse completamente feliz en este bajo mundo, puesto que siempre añora reunirse con su otra mitad, su «alter ego» celestial; y no alcanzará la felicidad completa hasta no haberse juntado con esta mitad angélica y recuperado el lugar que le corresponde en el cielo. El objetivo espiritual del ser humano estriba en volver unirse con su «yo» espiritual, con su reflejo arquetípico, con el ángel de la guarda que es su verdadera identidad.

Además, para Corbin, la cuestión angélica adquiere tintes metafísicos cuando equipara *angelofanía* y *teofanía*, esto es, la manifestación del ángel y la aparición de Dios a diferentes individuos de acuerdo con su capacidad de recepción teofánica. El estudioso francés plantea la cuestión en los siguientes términos:

> La forma bajo la que cada uno de los [hombres] espirituales conoce Dios es también la forma bajo la que Dios le conoce a él, porque es la forma bajo la cual Dios se revela sí mismo en él. Para Ibn ʿArabī, el Ángel representa la correlación esencial entre la forma de la teofanía y la forma de aquel a quien esa teofanía se muestra. Es la «parte asignada» a cada espiritual, su individualidad absoluta, el Nombre divino de que esta se inviste. Es el teofa-

> nismo esencial; cada teofanía tiene la forma de una angelofanía, porque toda teofanía se manifiesta según esa correlación determinada; y esa determinación esencial, sin la cual el Ser divino se mantendría como el Desconocido y el Incognoscible, es el sentido del Ángel.[173]

Así pues, Corbin despliega toda una metafísica del ángel al convertir a este en la condición inexcusable para el descubrimiento de la realidad del ser y de Dios —según se aborde la cuestión desde un punto de vista ontológico o teológico— y en el camino que permite sortear los peligros que acechan al monoteísmo exotérico, consistente en reducir el puro ser a un ente ubicado entre otros entes, por más que se trate de un Ente Supremo. Según él, gracias a la figura del ángel, se pueden predicar los nombres y atributos divinos del Dios desconocido e incognoscible, sin caer en el antroporfismo. También permite sortear las trampas que se ciernen sobre el monoteísmo esotérico o teomonismo —expresado en la formulación «No hay más ser que Dios»— y que pueden arrastrar a confundir el ser, el acto-ser, con el ente, convirtiendo el acto-ser en una entidad y a la postre en una persona. Afirmar la unidad del ser no equivale a declarar que exista un solo ente, repite una y otra vez el especialista francés. La unidad trascendental de la existencia no impide que un pez sea un pez y un pájaro, un pájaro o que Dios sea Dios, y el ser humano sea el ser humano.

Y escribe Corbin, refiriéndose en este caso a la vivencia contemplativa más profunda:

> Lo que un ser alcanza en la cima misma de su experiencia no es, no puede ser, el fondo de la Esencia divina en su unidad indiferenciada. Es esta la razón por la que Ibn ʿArabī rechazaba la pretensión de ciertos místicos que pretendían «llegar a ser uno con Dios». Lo que un ser humano alcanza en la experiencia mística es el «polo celeste» de su ser, es decir, su persona como entidad en la cual, y por la cual, el Ser divino se manifestó a sí mismo en el origen de los orígenes, en el mundo del Misterio, y a través de la cual se hizo conocido en la Forma, Forma por la que también Él se conocía en esa persona. Lo que alcanza es la Idea o, más bien, el «Ángel» de su persona, de la que el yo presente no es más que el polo terrestre.[174]

EL SER HUMANO COMO MAESTRO DE LOS ÁNGELES

Hemos mencionado que la figura del ángel constituye el contrapunto espiritual del ser humano que aspira a la perfección y que presupone su plenitud como ser integral, asentado con los pies en la tierra, pero con la cabeza puesta en el cielo, si se nos permite la expresión. Sin embargo, de la mano de Ibn 'Arabī, vamos ahora a enfocar la cuestión de un modo diferente, porque no podemos pasar por alto que, siguiendo el mensaje coránico, así como las enseñanzas del Šayj, el ser humano —se sobreentiende que el ser humano perfecto o universal, o lo que él llama el Gran Hombre (*al-insān al-kabīr*), equiparable al conjunto del cosmos— es descrito como maestro de los ángeles, dado que Allāh lo ha encumbrado por encima de las demás criaturas, incluidos los ángeles, pues estos desconocen la totalidad de los nombres de Dios (es decir, los nombres de rigor y de misericordia), que solo Adán conoce en su totalidad al haber sido creado con ambas manos divinas. La mano derecha de Dios tiene que ver con la misericordia, mientras que la izquierda nos remite al rigor divino.

No podemos obviar que la primera mención que tanto el Génesis como el Corán hace de los ángeles ocurre en el momento en que se aborda la creación del ser humano; de ahí que, para las tradiciones del Libro, ambos sean realidades indisociables y paralelas. El ser humano constituye, por así decirlo, la gran revelación para los ángeles, el factor sorpresa de la Creación, porque los humanos se les muestran como un elemento impredecible que se ubica más allá de su comprensión, por más sutil que esta sea. Los ángeles no disfrutan de la universalidad de Adán y tampoco entienden los nombres divinos con los que este ha sido favorecido y mediante los cuales adora a Allāh de modos desconocidos e inaccesibles tanto para los ángeles como para otros moradores del cosmos. Por eso, cuando Dios les ordena que se postren ante esa extraña y contradictoria criatura, los ángeles se sienten desbordados por la sorpresa. Lo único que aciertan a balbucir es: «¿Vas a poner en la tierra a quien la corrompa y derrame sangre?» (2:30). Siguiendo con la descripción akbarí, tras habérseles ordenado prosternarse ante el recién creado Adán, los ángeles pasan a ser descritos como las facultades de este ser, un ser que, en palabras del Šayj, es nada menos que la forma del universo y que, por ese motivo, es designado por los sufíes con la expresión técnica de «Gran Hombre». Los ángeles —nos informa Ibn ʿArabī— son, para este Gran Hombre, lo que las facultades espirituales, intelectuales y sensoriales son para cada ser humano concreto. Recordemos que las facultades humanas abarcan desde los sentidos materiales —es decir, la capacidad de visión, audición, etcétera— pasando por potencias puramente anímicas como voluntad, imaginación, memoria o entendimiento, hasta las potencias espirituales.

La explicación reside en que los ángeles son, por un lado, fuerzas circunscritas a desempeñar una función concreta en el cosmos y, en ese sentido, se parecen al cometido exclusivo que, en el ser humano, cumple cada una de nuestras funciones sensoriales, así como nuestras facultades internas. Por otro lado, los ángeles no son una realidad completa porque, si bien su condición es más pura que la del ser humano desde el punto de vista de su servicio y adoración a Dios, su naturaleza es más restringida y especializada, es decir, desempeñan cometidos específicos, si bien son incapaces de conjuntarlos de igual modo que lo hace el ser humano, quien es heredero de la totalidad de los nombres divinos, tanto los severos como los compasivos. Los ángeles carecen, a diferencia del ser humano, de la libertad, aparente al menos, de desobedecer. Con frecuencia se ha suscitado entre los teólogos la cuestión de quién ocupa un lugar más prominente en la Creación, si ángeles o seres humanos, decantándose la mayoría de autores por estos últimos. Debemos tener en cuenta, no obstante, que no estamos refiriéndonos al común de los hombres y mujeres, sino exclusivamente al ser humano perfecto (*al-insān al-kamīl*), es decir, el ser humano en tanto que prototipo y modelo esencial del universo.

Al principio de su texto quintaesencial *Los engarces de las sabidurías*, Ibn ʿArabī explica que Allāh —lo Real— deseó contemplarse a sí mismo en un objeto todo-inclusivo, capaz de mostrarle su propio misterio, puesto que —según precisa— «ver una cosa en y por sí misma no es lo mismo que verla en otro, como, por ejemplo, un espejo». De ese modo —y citamos ahora literalmente el texto de Ibn ʿArabī:

> Lo Real otorgó existencia a la totalidad del Cosmos [al principio] como una cosa indiferenciada carente de espíritu, de manera que era como un espejo sin pulir [...] la Orden [divina] requería [por su misma naturaleza] la cualidad reflexiva del espejo del cosmos, y Adán era el mismo principio de reflexión de ese espejo y el espíritu de esa forma, mientras que los ángeles solo eran ciertas facultades de esa forma que era la forma del Cosmos, llamada, según la terminología de los Compañeros, el Gran Hombre. En relación con él, los ángeles son comparables a las facultades físicas y psicológicas en la configuración humana. Cada una de estas facultades o poderes cósmicos está velada [respecto al conocimiento de la totalidad] por su propio ser [estando limitado por su individualidad relativa], de manera que no puede conocer nada que la sobrepase [...].[175]

Esta percepción de la totalidad puede ser interpretada en el sentido de que se requiere un órgano integral de sabiduría —o, si se prefiere, la integración de todos nuestros instrumentos intelectuales y espirituales— que vaya más allá de la comprensión meramente especulativa o del conocimiento vacilante proporcionado por las emociones y los sentidos: una auténtica síntesis de razón, corazón y órganos sensoriales, puesto que ninguno de ellos está, por sí solo, en condiciones de suministrar una imagen completa de la realidad.

Aunque no directamente relacionada con los ángeles, debemos tener en cuenta ahora la interpretación que efectúan algunos comentaristas históricos del Šayj en torno a la naturaleza y simbolismo de los *ŷunūn*, en el sentido de que, además de ser criaturas etéreas y autónomas, que pueblan dimensiones sutiles de la existencia, se refieren a la faceta interior del ser humano. Existe un pasaje coránico en el que se habla del momento en que algunos genios escucharon recitar el Corán: «Y cuando te enviamos a un pequeño grupo de genios para que escucharan el Corán y al llegar ante él se dijeron: "¡Callad!". Y cuando acabó, se volvieron a su gente para advertirles» (46:29). Según esta interpretación, los genios que se detienen a escuchar la recitación no serían sino una metáfora de las diferentes facultades de la mente humana, que, en el momento de la oración, son apartadas de su dominio habitual, el alma (*nafs*), y puestas al servicio de la fuerza espiritual (*himma*).

Este grupo de genios, formado por la imaginación, las sugestiones, los pensamientos... necesita ser aquietado o pacificado para que el espíritu reciba la inspiración divina. Y también los ángeles son concebidos, en este contexto hermenéutico, de modo similar.

MODALIDADES APARICIONALES DE LOS ÁNGELES

Los ángeles son capaces de asumir cualquier apariencia en todo momento y lugar en que se torne imperativa su presencia. Aunque pertenecen propiamente hablando al mundo espiritual más allá de la forma (es decir, más allá del *barzaj* imaginal), se manifiestan tanto en el *barzaj* como en nuestro bajo mundo. De igual modo que el agua adopta la configuración del recipiente en que es vertida, los ángeles asumen la forma de cualquier creación visitada por ellos. Así pues, pueden manifestarse como pájaros, como seres humanos o como un arco iris adornando el cielo, por ejemplo.

En algunos encuentros místicos reseñados por las tradiciones monoteístas suelen ser descritos en forma humana, puesto que, como terminamos de apuntar, adoptan cualquier configuración posible. Por ejemplo, Ŷibrīl —cuyo nombre significa, en hebreo, «fuerza de Dios»— se le aparece a María como un joven de delicadas facciones para anunciarle la buena nueva del nacimiento de Jesús: «Le enviamos Nuestro Espíritu y este se le presentó como un mortal acabado. Dijo ella: "Me refugio de ti en el Compasivo, si es que temes a Dios". Dijo él: "Yo soy solo el enviado de tu Señor para regalarte un muchacho puro"» (19:16-19). Si nos fijamos en la narración coránica, María se sobresalta al recibir al ángel y busca refugio en Dios, o lo que algunos traductores vierten como «me refugio de ti en Ti». Este tipo de temor es, por otro lado, característico del encuentro con el ángel.

En relación con Ibrāhīm, se recomienda no pasar por alto la hospitalidad, en referencia al episodio bíblico y coránico donde recibe la visita de tres extraños seres, «porque por ella algunos, sin saberlo, hospedaron ángeles» (Hebreos, 13:2), un episodio, este último, recogido en el Corán con las siguientes palabras: «Y por cierto que Nuestros [ángeles] enviados se presentaron ante

Ibrāhīm para albriciarle [el nacimiento de su hijo Isaac y anunciarle la destrucción del pueblo de Lot]. Dijeron: "¡La paz sea contigo!" Respondió [Ibrāhīm]: "¡Y con vosotros!" Y no tardó en traer un ternero asado. Y cuando observó que sus manos no lo tocaban [al ternero], sospechó de ellos y sintió temor. Entonces dijeron: "No temas, en verdad nosotros fuimos enviados al pueblo de Lot"» (11:69-70).

Asimismo, añade el Libro revelado: «Pero cuando se disipó el temor de Ibrāhīm, y fue albriciado, quiso interceder a favor del pueblo de Lot» (11:78). Observamos de nuevo el temor inicial suscitado en Ibrāhīm por el encuentro con aquellos extraños seres de manos transparentes e intangibles, quienes son los nuncios del misterio ingobernable.

Los encuentros de Muḥammad con Ŷibrīl asumen, en diferentes ocasiones, rasgos que podemos calificar de virulentos y hasta peligrosos para la integridad física del Profeta. En el primer caso que consignamos, el encuentro con el ángel tiene que ver con la recepción inicial del Corán. Se encontraba Muḥammad retirado en la Cueva de Ḥirā' cuando se le apareció Ŷibrīl. Según el propio relato del Profeta, este se había quedado dormido, cuando el arcángel se manifiesta y, desplegando ante sus ojos una larga tela de seda con letras doradas, le conmina:

> —¡Lee! [o recita, según otras versiones].
>
> —No sé leer —respondí.
>
> De inmediato me agarró y estrujó mis miembros, mi boca y mi nariz contra los pliegues de esa tela con tal violencia que mi respiración quedó suspendida y creí llegar el instante de mi muerte. Luego, después de relajarme, me repitió:
>
> —¡Lee!
>
> —No sé leer —le respondí otra vez.
>
> Me estrujó de nuevo y sentí mi último aliento listo para escapar de mi pecho. A continuación, aflojó su presa y, por tercera vez, me repitió:
>
> —¡Lee!
>
> —Y ¿qué debo leer? —le pregunté por temor a un tercer apretón, al cual mi aliento no habría resistido.
>
> —¡Lee! —me dijo entonces—. ¡En el nombre de tu Señor que lo creó todo! Que creó al hombre en un coágulo. Proclama: que

Tu Señor es el más generoso, que enseñó el uso del Cálamo, que enseñó al hombre lo que no sabía (Corán: 96, 1-5).

Entonces repetí estas palabras tras él. Luego, desapareció y, despertándome sobresaltado, tuve la sensación de que un libro entero acababa de quedar grabado en mi corazón. Salí de la gruta para volver en mí, cuando al hallarme en mitad de la pendiente de la montaña, oí una voz proveniente del cielo que gritaba:

—¡Muḥammad, eres el profeta de Allāh y yo soy Ŷibrīl! Elevé la vista hacia el cielo: Ŷibrīl lo llenaba. Tuve que apartar mi mirada, que se había cegado, hacia otras zonas del horizonte, pero en todos lados encontraba su imagen deslumbrante. Así, permanecí petrificado en el mismo lugar sin poder avanzar ni retroceder. Por segunda vez, Gabriel me repitió:

—¡Muḥammad, eres el Profeta de Allāh y yo soy Ŷibrīl!

Y luego desapareció como la visión de un sueño. En ese momento, de manera apresurada y con el corazón asaltado por una terrible angustia corrí hasta mi casa...

Algunos de los atributos perturbadores de este encuentro con el ángel de los que nos informa el relato son que tiene un carácter arrebatador, no exento —insistimos— de ciertos riesgos para la integridad individual, ya que Muḥammad siente varias veces que le falta el aire y cree morir. No es, pues, un encuentro extático ni paradisiaco, sino un choque vehemente y peligroso. Es un encuentro cegador, pues al levantar la vista hacia el cielo no puede sino contemplar, mire hacia donde mire, la presencia deslumbradora del Ángel de la Revelación. Este encuentro virulento es, sin duda, una muestra preclara de lo que Rudolf Otto denominara *mysterium tremendum et fascinans*, en el que lo sagrado adquiere un carácter terrible y numinoso, no en un sentido moral o porque nos compela a cumplir con una serie de mandamientos que deben ser acatados de manera irremisible, sino debido a que nos muestra la naturaleza ingobernable de la realidad, un encuentro en el que nuestro pequeño ego se ve pulverizado por la fuerza de la belleza y del amor sin restricción, los cuales nada tienen que ver con el vano sentimentalismo, sino con una fuerza indómita capaz de quitarnos de en medio y de triturar a nuestro pequeño ego.

El episodio antes reseñado, concerniente a Muḥammad, evoca, salvando todas las distancias doctrinales posibles, la lucha de

Jacob contra el ángel hasta obligar a este último a transmitirle sus bendiciones. Parte de la cita bíblica referida a este encuentro detalla lo siguiente:

> Así se quedó Jacob solo; y luchó con él un varón hasta que rayaba el alba. Y cuando el varón vio que no podía con él, tocó en el sitio del encaje de su muslo, y se descoyuntó el muslo de Jacob mientras con él luchaba.
>
> —Déjame, porque raya el alba —dijo.
>
> —No te dejaré, si no me bendices —le respondió Jacob.
>
> —¿Cuál es tu nombre? —le dijo el varón.
>
> —Jacob —respondió él.
>
> —No se dirá más tu nombre Jacob, sino Israel [El que lucha con Dios] porque has luchado con Dios y con los hombres, y has vencido —le dijo el varón.
>
> —Declárame ahora tu nombre —le preguntó entonces Jacob.
>
> —¿Por qué me preguntas por mi nombre? —respondió el varón y lo bendijo allí.
>
> Y llamó Jacob el nombre de aquel lugar Peniel [el rostro de Dios] porque dijo: «Vi a Dios cara a cara, y fue librada mi alma» (Génesis 32:22-30).

Según la intelectual y mística independiente Simone Weil, la opción más elegante, cuando uno lucha con el ángel, es dejarse vencer por este, siendo una gran desgracia no hacerlo de ese modo. Weil percibe en esa lucha y en el nombre de Israel el presagio de un fatídico destino histórico.

Todo ángel es terrible, escribe Rainer Maria Rilke en la segunda elegía de su poemario *Las elegías de Duino*, «porque la belleza no es sino el nacimiento de lo terrible», apunta en el primer poema de dicha colección. El ángel se revela como elemento destructor, o, por el contrario, como eminentemente constructor. De este mismo modo, lo expondrá Valente en los siguientes versos tomados de su primer libro, *A modo de esperanza*: «Oscuro jugador, / frente a mí el ángel / con su terrible luz, / su espada, / su abrasadora verdad».

Otro caso llamativo de temor reverencial ante la irrupción de la dimensión angélica en la biografía humana es la experiencia de la Anunciación acaecida a María, cuando retirada, como específica el Corán, en «un lugar de Oriente» (19:16), recibe la buena nueva de que va a ser madre del Mesías. Siendo el Espíritu que se le manifiesta como un joven al que en principio ella rechaza con las palabras: «Me refugio de Ti en el Compasivo» (19:18). Este episodio es recogido en el Evangelio (Lucas 1:35): «Respondiendo el ángel, le dijo: "El Espíritu Santo vendrá sobre ti, y el poder del Altísimo te cubrirá con su sombra"». Colegimos entonces que el ángel es la sombra de lo divino.

Sin embargo, no todos los encuentros con el ángel asumen este carácter difícil y complejo. Por ejemplo, de acuerdo con el hadiz transmitido por Muslim, Ŷibrīl se aparece al Profeta y sus compañeros bajo la guisa de un joven beduino al que nadie conocía, ataviado con vestiduras de resplandeciente blancura, y cabellos de un negro intenso, que no evidenciaba señales de haber viajado ni síntomas de cansancio, para preguntarle y confirmarle, a su vez, cuál es la esencia de la religión y otras cuestiones adicionales. Es evidente que Ŷibrīl y su interlocutor conocían perfectamente las respuestas a las preguntas planteadas, pero estas eran formuladas en beneficio de quienes estaban escuchando, es decir, los compañeros de Muḥammad. Recoge la tradición que este joven se sentó ante el Profeta y, apoyando sus rodillas contra las rodillas (del Profeta), y poniendo las manos sobre sus muslos, le dijo:

> —¡Oh Muḥammad!, infórmame acerca del islam.
>
> —El islam —le respondió el Mensajero de Allāh— es que atestigües que nadie tiene el derecho de ser adorado sino Allāh (que no existe divinidad sino Allāh), y que Muḥammad es el Mensajero de Allāh, que te establezcas en la oración (*ṣalāt*), pagues la limosna (*zakāt*), ayunes durante el mes de Ramadán y hagas la peregrinación (*ḥaŷŷ*) a la Casa Sagrada cuando tengas posibilidades (económicas y físicas) de hacerlo.
>
> —Has dicho la verdad —aseveró el joven, y siguió preguntando—. Infórmame ahora acerca de la fe (*īmān*).
>
> —Que creas en Allāh, en sus ángeles, en sus libros, en sus mensajeros, en el día del Juicio Final y que creas en el decreto divino, tanto en lo agradable como en lo desagradable de él —respondió el Profeta.
>
> —Has dicho la verdad —señaló de nuevo el joven, y añadió—, infórmame acerca de la más alta forma de adoración (*iḥsān*).

—Que adores a Allāh como si lo vieras, ya que, a pesar de que tú no lo veas, Él sí te ve —respondió el Profeta.

—Infórmame acerca de (cuando acontecerá) el Último Día —inquirió de nuevo el joven.

—El preguntado no sabe de ello más de lo que sabe el que ha preguntado —contestó el Profeta.

—Infórmame sobre sus signos —insistió el joven

—Cuando la esclava dé a luz a su dueña —respondió Muḥammad— y cuando veas a descalzos, desamparados pastores de ovejas competir en la construcción de altos edificios.

Después (el hombre) se marchó, y yo permanecí (en el mismo lugar) durante unos instantes. Luego el Profeta dijo:

—Omar, ¿acaso sabes quién era el que preguntaba?

—Allāh y su mensajero saben mejor —respondió Omar.

—Ciertamente ha sido Ŷibrīl el que ha venido para enseñaros vuestra religión —dijo el Profeta.

ŶIBRĪL: EL ÁNGEL DE LA HUMANIDAD

El Corán solo menciona abiertamente en tres ocasiones (2:97; 2:98; 66:4) el nombre de Ŷibrīl —uno de los «próximos»—, aunque aparece muchas más veces de manera velada, como, por ejemplo, cuando el texto revelado alude al «muy poderoso» (53:5) o cuando Muḥammad, con ocasión de llevar a cabo el Viaje Nocturno y la Ascensión, declara que ya le había visto [a Ŷibrīl] descender en otra ocasión (53:13), la cual se refiere, muy probablemente, al momento de la Revelación. Los comentadores se inclinan a concluir que las aleyas que mencionan al «Espíritu santo» (2:87), el «Espíritu fiel» (26:193) o simplemente el «Espíritu» se refieren al arcángel Ŷibrīl, como la azora que proclama, por ejemplo, que durante la Noche del Destino descienden sobre el creyente «los ángeles y el Espíritu» (97:3). Ya hemos señalado que el Espíritu que se presenta a María «con la forma de un joven perfecto» (19:17) y la fecunda, hace alusión a Ŷibrīl. Los hadices sostienen que Ŷibrīl fue, a lo largo de la vida del Profeta, el compañero y protector de este, su *alter ego.*

Según la tradición, el primer encuentro de Muḥammad con Ŷibrīl tiene lugar durante la infancia de aquel y está relacionado con la apertura del pecho, considerado como el primer y más importante episodio de la iniciación de Muḥammad. La azora titulada «La apertura» se refiere, según algunos comentaristas, a dicho episodio: «¿Acaso no hemos abierto tu pecho?» (94:1), aunque es susceptible de una lectura más general, relacionada con la apertura del corazón al influjo de la realidad divina. Durante el episodio en cuestión, Ŷibrīl se aparece a Muḥammad, acompañado, según algunos comentaristas, por el arcángel Miguel (si bien, de acuerdo a otras tradiciones, seguido por dos ángeles). Entonces le abre el pecho y extrae de él el corazón ennegrecido de Muḥammad para purificarlo con nieve y restituirlo de nuevo al interior de su pecho.

La siguiente ocasión en la que se aparece Ŷibrīl al Profeta —y a la que ya hemos hecho referencia— es en la Caverna de *Ḥirāʾ*, en la que le ordena recitar las cinco aleyas que conforman la azora 96 del Corán, considerada como la primera revelación efectuada a Muḥammad: «Recita en el nombre de tu Señor, que ha creado al hombre de sangre coagulada [...], ha enseñado al hombre lo que no sabía» (96:1-5).

Ŷibrīl es el guía del Profeta durante el Viaje Nocturno y la Ascensión. En este episodio destaca el hecho de que se detiene en un determinado momento del camino y Muḥammad prosigue solo su viaje, incidiendo en el punto, ya señalado, de que el ser humano perfecto manifiesta una estatura espiritual mayor incluso que la de los ángeles, incluidos los más próximos a Dios.

También es el mensajero de la Revelación, el espíritu que inspira a todos los profetas, la fuente de la que beben todos los sabios que en el mundo han sido. Así, en la tradición neotestamentaria, se manifiesta en momentos decisivos a determinados individuos, como cuando le anuncia a Zacarías, ante la completa incredulidad de este —pues él y su esposa Isabel eran ya viejos, amén de que ella siempre había sido estéril—, que sería padre de Juan el Bautista. El pasaje subraya que Zacarías se sintió sobrecogido por el temor ante la visión del ángel y que este le anunció:

> Yo soy Gabriel, que estoy delante de Dios; y he sido enviado a hablarte, y darte estas buenas nuevas. Y ahora quedarás mudo y no podrás hablar, hasta el día en que esto se haga, por cuanto no creíste mis palabras, las cuales se cumplirán a su tiempo (Lucas 19-20).

Según la interpretación ofrecida por Ibn ʿArabī esta mudez significa que, tras su encuentro con el ángel, Zacarías accede a la estación de la animalidad, el primer hito en el camino de retorno a Dios a través de la reintegración en el propio ser de todos los reinos de la naturaleza. A la estación de la animalidad le suceden, como ya hemos indicado en otro lugar, las estaciones de vegetalidad, mineralidad y humanidad.

Durante el sexto mes de embarazo de Isabel (prima de María), el ángel se le aparece a María, la cual queda turbada y llena de temor por las palabras que le dirige Ŷibrīl, anunciándole que, a pesar de su virginidad, dará a luz un hijo llamado Jesús. Y, ante el estupor de María, Gabriel le comunica: «El Espíritu Santo vendrá sobre ti, y el poder del Altísimo te cubrirá con su sombra [...] porque nada hay imposible para Dios» (Lucas 35-37). Si tomamos el verbo «cubrir» en su sentido generativo, el pasaje nos sugiere la idea de que es la sombra de Dios la que fecunda a María, lo cual, teniendo en cuenta que la luz es la sombra de Dios, se nos insinúa que es el ángel el que la cubre, tal como propondrá posteriormente el Corán, para el que el verdadero padre de Jesús es Ŷibrīl.

Ŷibrīl es el ángel del conocimiento y el mensajero de la Revelación que ha inspirado a profetas, santos y sabios de todas las épocas y tradiciones religiosas. Más allá de los relatos recogidos por la historia sagrada, Ŷibrīl asume un carácter más filosófico o teológico, gracias al cual se ve equiparado con la inteligencia emanada de la divinidad e identificado con el Intelecto Agente, el Primer Intelecto, el Cálamo —según la nomenclatura coránica—, el Espíritu Santo, la Luz original (recuérdese que lo primero que Dios crea es la luz), el ángel de la humanidad, la luz muḥammadī, la cual es también el primer existente y la fuente del resto de los seres creados. Escribe Henry Corbin:

> De él emanan nuestras almas y él proyecta sobre ellas las formas espirituales que son las formas cognitivas cuya perfección permite al alma unirse con él.[176]

En el relato iniciático, traducido con el título de «El rumor de las alas de Gabriel», el sabio persa Suhrawardī escribe que todas las cosas, todas nuestras percepciones, e incluso nosotros mismos, somos el resultado del rumor creado por el batir de las alas de Ŷibrīl. Una de dichas alas es luminosa, y la otra sombría. Del ala luminosa, la derecha, identificada propiamente con aquello que en la tradición cristiana conocemos como Espíritu Santo, dimanan a través de un rayo de luz las almas humanas, mientras que de su ala izquierda desciende una sombra, de la cual procede el mundo del espejismo y la ilusión. Cada alma posee su propio ángel guardián, dado que el alma tiene una existencia anterior en el mundo angélico, aunque en el momento de ingresar en el cuerpo, el alma queda dividida, permaneciendo una parte en el mundo sutil, mientras que la otra se manifiesta en el mundo material

LA DIMENSIÓN ANGÉLICA EN LA VIDA DE IBN ʿARABĪ

Ibn ʿArabī mantiene distintos encuentros visionarios, a lo largo de su recorrido biográfico, tanto con Ŷibrīl como con otros ángeles. En una de estas experiencias, la primera de esta naturaleza en su periplo vital, nos recuerda que las azoras coránicas también asumen formas angélicas. Tal como nos relata, encontrándose durante su infancia aquejado de una grave enfermedad, y habiéndosele dado ya por muerto, el padre recita una azora coránica junto al lecho del hijo. En ese momento, el pequeño tiene una visión en la que, viéndose perseguido por una multitud de seres grotescos, a los que ahuyenta a la postre una figura hermosísima y luminosa, la cual le comunica que es la azora *Yāʾ-sīn*, la misma que estaba recitando el padre —embargado en lágrimas y creyendo que su hijo había fallecido—, circunstancia que Ibn ʿArabī descubre al despertar de su coma profundo.

Asimismo, consigna que durante el Viaje Nocturno —del cual escribe distintos relatos—, es guiado por un joven «de esencia espiritual, cualidades señoriales e inclinación angélica»,[177] el cual responde a las características del arcángel Ŷibrīl, quien es el psicopompo de aquellos que tienen la fortuna de efectuar este periplo fundamental hasta la Fuente de la existencia. Asimismo, la inmensa obra titulada las *Futūḥāt al-makkiyya* es inspirada por este mismo ángel, el cual se le aparece bajo la guisa de un «joven caballero fugaz», «más allá del dónde y el cuándo», que, como él, circunvala la Kaaba y en cuyo cuerpo lee íntegramente los variados contenidos que verterá a lo largo de varios años en su monumental trabajo.

Otra de las decisivas visitas angélicas que recibe Ibn ʿArabī está relacionada con la visión en la que se le aparece un ángel portando una tela blanca, como un trozo de sol en sus manos, que era en realidad la azora coránica titulada «Los poetas» (*aš-šuʿarāʾ*). Cuando el Šayj tragó esa luz, sintió como un cabello, que ascendía desde su pecho, atravesaba su garganta y salía por su boca con la forma de un animal dotado de cabeza, ojos, labios y lengua, que se expandió hasta que la cabeza del animal llenó todo el orbe, desde Oriente hasta Occidente. Luego se contrajo y entró de nuevo en su pecho. La visita del ángel es un acontecimiento axial que marca un antes y un después en la vida del Šayj, puesto que a partir de entonces inicia una prolongada e intensa producción poética, que ha quedado consignada en el *Dīwān al-Akbar* (*Gran Diván*), del que nos ocuparemos más detenidamente en un capítulo posterior.

Hemos revisado la relevancia de la idea del ángel en el contexto concreto del Corán y del sufismo, revisando la necesidad perentoria de atender a las dimensiones «sutiles» de la existencia, despreciadas por la ortodoxia racionalista y cientificista, sin caer por ello en la superchería que aqueja a tantas mentes bienintencionadas, aunque ingenuas, de nuestra sociedad. Hemos repasado las distintas categorías de ángeles de que nos habla el Corán y la tradición islámica, abundando en la identificación simbólica entre ángel y palabra —una identificación perfectamente representada por Ŷibrīl cuando transmite la palabra divina a Muḥammad— y aludiendo a la naturaleza alegórica del llamado «lenguaje de los pájaros». Asimismo, hemos repasado la figura del arcángel Ŷibrīl, en tanto que ángel de la humanidad, subrayando la dimensión numinosa y «terrible» que asume en la mayoría de las ocasiones el encuentro con el ángel. También hemos abordado la relación entre las realidades angélica y humana desde el momento original de la creación del ser humano y cómo, según la tradición, los ángeles están supeditados a los humanos desde el punto de vista de la mayor inclusividad ontológica de estos últimos, al ser acreedores de los nombres divinos tanto de misericordia como de rigor, una peculiaridad de la que no disfrutan siquiera los ángeles más elevados. El ángel es el psicopompo primordial, el guía privilegiado que acompaña al contemplativo durante la experiencia profunda del Viaje Nocturno y la Ascensión, con la salvedad de que debe detenerse al arribar a la linde que separa las dimensiones de la forma y más allá de la forma. Por último, hemos pasado revista a algunas experiencias angélicas en la vida de Ibn ʿArabī, experiencias que marcaron, en definitiva, su devenir biográfico desde su más temprana infancia.

7. MISERICORDIA PARA LOS MUNDOS: LA ESPIRITUALIDAD TODO-INCLUSIVA DE MUḤAMMAD

Ibn ʿArabī nos asegura que existen dos tipos de individuos a los cuales es posible aplicar el apelativo de muḥammadíes.[178] El primer grupo es el que sigue los preceptos no promulgados por profetas anteriores de la Ley religiosa establecida por Muḥammad (es decir, la generalidad de los musulmanes). El segundo tipo de personas aptas para recibir esa designación son quienes acceden a la «estación de la no-estación» (*maqām lā maqām*) y son capaces de conectar directamente con la realidad muḥammadī, la luz primordial del Espíritu, la fuente original de toda inteligencia, religión, filosofía, arte, poesía, ciencia y, en definitiva, de todo aquello que nos torna más plenamente humanos. Eso significa, en mi humilde interpretación (con la que tal vez difieran buena parte de los que se autodenominan «musulmanes»), que no hace falta profesar de manera «formal» la fe islámica para acceder a dicha fuente de conocimiento y recibir con propiedad la denominación de muḥammadī.

La figura espiritual de Muḥammad excede el marco histórico-religioso ordinario para transformarse en el modelo de un tipo de espiritualidad que no tiene por qué hallarse confinada al estricto marco del islam literal, sino que se abre a todos los seres humanos, con independencia de cuáles fueren sus creencias, interesados en extraer la quintaesencia de cada enseñanza y tradición espiritual. El mensaje del Profeta, quien vino —de acuerdo con el Corán— como misericordia para los mundos (21:107), está destinado desde el principio a todos los seres sin excepción. Ibn ʿArabī insiste en la misma idea cuando declara que Dios envió a Muḥammad con un mensaje todo-inclusivo dirigido a toda la humanidad sin establecer ninguna diferencia doctrinal ni religiosa entre los seres humanos.

Por otro lado, la posibilidad de comunicación directa con el Primer Intelecto —también llamado «Luz» y «Espíritu»— no deja de evocar las palabras del filósofo andalusí Ibn Bāŷŷa (Avempace), quien admite la posibilidad de alcanzar la unión con el Intelecto Agente —que es como denominan los filósofos antiguos a dicha realidad— a través de la vía filosófica o de una «mística intelectual» exclusivamente, basada en las funciones superiores del intelecto humano, que, uniéndose al Intelecto Agente, da como resultado una auténtica unión mística. No debemos identificar el término «intelecto» con una función exclusivamente racional. Se trata, como decimos, de una unificación mística mediante la pura contemplación, que se transforma en un estado ontológico de comunión con la Fuente de la existencia. Tampoco es demasiado difícil reconocer la raíz neoplatónica de dicha experiencia unitiva, como, por ejemplo, el «religamiento» de que nos habla Plotino en sus *Enéadas* y que sucede en un nivel espiritual cuando se abandona toda alteridad. Según el filósofo alejandrino, todas las cosas tienden hacia Él [el Uno] y lo desean por necesidad de su naturaleza, como si sospechasen que no pueden existir sin Él. Esta confluencia con el Intelecto Agente es un movimiento instintivo que se produce de muchos modos —a través del arte, la religión, la filosofía, el amor, etcétera— y que asume múltiples grados de profundidad.

La unión con el Intelecto Agente —que no con Dios, pues dicha unión es imposible para el ser humano— es para el poeta, botánico, músico, médico y filósofo Ibn Bāŷŷa (Avempace, m. 1139) un don que Dios concede al ser humano cuando este culmina su ascenso de desprendimiento de la materia hacia la máxima espiritualidad, mediante la vía de la ciencia abstractiva, porque esta ciencia acerca a Dios, mientras que su ignorancia nos aleja de Él. Y comenta a este respecto el filósofo zaragozano:

> Siempre será cierto que nosotros abrigamos la esperanza de llegar con ella a algo grande, que no sabemos qué cosa sea en concreto, aunque sí sabemos que a su grandeza no encontramos cosas con qué compararla en el alma, no podemos tampoco expresar cómo cabría corresponder a su nobleza, majestad y hermosura. Hasta tal punto es así, que algunos hombres creen que con ella se transforman en luz y que suben al cielo [...].[179]

La frase «se transforman en luz» nos introduce de pleno en la cuestión del «cuerpo de luz», característico de la tradición oriental del Dzogchen (Atiyoga), donde en el momento de la muerte sus adeptos disuelven su cuerpo en la luminosidad, un proceso que suele durar varios días y en el que a la postre solo dejan tras de sí el cabello y las uñas, pero ningún resto mortal. Este fenómeno ha sido corroborado en diferentes ocasiones en la historia espiritual tibetana, no solo por personas nacidas y educadas en el contexto de dicha tradición, sino igualmente por testigos occidentales. Dicho sea con todas las reservas posibles, el comentario del filósofo zaragozano parece apuntar en la misma dirección. Recordemos que también en la tradición islámica, diferentes personajes —como el profeta Idrīs, Jesús y al-Jaḍir— no atravesaron la muerte física y ascendieron al cielo en cuerpo y alma.

También parecen guardar cierta similitud el concepto avempaciano de «solitario» (llamado *nābit*; pl. *nawābit*) en el plano social, político y filosófico, y el akbarí de «singular» (*fard*; pl. *afrād*) en el terreno espiritual. Cabe concebir —según comenta Ibn Bāŷŷa— el «régimen del solitario» como un espécimen de sufismo intelectual, que aúna al conjunto de los sabios cuando se funden con el Intelecto Agente, formando una comunidad de excelencia y sabiduría, una comunidad que ya no requiere ni de médicos ni de jueces, porque es perfectamente sana y justa. Y de igual modo, los *afrād* —de acuerdo con Ibn ʿArabī una de las categorías más elevadas de la santidad islámica— van más allá de cualquier tipo de autoridad religiosa humana, convirtiéndose, por así decirlo, en su propia religión. Entiéndase que las palabras «su propia religión» no significan que la persona haga lo que le venga en gana, sino precisamente que se transforma en perfecto servidor de lo Real. En cualquier caso, parece como si ambas nociones —que nos sugieren la independencia y autonomía del ser humano en cualquier ámbito de la vida— flotasen en el caldo de cultivo de la intelectualidad y la religiosidad andalusí de la época.

De entrada, los *afrād* o amigos muḥammadíes serían aquellos que reconocen de continuo la presencia de la realidad muḥammadī, la cual recibe, como hemos apuntado, diversos nombres como Primer Intelecto, espíritu, luz, Cálamo supremo, etcétera. Trataremos ahora de desentrañar cuáles serían las cualidades definitorias —según el Šayj— de este tipo de espiritualidad, que la diferenciaría de otros amigos de Dios, que son herederos de otros profetas como Jesús, Moisés o Hūd, por ejemplo. Sabemos que los amigos de Dios, los santos islámicos, se hallan siempre a los pies o sobre el corazón de un determinado profeta.

Muḥammad es un espejo —asevera Ibn ʻArabī— en el que merece la pena contemplarse, puesto que ocupa, dada la universalidad de su mensaje, un lugar prominente en la jerarquía de enviados y profetas. Si bien el Šayj declara que cada uno de dichos profetas ha hablado en una lengua concreta para dirigirse a una comunidad específica, Muḥammad ha sido enviado con un mensaje sintético e inclusivo, dirigido a toda la humanidad sin excepción. Esa es la razón —según nuestro autor— de que la revelación por él recibida sea tan decisiva. En ese sentido, especifica que el espejo del Profeta es el mejor de los espejos en que contemplarse, escribiendo en relación con ello:

> Los espejos poseen formas diversas y modifican el objeto contemplado por el observador [*que se contempla en el espejo*] según su propia forma, pudiendo ser altos, anchos, abombados, curvados, redondos, pequeños, grandes, múltiples y así sucesivamente, es decir, cualquiera que sea la configuración del espejo. Se sabe que los mensajeros son las personas de constitución más equilibrada, ya que reciben los mensajes de su Señor más adecuados a su propia constitución. No hay profeta que no haya sido enviado específicamente a un pueblo designado, ya que posee una constitución específica y restringida. Sin embargo, *Dios envió a Muḥammad con un mensaje todo inclusivo dirigido a todas las personas sin excepción*. Él fue capaz de recibir un mensaje de este tipo, dado que poseía una constitución todo inclusiva que comprende la constitución de cada profeta y mensajero precedente, manifestando la más equi-

> librada y perfecta de las constituciones y la más correcta de las configuraciones [...] Así pues, la manifestación de lo Real (Dios) en el espejo de Muḥammad es la manifestación más perfecta, equilibrada y hermosa, a causa de la realidad del espejo que la proyecta [...] Cuando percibas lo Real en el espejo de Muḥammad, percibirás de Él una perfección que no es posible percibir de la misma manera en tu propio espejo.[180]

El Corán recoge que el reconocimiento de la diversidad cultural, religiosa y humana es uno de los principales signos distintivos de la espiritualidad muḥammadī. Las referencias a este tipo de apertura religiosa —pese a lo que pretenden hacernos creer críticos superficiales y algunos musulmanes nominales— son abundantes en el texto sagrado, como, por ejemplo, cuando señala: «Decidles creemos en Dios, en lo que nos ha sido revelado y en lo que fue revelado a Abraham, a Ismael, a Isaac, a Jacob y a sus hijos, y en lo que fue concedido a Moisés y a Jesús, y en lo que fue dado a los demás profetas por su Señor, no hacemos distinción entre ninguno de ellos y seguiremos consagrados a Él» (2:137).

La espiritualidad muḥammadī, como transmite fielmente la vida y obra del Šayj, patentiza un carácter inclusivo, orientado hacia el amor y la comprensión última, cuyo emblema más conocido es el corazón capaz de acoger todas las formas de aproximación a lo Real y un espíritu que, más allá de volubles etiquetas religiosas o filosóficas, solo sigue los pasos y designios de la montura del amor. Así pues, dicha espiritualidad se caracteriza por el reconocimiento universal de todas las formas de adoración y las diferentes creencias como caminos que dimanan de Dios y retornan de nuevo a Él.

Teniendo en cuenta que el número de profetas barajado por los hadices es de 124.000, eso nos sugiere que todas las posibles modalidades de espiritualidad se hallan contenidas en dicha cifra. Ibn ʿArabī insiste en el mensaje comprehensivo de la espiritualidad muḥammadī cuando escribe:

> A las gentes de la develación les ha sido otorgada una visión totalmente inclusiva de todas las posiciones, dogmas, sectas y doctrinas concernientes a Dios. Y, por eso, no ignoran ninguna de ellas [...] Algunas se contradicen entre sí, otras discrepan y

> otras son similares. En cada caso, los compañeros de la develación saben de dónde procede la doctrina, secta o credo en cuestión y le asignan el lugar que le corresponde. Ellos justifican a todos los que las sostienen y no dicen que estén equivocados, como tampoco consideran que sus palabras sean un mero entretenimiento porque «Dios no crea nada en los cielos, en la tierra o entre ambos en vano» (38:27), y no ha creado al ser humano para entretenerse (...). Por el contrario, Él lo crea según Su forma. De ahí que todos en el cosmos ignoren la totalidad y conozcan la parte, con excepción del ser humano perfecto [que es consciente de la totalidad].[181]

Y prosigue señalando:

> Las gentes de Allāh conocen la doctrina de cada secta y credo concerniente a Dios para testificarle de todas las formas posibles y no permanecer en el lugar de la negación. Porque Él impregna la existencia, de modo que nadie Le niega excepto aquellos que están limitados. Pero las gentes de Allāh siguen a Aquel de cuya comunidad forman parte y, de ese modo, Sus cualidades se derraman sobre ellos. Y Su cualidad es la falta de delimitación. Así pues, Él posee el ser (*wuŷūd*) omnipresente, mientras que ellos poseen la testificación (*šuhūd*) siempre presente. La persona que delimita Su ser, limita su propia testificación y no pertenece, por tanto, a las gentes de Allāh.[182]

Muḥammadī es entonces aquel que recorre la totalidad del camino espiritual y va más allá de los nombres divinos particulares que corresponden a las distintas estaciones espirituales, sin condicionar en modo alguno la presencia divina mediante creencias restrictivas. Los muḥammadíes alcanzan la denominada «estación de la no-estación» (*maqām lā maqām*), no se hallan confinados por nada y carecen de puntos fijos de referencia, tal como expresa la idea de que esta morada sin morada, también es conocida con los apelativos de estación de la proximidad, estación inefable, estación de la profecía general, etcétera. Dada su absoluta falta de confinamiento, Ibn ʿArabī señala que esta morada —la más elevada consecución espiritual en el seno del sufismo— carece de signos distintivos. Mientras el ser humano se conozca a sí mismo de manera circunscrita a lo que cree ser, se hallará restringido por una serie de categorías inalterables y merecerá, por tanto, ser designado y definido de este o aquel modo. La auténtica libertad solo se alcanza cuando el ser humano trasciende toda especificidad y retorna a la pureza original de su naturaleza primordial (*fiṭra*). Para ello, debe vencer las restricciones inherentes a todos los modos de conocimiento, salvo la modalidad, por así decirlo, que reconoce la validez relativa de cada modalidad, al tiempo que no se circunscribe a ninguna de ellas. En esto consiste, precisamente, la estación carente de estación o el punto de vista más allá de todos los puntos de vista. Leemos en el Corán: «Profesa la religión [...] según la naturaleza primordial que Dios ha puesto en los seres humanos [...] Esa es la religión verdadera» (30:30).

La frase que también leemos en el Libro sagrado: «Oh, gentes de Yaṯrib, no tenéis ningún lugar donde permanecer. ¡Regresad!» (33:13), es emblemática de esta estación carente de estación, donde la única cualidad es no tener ninguna cualidad fija, el único color no tener ningún color determinado. La única definición posible del ser humano perfecto —el amigo muḥammadī— es que carece de definición y trasciende cualquier tipo de referencia ideológica, cultural o religiosa, si bien no se trata de convertir a la ausencia de referencias en un nuevo punto de referencia. El límite y el no-límite son coexistentes. El pensamiento y lo que está más allá del pensamiento tienen lugar al unísono. El objetivo no es rechazar una determinada posición ideológica para decantarse por otra. Según Ibn ʿArabī, lo Real transciende las limitaciones —o si se prefiere, no es un objeto de conocimiento—, pero es capaz, a su vez, de asumir todas las restricciones. No está confinado siquiera por su falta de limitaciones, ni condicionado por su trascendencia de todos los condicionamientos. Ninguna manifestación teofánica lo agota ni lo define por completo. El muḥammadī, de igual modo, es capaz de desempeñar cualquier rol, función u oficio —desde mendigo o zapatero hasta príncipe— sin identificarse con ninguno.

Otras características de la espiritualidad muḥammadī son la pobreza exterior y, sobre todo, interior, fruto de la comprensión profunda de la propia indigencia ontológica; el rechazo de las apariencias externas; la ausencia de ideas preconcebidas acerca de la Realidad —o lo que se denomina, en árabe, el estado del *ummī*, la condición de ser iletrado, o, dicho de otro modo, de tener un corazón puro como la nieve y tan vacío de ideas preestablecidas como un cielo completamente despejado—; y, asimismo, la transparencia ontológica absoluta que, al tiempo que convierte a la persona en un vehículo idóneo para que resplandezca a través de ella la presencia divina, la sume en un completo anonimato social, a no ser que reciba, como en el caso del Profeta, Ibn ʿArabī y otros amigos de Dios, una misión pedagógica concreta que desempeñar en el mundo.

Por eso, el verdadero pobre no posee nada, como tampoco nada lo posee a él; no sabe nada (en el sentido místico de la expresión «no-saber»), pero nadie sabe nada de él, siendo un completo desconocido para sus semejantes. Y apunta el Šayj:

> Cuando el aspirante a viajero se aferre al retiro y al recuerdo del nombre de Dios, vacíe su corazón de pensamientos reflexivos y se siente en completa pobreza a la puerta de su Señor sin poseer nada, entonces, Dios le otorgará y le dará algo de conocimiento de Él, de los misterios divinos y de las ciencias señoriales.[183]

Por definición, todas las criaturas son pobres (pl. *fuqarāʾ*; sing. *faqīr*) con respecto a Dios, pero el muḥammadī además es indigente (*muflis*) de todo lo que no es Dios. Para explicar este particular, Ibn ʿArabī recurre a un hadiz que subdivide a la gente del Paraíso en pobres y ricos. El Profeta ha señalado: «Estaba de pie ante la puerta del Paraíso, y vi que la mayoría de los que entraban eran pobres y necesitados. A los musulmanes ricos se les impedía entrar». Y explica el Šayj:

> El Profeta dijo: «Un *dirham* supera a mil», ya que el poseedor del *dirham* no tiene nada más que lo gasta por la causa de Dios y vuelve a Dios, ya que no posee otro sustento al que retornar. Sin embargo, el poseedor de los mil *dirhams* dona algo de lo que tiene, pero también deja algo para él a lo que vuelve, por lo que no vuelve a Dios. Por lo tanto, el poseedor de un solo *dirham* le supera en su retorno a Dios. Si el poseedor de los mil *dirhams* hubiese gastado todo lo que tenía, al igual que el poseedor de un solo *dirham*, ambos se encontrarían en idéntica posición. En este caso, el Legislador no tiene en cuenta la cantidad de la dádiva, sino que tan solo considera aquello a lo que el donante retorna después de dar. Y se le juzga por aquello a lo que retorna. Los que vuelven a Dios están

«desprovistos» de todo lo que no es Él. Un hombre rico que ve lo Real en todas las formas no alcanzará el nivel de aquel que lo ve en la nada (*lā šay'*), pues este último lo ve liberado de toda relación, de manera ilimitada y sin ninguna constricción. Cuando lo Real se delimita dentro de una forma para el receptor de la autorrevelación, sin duda la forma también delimita a quien la contempla. Él está con cada receptor con una forma que no es contemplada por ningún otro espectador. En consecuencia, nadie lo ve a Él estando no delimitado por la existencia, excepto aquel que es indigente, aquel de cuyo testimonio han desaparecido todas las formas. Así pues, dice Él acerca del hombre sediento: «[Supone que el espejismo es agua,] hasta que, llegado allí, descubre que no es nada», por lo que Él niega que sea la cosa buscada, «y ahí encuentra a "Dios"» (24:39), es decir, en ninguna cosa, dado que «Nada es como Él» (42:11), y Él es «Independiente de los mundos» (3:97). En consecuencia, nadie Le percibe, excepto aquel a quien Dios ha llevado al despojamiento respecto de los mundos. Y aquel que está desprovisto de los mundos se encuentra en extrema independencia de estos. Cuando las causas secundarias le perturban, lo Real le devuelve a Sí mismo. Él sabe a quién regresa y por qué regresa. Vuelve destituido respecto a Aquel que es Independiente de él. Conoce lo Real como debe ser conocido, por lo que lo sigue. El derecho de su propia entidad es la inexistencia y el testimonio, mientras que el derecho de su Señor es la existencia y el testimonio. El Profeta, poseedor del develamiento perfecto, dijo: «Los poseedores de riquezas están esclavizados», y quien está esclavizado está delimitado. Pero aquel que es indigente no tiene riquezas que lo delimiten o aprisionen, por lo que no está delimitado por la delimitación de los dueños de riquezas. En consecuencia, debido a la no delimitación, está más cerca de la forma divina que los poseedores de riquezas, ya que estos están delimitados. De ahí que el poseedor de riquezas se sitúe en el nivel de aquel que ve lo Real en las cosas y lo delimita por ellas, y necesariamente, ya que su estación ejerce su propiedad rectora sobre él. Pero quien es indigente es el muḥammadī. No tiene estación. Pues se le dijo al Profeta: «No es asunto tuyo si Él se vuelve a ellos o les castiga» (3:128); por eso Dios lo hizo indigente. Las «riquezas» solo pertenecen a quien posee la orden, pues todo aquel que posee la orden es poseedor de riquezas, ya que la «orden» es la de engendrar (*takwīn*), de modo que lo que la persona desea, llega a ser. Por lo tanto, no es indigente. Quien abandona su propia realidad se ha desviado de su camino. Por consiguiente, permanecer en la propia raíz es preferible, y esto es lo que indican Sus palabras al más noble de los hombres, al más completo de ellos en el testimonio, y al más elevado de ellos en la existencia: «No es asunto tuyo si Él se vuelve a ellos o les castiga». Así que Él lo destituyó. «¡Oh, pueblo de Yaṯrib, no tenéis estación, volved!» (33:13), pues Dios os dará una nueva configuración en lo que no conocéis; habéis conocido la primera configuración, es decir, sabíais que estabais configurados dentro de lo que no conocéis, entonces, ¿por qué no os acordáis? (56:62). Las Gentes de Allāh nunca abandonan el hogar de la indigencia, pues en cada respiración encuentran «sobre un signo claro» sin ninguna confusión, un nuevo conocimiento que no habían conocido. Dios les da constantemente nuevas configuraciones en lo que no conocen. No poseen consideración, circunspección y deliberación, ya que no consideran nada más que los sustratos existentes, es decir, los límites que los aprisionan, impidiéndoles conocer a Dios, de modo que «están en la confusión en cuanto a una nueva creación» (50:15): Están en ella, pero no son conscientes de ella. Cuando entren en el Jardín el Día de la Resurrección, saldrán de él solo a «lo que ningún ojo ha visto, lo que ningún oído ha oído y lo que nunca ha pasado al corazón de ningún mortal». Ya que no ha pasado al corazón, que posee una fluctuación constante en sus caras, entonces ¿qué piensas de la razón, que no tiene fluctuación? ¡Que Dios nos coloque entre estos indigentes y nos separe de la estación de la gente de las riquezas, los prisioneros![184]

El muḥammadī se ve arrebatado por el celo divino y pierde hasta su propio yo. Carece de nombre propio que lo defina de manera inexorable y puede ser llamado por todos los nombres divinos, dependiendo de las exigencias de cada situación. Es, como el agua incolora, una existencia sin forma capaz de asumir los matices y características del recipiente que la contiene. Así pues, este sabio manifiesta por igual todos los atributos de la existencia, pudiendo, como cualquiera de sus congéneres, afrontar experiencias placenteras y dolorosas, aunque no se vea restringido por ellas. Todos los que residen por debajo de esta estación se hallan definidos por ciertos atributos divinos y no por otros. Pero el genuino conocedor posee todos los atributos divinos y no está delimitado por ninguno de ellos. Él aparece en todas y cada una de las situaciones tal como requiere la sabiduría en cada momento y exigen las causas secundarias. Solo él, entre los seres creados, es capaz de «poner cada cosa en su sitio» y de «dar a cada cosa lo que le corresponde», ya que solo él manifiesta el nombre de Allāh en su perfección.

Dado que no cuenta siquiera con una identidad propia, el muḥammadī está sometido al cambio con cada nueva respiración, siendo el único entre los servidores de Dios que sabe que afronta un cambio constante a cada momento:

> Entre los siervos de Dios está el que sabe que sufre una fluctuación constante a cada instante, y entre ellos está el que no es consciente de ello. Tanto el Polo muḥammadī como el Solitario (*al-mufrad*) sufren una fluctuación en su conocimiento con cada respiración, al igual que toda criatura de Dios sufre una fluctuación en su estado con cada respiración. Por consiguiente, esta persona es superior solo por el conocimiento de aquello dentro de lo cual, y sobre lo cual, experimenta la fluctuación, no por la fluctuación en sí, ya que esta impregna todo el cosmos. Sin embargo, la mayoría de las personas no conoce esto de manera diferenciada y específica, aunque sí lo conoce de forma indiferenciada. Así que sus estaciones se miden por el alcance de su conciencia de aquello dentro de lo cual y sobre lo cual experimentan la fluctuación.[185]

En el contexto de las enseñanzas akbaríes, los muḥammadíes reciben distintos apelativos, como, por ejemplo, *malāmiyya*, *afrād*, compañeros del Corán, etcétera. Este último nombre supone que el *muḥammadī* llega a convertirse en un Corán viviente, en un Libro de carne y hueso, infundiendo espíritu y vida a la letra muerta y sabiendo leer los signos esparcidos por doquier tanto en el inmenso libro de la Creación como en el resto de los textos sagrados escritos por los seres humanos.

Asimismo, habla todas las lenguas proféticas y no solo la de un profeta concreto, queriendo decir con ello que recibe la síntesis de los mensajes proféticos destinados a la humanidad desde el principio de los tiempos, tanto de los profetas conocidos como de los desconocidos. Sabemos que los amigos de Dios están a los pies de uno o de varios profetas o de la totalidad de ellos, como es el caso de Ibn ʿArabī, atendiendo a la explicación —muchas veces autobiográfica— que él mismo nos brinda acerca de los diferentes tipos de amistad divina. Una de las características definitorias y más sobresalientes de los amigos muḥammadíes es que convocan a la adoración divina en el lenguaje totalizador de Muḥammad, el cual sintetiza el mensaje de los profetas y enviados anteriores. Por ese motivo, uno de los atributos propios del muḥammadī es su profundo respeto hacia todas las creencias y senderos religiosos como expresiones parciales de una misma verdad.

También —como ya hemos indicado y como explica en reiteradas ocasiones el Šayj— son llamados «solitarios» (*afrād*) puesto que se sustraen a cualquier tipo de autoridad mundana o espiritual. En términos generales, los solitarios no se hallan sometidos a la autoridad del Polo (la potestad espiritual más elevada), pues comparten su mismo grado. El nombre divino que los rige es *al-Fard*, el Único, lo que explica que su verdadero estado espiritual pase por lo general desapercibido, pues reciben un conocimiento específico y exclusivo de Dios al que solo ellos acceden. De acuerdo a las indicaciones de Ibn ʿArabī, Muḥammad era un «solitario» antes de recibir la revelación del Corán y verse compelido a desempeñar una función pedagógica.

Los muḥammadíes han atravesado la experiencia del Viaje Nocturno y la Ascensión, la cual les conduce hasta la Fuente última de la existencia. Este viaje más allá de cualquier punto de referencia es una característica indisociable del amigo muḥammadī. Casi nos atreveríamos a decir que es la experiencia más sobresaliente de su vida espiritual, en ausencia de la cual no podrían recibir esta denominación hagiográfica. En dicho periplo ultramundano, el sujeto recorre las esferas materiales, imaginales y espirituales de la existencia hasta arribar, tal como evidencia la ascensión del propio Muḥammad a «dos arcos de distancia o menos» (53:1-18) del núcleo primordial de la realidad. El Corán menciona someramente dicho periplo metafísico en las primeras aleyas de la azora titulada «El viaje nocturno»: «¡Gloria a Aquel que hizo viajar a Su siervo de noche, desde la Mezquita Sagrada a la Mezquita Lejana, cuyos alrededores hemos bendecido para mostrarle parte de Nuestros signos!» (17:1). Por otro lado, la azora que lleva por título «La estrella» contiene significativas referencias a dicho recorrido, como, por ejemplo, que en su curso Muḥammad alcanzó «el horizonte supremo» (53:7), recibiendo en el curso de este prodigioso periplo la esencia de la Revelación. Es este un itinerario espiritual que discurre a través de los signos de Dios, pero no conduce hasta Él, tal como es en sí mismo, porque Dios no está confinado en ningún lugar ni tiempo y porque Él nunca puede llegar a ser conocido ni contemplado en su totalidad. Para Allāh, todos los lugares y tiempos son idénticos.

Tampoco se les conocen a los amigos muḥammadíes milagros externos, sino que el único hecho portentoso que les caracteriza son sus estados internos. Por ese motivo, suelen ocultarse bajo los velos de su conducta ordinaria. Se mezclan con los demás creyentes y no destacan especialmente por su ardor ascético, devociones ostensibles o prodigios visibles que atraigan sobre su persona la atención ajena. A propósito de lo anterior, se afirma de Muḥammad que su único milagro fue la recepción del mensaje coránico en un estado de completa pureza interior. Por lo demás, se comportaba como una persona ordinaria que acudía al mercado y resolvía conflictos y problemas domésticos.

Los muḥammadíes conceden a cada entidad su realidad (*ḥaqq*), o, dicho de otro modo, respetan el derecho de cada cosa y de cada ser a existir porque Dios así lo ha determinado. Hay un conocido hadiz que afirma:

> Tu alma tiene un derecho sobre ti. Tu Señor tiene un derecho sobre ti. Tu esposa tiene un derecho sobre ti. Tus hijos tienen un derecho sobre ti. Tu invitado tiene un derecho sobre ti. Así pues, concédele a cada cosa que tiene un *ḥaqq* su derecho (*ḥaqq*).

El *ḥaqq* de los amigos de Dios exige que reconozcan el *ḥaqq* de todas las cosas y obren en consecuencia. Cuando tratan con diferentes personas, objetos y situaciones, tienen bien presente el *ḥaqq* de cada una de ellas, que es idéntico a la naturaleza creada que Dios ha otorgado a cada cual. Esa naturaleza creada no es solo lo que se nos presenta en la vida cotidiana, sino también lo que es correcto y digno, determinando responsabilidades morales y éticas a los seres humanos originadas en su propia realidad. El término *taḥqīq* significa en este sentido verificar o darse cuenta de las cosas, o lo que es lo mismo otorgar a cada cosa su *ḥaqq*, es decir, respetar su realidad.

A cada momento, cada signo de Dios —es decir, cada criatura en su realidad momentánea— es única, porque manifiesta un aspecto de la singularidad divina. En lo más profundo. nada es nunca igual a otra cosa, y ningún momento de ninguna cosa ni de ningún ser puede ser repetido. Cada criatura en cada momento posee un *ḥaqq* único, y el objetivo de la realización espiritual estriba en percibir y actuar en cada tiempo y lugar sobre todos estos *ḥuqūq* (plural de *ḥaqq*) instantáneos y nunca repetidos, así como Dios percibe y actúa sobre estos *ḥuqūq* en el llamado «Día de la Esencia». Este Día de la Esencia, al que ya nos hemos referido en otro capítulo de este libro, hace alusión al hadiz que señala que uno de los nombres de Dios es el «Tiempo»: «No maldigas el Tiempo, pues Dios es el Tiempo"».[186]

Los muḥammadíes observan una dependencia completa al respecto de Allāh y por ese motivo se les tiene por servidores perfectos de lo Real. Han alcanzado el estado de completa y perfecta servidumbre (*'ubūdiyya*) respecto de Dios. Se mueven por lugares públicos, mezclados entre la gente, comiendo, bebiendo y hablando como los demás, si bien viven internamente recluidos en Dios y no abandonan su estado de perpetua adoración. Ya sea que estén despiertos o dormidos, contemplan a Allāh de continuo. Por ese motivo, «siervo» (*'abd*) era el apelativo preferido del Profeta para sí mismo. La máxima servidumbre —la más alta virtud humana— exige la aniquilación completa del propio yo en el encuentro, sin velos ni intermediarios, con lo Real.

Como sabemos, existen dos tipos de servidumbre —y de adoración—: la servidumbre intrínseca o «esencial», derivada de la naturaleza última de los seres, y la accidental, la cual tiene que ver con los mandamientos divinos promulgados por los mensajeros religiosos. Los muḥammadíes siempre se atienen a la adoración esencial, aunque, por supuesto, nunca rechazan la adoración accidental. La adoración esencial se produce por el mero hecho de existir y es de carácter ineludible, creamos en Dios o no, seamos o no conscientes de ella. La adoración accidental se deriva de los mandamientos de Dios promulgados a la humanidad por distintos mensajeros religiosos. La existencia de este segundo tipo de adoración y de servidumbre depende de múltiples factores, como, por ejemplo, la voluntad personal a la hora de acatar los diferentes mandamientos, la situación, el momento histórico, etcétera. En cambio, la adoración esencial solo está supeditada al hecho de que la entidad exista.

Y comenta el erudito William Chittick que, en la existencia ultraterrena, con independencia de que la gente vaya provisionalmente al paraíso o al infierno, perderán la libertad de elección y retornarán a la adoración esencial. Y explica, por su parte, Ibn ʿArabī:

> Este es el motivo de que la suerte última de los desventurados esté en manos de la Misericordia, porque la adoración esencial tiene una autoridad más poderosa que el mandamiento [de adorar a Dios en este mundo], el cual es accidental; y, de ese modo, la desventura también es accidental, y todo lo que es accidental termina desapareciendo.[187]

Percibimos en estas palabras del Šayj un optimismo trascendental que evoca la célebre cita de la mística medieval Juliana de Norwich cuando señala: «Todo irá bien, y todo irá bien, y toda clase de cosas irán bien».

Aunque los seres humanos parezcan gozar de libertad si se los compara con otras criaturas, no tienen ninguna libertad en lo que respecta a Dios. Son, como todo lo demás, sus siervos irremisibles, si bien se hallan, paradójicamente, obligados a la aparente elección de adorar o no a Allāh. Y decimos «aparente» porque nunca abandonan la adoración esencial, aun cuando decidan rechazar la adoración accidental, una desobediencia ocasional que es perdonada a la postre por Allāh, puesto que Él siempre deja la decisión final en manos de la misericordia.[188]

Hemos pasado revista a algunos de los hitos que definen la espiritualidad muḥammadī, como, por ejemplo, que el muḥammadī se halla a los pies de Muḥammad como principal depositario de la correspondiente herencia espiritual, estando dicha herencia caracterizada por el respeto hacia todas las manifestaciones espirituales como expresiones de lo Real adaptadas a cada momento y circunstancia. Pese a lo que puedan opinar algunos personajes obtusos y recalcitrantes, el mensaje de Muḥammad es el más universal entre los mensajes de todos los profetas y mensajeros.

En opinión del Šayj, quien sin duda es un genuino y ostensible modelo de espiritualidad muḥammadī, Muḥammad es, como hemos señalado al principio, el mejor de los espejos en los que le es dado contemplarse al ser humano, ya se autodenomine o no musulmán. Recordemos que Ibn ʿArabī nos asegura que el Profeta fue enviado por Dios «con un mensaje todo inclusivo dirigido a todas las personas sin excepción». Por ese motivo, dicha orientación espiritual evidencia un carácter inclusivo y nunca excluyente, que tiene como principal *leitmotiv* el amor hacia los seres y la comprensión última acerca de la naturaleza profunda de la realidad. Y de ese modo insiste el Šayj en que las gentes de la develación preconizan una visión integradora entre las distintas posiciones, dogmas, sectas y doctrinas concernientes a lo Real.

Pobreza exterior y sobre todo pobreza interior son las dos condiciones indisociables de la espiritualidad muḥammadī, lo cual, dicho sea de paso, contrasta de manera flagrante con algunos ejemplos de autodenominados «maestros espirituales», que viajan con su supuesta sabiduría a bordo de coches carísimos y duermen en lujosas habitaciones. En cambio, sabemos que, al llegar la noche, Muḥammad no guardaba nada para el día siguiente y si le quedaban algunas monedas en su poder las repartía entre los presentes. De ahí precisamente la enseñanza que señala que las puertas del Paraíso permanecerán cerradas para los ricos.

Una de las características más evidentes (si es que en ellos hay algo notorio) es que suelen ocultarse bajo los velos de la conducta ordinaria, tal como suelen hacer los *malāmiyya*, quienes disimulan, como sabemos, sus experiencias espirituales más profundas. En ese sentido, el único «milagro» de Muḥammad fue hacerse acreedor de la recepción del mensaje coránico en un estado de completa inocencia y pureza interior. De nuevo, debemos llamar la atención sobre la importante diferencia que hay entre las personas sumamente espirituales que aparecen como seres ordinarios y aquellas otras que se cubren de brocados, se mueven bajo palio y arrastran séquitos numerosos de seguidores incondicionales. En lo que concierne a Muḥammad, este no tenía discípulos, sino compañeros.

El muḥammadī es, en definitiva, un servidor perfecto, puesto que ha alcanzado un estado de sumisión sin paliativos respecto a Allāh. Aunque anda por lugares públicos y se mezcla con el resto de sus congéneres, vive internamente recluido en Dios y no abandona jamás su estado de completa adoración.

Hemos pasado revista a algunos de los hitos que definen la espiritualidad muḥammadī, como, por ejemplo, que se halla a los pies de Muḥammad como principal depositario de la correspondiente herencia espiritual, estando dicha herencia caracterizada por el respeto hacia todas las manifestaciones espirituales como expresiones de lo Real adaptadas a cada momento y circunstancia. Pese a lo que puedan opinar algunos personajes obtusos y recalcitrantes, el mensaje de Muḥammad es el más universal entre los mensajes de todos los profetas y mensajeros.

Me gustaría recordar, para finalizar y sintetizar de alguna manera todo lo anterior, lo dicho por el gran místico san Juan de la Cruz, quien, en *Dichos de luz y amor*, escribe unas palabras que tal vez sirvan de síntesis a lo anteriormente expuesto. Las condiciones del pájaro solitario (y en la condición de pájaro solitario podemos incluir, sin duda, a los llamados *afrād* o solitarios y a los amigos muḥammadíes) son cinco:

> La primera que se va a lo más alto; la segunda, que no sufre compañía, aunque sea de su misma naturaleza; la tercera, que pone el pico al aire; la cuarta, que no tiene determinado color; la quinta, que canta suavemente.

Lo anterior puede interpretarse, desde una amplia perspectiva, en el sentido de que el buscador espiritual (el ave solitaria) debe aspirar siempre a lo más sutil, inasible, invisible, imperceptible, inabarcable, incognoscible, aquello que no cabe en ninguna forma o definición concreta precisamente porque abarca todas las formas, límites y definiciones.

La segunda condición es obvia: no sufre compañía porque permanece solo en su viaje y porque el camino de los pájaros no deja huellas en el aire. La tercera condición del ave solitaria se refiere al inestimable valor de la intuición y la inspiración. De ese modo, «poner el pico al aire» significa olfatear el viento del espíritu, que, como nos dice el Nuevo Testamento (en Juan 3:8), sopla dónde y cuándo quiere, en abierto contraste con el peso de la erudición, la tradición o la autoridad impuesta.

Tampoco tiene «determinado color», es decir, trasciende las limitaciones referentes a posición social, ideología, etcétera, y «canta suavemente» porque, entre otras cosas, no trata de imponer su experiencia ni de elevar su opinión por encima de la de los demás.

8. EL DECIR POÉTICO DE IBN ʿARABĪ

Con excepción del libro de poemas místico-amatorios *Tarŷumān al-ašwāq* (*El intérprete de los deseos*), un conjunto de 60 poemas que adoptan la estructura de la casida árabe y traducido en sendas ocasiones al castellano, la inmensa producción poética de Ibn ʿArabī es prácticamente desconocida en nuestro entorno occidental. Si bien se han editado traducciones parciales de sus poemas, y algunos artículos en otros idiomas dan cumplida cuenta de la importancia que reviste la poesía en el mensaje inspirado del Šayj, su extensa y profunda producción poética sigue sin ocupar el encumbrado lugar que le corresponde junto a luminarias de la expresión lírica en el marco del sufismo como Rūmī, Ḥāfiẓ, Sanā'ī o Ibn al-Fāriḍ.

A pesar de ello, la producción poética de Ibn ʿArabī fue objeto de opiniones no demasiado elogiosas, sobre todo en la primera etapa de los estudios en Occidente acerca de su obra. Y es que, si bien no faltaron admiradores del citado *Tarŷumān*, el juicio de los especialistas hacia el resto de la producción poética del Šayj se vio oscurecido por apreciaciones no del todo objetivas. Louis Massignon, por ejemplo, escribía que los poemas de Ibn ʿArabī manifiestan «un laborioso tecnicismo»,[189] mientras que R.A. Nicholson, autor de la primera traducción al inglés de la mencionada colección de poemas, apuntaba que «más que un gran poeta, era un gran teósofo».[190] Por su parte, el gran estudioso francés, Henry Corbin se refiere de manera confusa al *Dīwān* como si se tratase del *Tarŷumān*.[191] Asín Palacios, a pesar de su ingente trabajo de difusión del pensamiento akbarí, no ahorra calificativos negativos a la hora de enjuiciar la labor poética de Ibn ʿArabī, y escribe:

> A diferencia del *Tarŷumān*, cuyo simbolismo erótico da a todos sus versos un tono personalísimo de realidad concreta y viva, las poesías del *Dīwān* son frías y amaneradas, abundan en retruécanos y paradojas y su tecnicismo metafísico les quita toda inspiración y vida.[192]

Son varias las razones que explicarían por qué la poesía de Ibn ʿArabī ha sido objeto de tamaña negligencia histórica. La primera de ellas tiene que ver con el prejuicio de los primeros estudiosos de la lírica islámica concerniente a la superioridad de la poesía persa sobre la árabe, según la cual los árabes —y por extensión quienes escribían en árabe, como es el caso de nuestro autor— estaban menos dotados que sus correligionarios persas para la expresión poética. Otro factor explicativo es que, en el pasado, la mayoría de estudiosos de la obra y el pensamiento del Šayj se vieron deslumbrados por la importancia indudable de sus colosales trabajos en prosa, los cuales han sido objeto de amplios estudios por parte de especialistas más interesados en la metafísica y la mística que en los aspectos literarios en sí mismos y a pesar de que su poesía no adolece de profundos elementos doctrinales.[193]

Resulta paradójico que Ibn ʿArabī irrumpiese en el panorama occidental a través de una obra que no puede ser más lírica, el citado *Tarŷumān al-ašwāq*, cuya traducción y versión original publicó el ya citado R.A. Nicholson en el año 1911.[194] Es posible que la razón de esta omisión sea, como acabamos de sugerir, el indudable y merecido protagonismo de importantes trabajos en prosa como el *Fuṣūṣ al-ḥikam* y las voluminosas *Futūḥāt al-makkiyya*, obra, esta última, en la que, no obstante, encontramos esparcidos poemas que no solo introducen el tema que se va a abordar, sino que tratan cuestiones que luego no se ven desarrolladas en el grueso del texto. La presencia de la poesía en las *Futūḥāt* no es en absoluto desdeñable, pues las composiciones poéticas de tamaño variable ocupan, según ciertas estimaciones, más de 1.750 poemas, lo cual es ya, por sí solo, una extensión considerable que nos sitúa en la pista de que la palabra poética no es, en el caso del Šayj, un factor secundario ni un adorno superfluo de su enseñanza. El mismo Ibn ʿArabī nos brinda una explicación de los poemas que aparecen en el mencionado libro:

> Sabe —comenta el Šayj sobre la *qaṣīda* que abre el capítulo 293 de las *Futūḥāt*— que este poema (y esto es válido para cada uno de los poemas que abren los capítulos del libro) no pretende resumir ni comentar lo que se detalla en la exposición del capítulo. El poema [que aparece como preludio de cada capítulo] es parte integral de la explicación del tema tratado. Por lo tanto, lo que se dice en el poema no se repite en el curso de la exposición. Los poemas deben examinarse como una explicación del tema del capítulo, al igual que la exposición en prosa. Estos poemas contienen información sobre el tema estudiado que no se formula en la exposición del capítulo.[195]

También son abundantes los poemas en sus escritos de juventud, como *Mašāhid al-asrār* o *Tadbīrāt ilāhiyya* —compuestos en torno a los treinta años de edad y que se cuentan entre las primeras obras que produjo—, los cuales contienen numerosas muestras de lo que estamos señalando. La misma observación se impone a propósito de las obras *Kitāb al-isrāʾ*, *Mawāqiʿ al-nuŷūm* y *ʿAnqāʾ mugrib*, tratados, todos ellos, que datan del «periodo occidental» de la biografía del Šayj, indicándonos que su vocación poética es muy anterior a su encuentro, en el año 1202, en La Meca, con Niẓām, la joven persa que inspirase los versos de amor divino que constituyen el famoso *Tarŷumān*.[196]

Sea como fuere, el «*Gran Diván*» (*al-Dīwān al-Kabīr*), conocido como «Colección de los conocimientos divinos» (*Dīwān al-maʿārif al-ilāhiyya*), es el recopilatorio, efectuado en las postrimerías de su vida, de la mayor parte de la producción poética del Šayj, si bien, tal como señala Osman Yahia[197] en su inestimable estudio bibliográfico sobre la inmensa obra akbarí, los manuscritos se hallan de un modo u otro incompletos. Hay que tener en cuenta que la tarea de recopilación de su propia producción poética, efectuada en una etapa biográfica posterior por parte del mismo Ibn ʿArabī, no fue sencilla, ya que algunos de los poemas ya no obraban en su poder y porque la memoria, sin duda, a veces le fallaba, siendo numerosas —como él mismo nos comunica— las composiciones que había olvidado. En cualquier caso, es ciertamente lamentable que el conjunto de su producción poética todavía carezca de los tan merecidos y necesarios estudios y ediciones críticas. El reciente trabajo de Julian Cook en su recopilación de una base de datos de todos los poemas conocidos, tanto de la edición impresa del Bulaq —que ha sido, hasta hace poco, la edición más completa de su poesía— como de otros manuscritos, pone de manifiesto que Ibn ʿArabī escribió un total aproximado, diseminado a lo largo de distintas obras, de 3.500 poemas de longitud variable. En época reciente, sin embargo, ha aparecido la versión revisada en cuatro tomos de toda su producción poética.[198]

Ralph J. Austin apunta que el compendio de los poemas, contenidos tan solo en el «*Gran Diván*», y que hasta la fecha obran en poder de los estudiosos, abarca 475 páginas con letra apretada y 900 poemas de extensión variable, algunos de ellos formados por una línea o por unos cuantos versos, mientras que otros cuentan con más de cien versos, ofreciéndonos en conjunto 9.000 líneas de poesía mística en los que aborda una temática muy variada. En opinión de Austin, el conocimiento de dicha labor lírica ayudará a cambiar la impresión unidimensional de que la producción literaria de Ibn ʿArabī es, sobre todo, un magnífico despliegue en prosa de las enseñanzas sufíes y nos permitirá apreciar la gran relevancia y el hondo calado de su palabra poética, llegando a apreciarlo —escribe el especialista británico— «como un escritor de poesía esotérica maravillosamente conciso e intenso».[199]

Ibn ʿArabī relaciona la poesía (*šiʿr*) con su raíz etimológica árabe vinculada a los términos «conciencia» o «percepción» (*šuʿūr*), declarando que «es lo contrario de la claridad», refiriéndose a la cualidad explicativa o expositiva de la prosa en general y de la revelación del Corán en particular. Sin embargo, la poesía no se concibe como algo opaco en sí mismo, sino que simplemente difiere del lenguaje utilizado en la Revelación. La poesía está directamente asociada al orden, la simetría y la belleza. El mundo, al igual que la poesía, se halla organizado en medidas y metros. El poema, como el universo, se fundamenta en dos cuerdas (*sabab*, palabra árabe que designa uno de los principales elementos de la métrica), una de ellas es la «luz», refiriéndose al mundo espiritual, mientras que la otra es la «densidad», el dominio corpóreo. Asimismo, dos «pilares» (*watad*, el segundo elemento principal del metro poético) lo preservan: uno es la constitución y la generación de las cosas, mientras que el otro es su descomposición y disolución. En resumen —observa el Šayj—, el mundo es una obra dotada de rima y ritmo. Añade además que Dios dispuso en el lenguaje las joyas del conocimiento espiritual y los secretos divinos. Luego confió este tesoro a los *ʿārifūn* —o gnósticos—, quienes, por temor a que se viera ultrajado, ocultaron los secretos bajo el velo de la poesía, disfrazándolos con términos alusivos y simbólicos. Y además de todo esto —observa Ibn ʿArabī—, ¿acaso Dios no se refiere al Profeta como maestro del lenguaje y poseedor de la «las palabras sintéticas» (*ŷawāmiʿ al-kalim*)? Dos ideas fundamentales destacan en lo recién dicho. En primer lugar, Ibn ʿArabī declara, con frases totalmente desprovistas de cualquier ambigüedad, la relación existente entre poesía, sabiduría y providencia divina, es decir, que los principios fundamentales de la palabra poética son instituidos por el mismo Dios. Y, en segundo lugar, que el lenguaje de la poesía es el soporte privilegiado del conocimiento espiritual, reservado para uso exclusivo de los conocedores de Dios.

El Šayj frecuentó, pues, la poesía a lo largo de toda su carrera. La creación poética no fue en su caso una actividad marginal, sino parte esencial de su trabajo literario y de su cometido pedagógico. El motivo principal —como él mismo nos revela — de que escribiese poesía se debe a una serie de visiones, consignadas en el prólogo del citado *Dīwān*, que consignamos seguidamente.

En la primera visión, acaecida en Bugía (Argelia) durante el mes de ramadán del año 1201, contrae matrimonio con los astros del cielo y las letras del alifato. Debemos tener en cuenta que la fecha de esta experiencia es, en cualquier caso, posterior a que frecuentase con cierta asiduidad la compañía de la expresión poética, pues, como ya hemos señalado, se le conocen bastantes poemas efectuados en una fecha anterior a la referida visión. Pero veamos lo que él mismo tiene que decirnos sobre este particular:

> Dios me hizo escuchar en mi pecho el roce de los Cálamos (*ṣarīf al-aqlām*) [escribiendo los destinos de las criaturas]; era una melodía a dos o tres tiempos, según el ritmo debiera decrecer o aumentar. «¿Qué es ese coro?», pregunté. «Es la audición poética

> (*al-samāʿ*)», se me respondió. «¿Y qué tengo yo que ver con la poesía?» [dije]. «¡Ella es el origen (*aṣl*) de todo; el lenguaje poético es la esencia inmutable (*al-ŷawhar al-ṯābit*), mientras que la prosa es la consecuencia inmutable (*al-farʿ al-ṯābit*)!».[200]

Incidiendo en la diferencia entre prosa y lenguaje poético, no estará de más recordar de nuevo que, según consigna en el relato del Viaje Nocturno y la Ascensión, la palabra de Muḥammad pertenece al dominio de la prosa porque fue enviado para mostrar el sentido explícito, mientras que la poesía emerge del sentimiento; su ámbito es la síntesis, no el análisis; por eso, es lo opuesto de la claridad.[201] En efecto, el Corán afirma con rotundidad que el mensaje del Profeta no debe ser equiparado a «la palabra de un poeta» (69:41) y que a él no le ha sido enseñada la poesía (36:69), lo cual no significa, ni mucho menos, que la poesía esté vetada en el ámbito del islam, tal como nos demuestra la presencia en la historia del islam de insignes poetas o que el mismo Profeta alentase en sus reuniones la recitación de poemas inspiradores. Por ejemplo, se narra en los hadices que

> un hombre vino a la presencia del Profeta —sobre él la plegaria y la paz— y encontró allí a gentes que recitaban el Corán, mientras que otros declamaban poemas. El hombre exclamó entonces: «Oh, Enviado de Allāh, ¡el Corán y la poesía!» El Profeta le respondió: «Sí, a veces el uno y a veces la otra».[202]

Estas palabras corroboran, por si hacía falta, que el islam no está, como pretenden algunas mentes ofuscadas, reñido en absoluto con la poesía, y que no es, al contrario de lo que parecen proclamar distintos personajes, bastante desinformados, una religión de cabreros analfabetos.

Resulta pertinente citar el final de la conocida azora coránica (26:221-227) acerca de los poetas, donde Muḥammad parece rechazar de plano la actividad poética. Sin embargo, si leemos con más detenimiento el contenido de dicha azora, nos percatamos de que el mensaje es otro. La azora en cuestión no proscribe la poesía, sino que más en concreto critica a aquellos envanecidos poetas que solo saben hablar de sí mismos y de sus textos, cerrados al mundo exterior en una suerte de endogamia estética y vital.

Refiere la citada azora, después de pasar revista a las experiencias de diversos profetas, que los autodenominados poetas están poseídos por los demonios, siendo seguidos tan solo por personas «descarriadas». En cambio, como también reza la azora, no ocurre lo mismo con los poetas «que creen, obran bien, recuerdan mucho a Allāh y se defienden cuando son tratados injustamente (26:227)», dejando claro que no se trata de una condena general de la poesía, sino del rechazo abierto hacia la actitud engreída de algunos que se pretenden poetas y que sin pudor alguno alardean de ello.

Retomando la cuestión de las visiones que estamos comentando y que llevaron a Ibn ʿArabī a sumergirse en las procelosas aguas de la palabra poética, la otra visión de las mismas características y de la que ignoramos la fecha exacta, es la siguiente:

> La razón por la cual fui conducido a hacer poesía es que vi en sueños un ángel que me traía un bocado de luz blanca. Se diría que era un bocado de la luz del sol. «¿Qué es esto?», pregunté. «Es la sura *al-šuʿarāʾ* (Los poetas)», se me contestó. Yo lo tragué y sentí un cabello (*šaʿra*) que subía de mi pecho a mi garganta, y luego a mi boca. Era un animal con una cabeza, una lengua, ojos y labios. Se extendió hasta que su cabeza alcanzó los dos horizontes, el de oriente y el de occidente; luego se contrajo y volvió a mi pecho. Supe entonces que mi palabra alcanzaría el oriente y el occidente. Desde que esto vino a mí, declamo versos que no proceden de ninguna reflexión o intelección. Desde entonces esta inspiración jamás ha cesado. Es a causa de esta inspiración sublime que he recopilado todos los versos que recuerdo. ¡Pero son tan numerosos aquellos que he olvidado! Todo aquello que contiene esta recopilación no es pues, gracias a Dios, más que [el fruto] de una proyección divina, de una inspiración santa y espiritual, de una herencia celeste y espléndida.[203]

En el relato de esta experiencia llama la atención la similitud de las palabras árabes «cabello» (*šaʿra*) y «poetas» (*šuʿarāʾ*), poniendo de relieve la vinculación semántica en árabe de ambos términos. También está relacionada, como ya hemos sugerido, con otra palabra, que significa en árabe «percepción sutil» (*šuʿūr*), la cual es una captación global e inmediata «que se presenta cuando la puerta está cerrada mientras que el conocimiento arriba cuando está abierta»,[204] explicándonos el Šayj a propósito de la actividad poética y de su mayor o menor adecuación a la Ley religiosa:

> No se le prohibió usar la poesía al Profeta porque ella fuera de naturaleza reprensible o de un rango inferior, sino porque está fundada sobre alusiones (*išārāt*) y símbolos (*rumūz*), dado que la poesía surge de la percepción sutil, y lo que incumbe al Enviado es ser claro para todo el mundo y emplear las expresiones más límpidas posibles.[205]

La imagen del viaje es indisociable de la poesía árabe, la cual deriva su léxico directamente de la vida de los nómadas del desierto. Por ejemplo, la palabra que significa «verso» (*bayt*) es la misma que se refiere a la tienda. Los grupos de sílabas que componen los pies de la métrica se describen mediante dos palabras que significan, respectivamente, «cuerda» (*sabab*) y «pie» (*watad*), el cual se fija en el suelo para sujetar, con la ayuda de cuerdas, la tela de la tienda. El primer hemistiquio del verso recibe el nombre de *ṣadr*, palabra que comporta igualmente el sentido de «pecho», mientras que el segundo hemistiquio se denomina *ʿajuz*, término que reviste el significado de «posterior», situado «detrás». El verso es, metafóricamente hablando, tanto la tienda como la montura del sentido. Salvando las distancias, observamos en la poesía castellana palabras técnicas relacionadas con el arte de montar a caballo, como, por ejemplo, cuando se habla de «encabalgamiento» para referirse a una figura poética que indica el salto entre uno y otro verso en el momento en que el primer verso queda sin finalizar y debe unirse en una misma oración gramatical con el verso siguiente, haciendo que la frase inconclusa quede «a caballo» entre dos *versos.*

Las sutilezas de las letras árabes requieren toda una vida dedicada a su estudio. Un ejemplo evidente de ello es el análisis que nos brinda Claude Addas de otra de las habituales visiones de Ibn ʿArabī, en la que se nos muestra hasta qué punto significante y significado, palabra y sentido, se hallan imbricados en una totalidad indisociable. De hecho, en el Šayj cualquier significante está preñado de un significado que siempre va más allá del sentido más evidente de lo que nos está diciendo. El sentido último de las palabras se encuentra oculto en la misma forma que asume cada vocablo, y por ese motivo en la mayoría de las ocasiones es casi imposible discernir entre uno y otro elemento del discurso. La doctora Addas no duda en calificar el lenguaje akbarí de «sibilino» y propio de una enseñanza iniciática.

Un estudio cuidadoso —prosigue explicando la especialista francesa— de los términos árabes empleados permite no solo esclarecer el significado aparente del texto, sino abrirnos a significados no percibidos en una lectura más o menos ligera. Eso es lo que ocurre precisamente en el pasaje en el que Ibn ʿArabī nos describe una de las muchas visiones que adornan su biografía y que forma parte del capítulo 8 de las *Futūḥāt al-makkiyya*, consagrado a la «Tierra de la Realidad», o la dimensión de la imaginación autónoma o creadora, ese mundo intermedio donde el cuerpo se torna espíritu; y el espíritu, cuerpo. Y nos narra lo siguiente:

> Vi en este mundo un mar hecho de una tierra tan fluida como el agua; vi piedras, pequeñas y grandes, mutuamente atraídas unas hacia las otras, tal como el hierro hacia el imán. Juntadas unas con las otras, ellas no se pueden separar (*lā yanfaṣilu*) a menos que se intervenga directamente, de la misma forma que se separa (*yufṣalu*) el hierro del imán sin que él pueda oponerse. Pero, si se abstiene uno de hacerlo, estas piedras continúan adhiriéndose unas a otras durante una distancia determinada. Cuando están todas unidas, toman la forma de un navío. Yo mismo vi [formarse] de esta forma una pequeña embarcación y dos barcos. Cuando un vehículo es constituido de este modo, [los habitantes] lo meten en el agua, y luego embarcan para viajar a donde les parezca. La cubierta del navío está hecha de partículas de arena o de polvo unidas unas a otras de una manera específica. ¡Jamás he visto nada más maravilloso que estos navíos de piedra bogando sobre un océano de arena! Todas las embarcaciones tienen la misma silueta; el navío posee dos flancos detrás de los cuales se yerguen dos enormes columnas más altas que la talla de un hombre. El piso del navío por detrás está a la altura del mar sobre el que se desplaza sin que un solo grano de arena penetre al interior.[206]

La interpretación de esta experiencia extraordinaria, tan extraña como fascinante, parece encuadrarse en el dominio de los sueños conscientes, pues se trata —según especifica Claude

Addas— de una visión onírica que tiene lugar durante el estado de sueño lúcido, como muchas otras experiencias de similares características que tuvo Ibn ʿArabī. Y nos asegura, abundando en la profundidad y complejidad del estilo akbarí, que su elección de las palabras nunca es fruto de la casualidad, ya que los términos clave que aparecen en el relato de la mentada visión pertenecen, para gran sorpresa de los lectores, a la terminología especializada de la poética árabe.

Por ejemplo, resulta que el término comúnmente utilizado para designar el «mar» (*baḥr*) es también la palabra que, en el léxico poético, sirve para referirse al metro de un poema. Por su parte, la palabra que, en el uso coloquial, significa «arena» (*ramal*) constituye la denominación de uno de los dieciséis tipos de metro registrados por la poética clásica, mientras que el verbo *faṣala*, que aparece numerosas veces en el texto, remite al «intervalo», *fāṣila*, que es igualmente uno de los elementos indispensables de la métrica. Y, prosigue explicando la eminente especialista, que el uso de una terminología relacionada con el léxico de la poesía no tiene, evidentemente, nada de fortuito. Situada en este contexto, la historia de navíos de piedra que navegan por mares de arena deja de ser una mera vivencia onírica, puesto que el navío (*safīna*) representa a la *qaṣīda*, el poema árabe clásico; las piedras magnetizadas son las palabras que, unidas unas a otras, forman versos cuya totalidad constituye el poema; los dos flancos del navío representan a los dos hemistiquios del verso y las dos columnas se refieren a los dos «pilares» (*watad*) de la métrica árabe. De esta forma, en un lenguaje críptico en extremo, nuestro autor nos quiere indicar que la poesía es el vehículo privilegiado para adentrarse y viajar por ese dominio imaginal en el que ella misma se origina.

No debemos pasar por alto que el análisis hermenéutico de la visión no es una fabricación fantasiosa de su autor, sino una serie de imágenes enlazadas orgánicamente que, además de transmitir lo que expresan de manera directa, nos comunican aquello que no dicen de manera explícita. En este sentido, toda la obra del Ibn ʿArabī presenta diferentes y casi nos atreveríamos a afirmar que ilimitados niveles de profundidad hermenéutica.

La fusión de los elementos tierra y agua es un símbolo barzají de primera magnitud. El «mar hecho de tierra fluida» es un ejemplo flagrante de unión de contrarios, como no podría ser de otro modo en la enseñanza del Šayj, tan proclive a este tipo de símbolos en los que nos transmite que la naturaleza de la más elevada realidad siempre es coincidencia de opuestos. Asimismo, acuden a nuestra mente las imágenes del mar sin orilla, con la que en ocasiones describe tanto a Dios como al yo, y de la orilla sin mar, referida, según nuestro autor, a la *šarīʿa* o Ley religiosa. En ese contexto, una orilla sin mar es un límite absoluto, mientras que un mar sin orilla representa lo absolutamente ilimitado. La tierra que fluye es, en suma, la imagen perfecta de la fusión del límite con lo ilimitado.

Una vez desgranados por la erudita francesa los pormenores de la visión relacionados con la actividad poética, parece esclarecerse el sentido de la presencia en dicha visión de la naturaleza magnética de la arena y de las piedras que en ella aparecen. Es el «divino» Platón el que compara en un diálogo de juventud, titulado *Ion o de la poesía*, el quehacer poético con el fenómeno propio del magnetismo. Escribe el filósofo griego en dicho tratado:

> La inspiración poética es, por consiguiente, parecida al imán, que puede atraer un anillo de hierro, que es a su vez imantado y puede atraer un nuevo anillo.[207]

Es esta frase la que nos interesa en especial porque el resto de opiniones vertidas por Platón en este diálogo temprano acerca de la poesía son similares a las evidenciadas en su célebre libro *La República*, donde parece relegar a los poetas a un papel secundario dentro del engranaje social. La poesía, en opinión de Sócrates, privilegiado interlocutor en este diálogo con el rapsoda Ion, no es un arte propiamente dicho, sino el producto de una posesión o inspiración comunicada por los dioses a los poetas. Estos desempeñan el papel de intérpretes de los designios de los dioses y las musas bajo cuya inspiración se encuentran, escribiendo sus versos influenciados por una fuerza sobrenatural que escapa a su dominio racional.

En *Fedro*, diálogo donde dilucida la naturaleza de la belleza, nos comunica Platón de nuevo, como es habitual, por boca de Sócrates:

> Hay una tercera clase de delirio y de posesión, que es la inspirada por las musas; cuando se apodera de un alma inocente y virgen aún, la transporta y le inspira odas y otros poemas que sirven para la enseñanza de las nuevas generaciones, celebrando las proezas de los antiguos héroes. Pero todo el que intente aproximarse al santuario de la poesía, sin estar agitado por este delirio procedente de las musas, o que crea que solo con el dominio del arte es suficiente para convertirse en poeta, estará muy distante de la realidad de la poesía; y la poesía de los sabios se verá siempre eclipsada por los cantos que respiran un éxtasis divino.[208]

En cualquier caso, lo que más llama nuestra atención —y es lo que queremos subrayar— es la coincidencia, en la visión akbarí, con la imagen platónica de la poesía en tanto que imán que atrae y articula las diferentes partes de la inspiración y la expresión poética.

Pasando ahora a analizar algunos de los contenidos del *Dīwān*, siguiendo especialmente lo que nos expone Ralph W.J. Austin en su artículo «Ibn al-ʿArabī, poeta de las realidades divinas» y los distintos artículos que Claude Addas ha escrito acerca de este particular, lo primero a tener en cuenta es que el *Dīwān* nos brinda una amplia variedad de temas y estilos, tal como corresponde a la trayectoria poética de una vida entera, lo cual no es óbice —señala Austin— para que quede constancia de que el texto en cuestión es un «castillo o fortaleza de experiencia y doctrina sufíes, finamente decorado y embellecido».[209] Otro de sus puntos más atractivos, según este estudioso, es que en él se alternan vivencias místicas profundas con anécdotas de la existencia cotidiana de nuestro autor e incluso con reflexiones humorísticas. Señala además que los poemas pertenecen a periodos muy diferentes de la biografía del Šayj, aunque buena parte de la colección se compiló durante sus últimos años de vida. Y apunta Austin que uno de los primeros poemas que figuran en la colección fue escrito por Ibn ʿArabī en una etapa temprana de su existencia. Además de secciones consagradas a temas específicos, los poemas —nos asegura— no guardan especial disposición u orden en el conjunto de la obra.

Hay poemas acerca de espiritualidad, gnosis e interpretación espiritual de las prácticas islámicas, por ejemplo, así como otros que tienen que ver con diferentes experiencias cotidianas y autobiográficas del Šayj. Hay un conjunto de poemas dedicados, cada uno de ellos, a una azora coránica, composiciones consagradas a cada letra del alifato y un copioso poema central que versa acerca de los relevantes significados de los nombres de Dios. En cuanto al estilo, hay bastantes poemas que se atienen a la forma poética de las *muwaššaḥāt*, la única forma poética en árabe que tiene su origen en la Península Ibérica.[210] Hay composiciones de tan solo dos o tres líneas, a las que debemos añadir una breve compilación de poemas compuestos por un solo verso. Pero veamos ahora algunos ejemplos de ello.

Comenzaremos con los poemas traducidos por Austin para la conferencia que en el año 1992 impartió en la ciudad de Murcia. Recabaremos tan solo dos poemas de los traducidos para aquella ocasión y seguiremos luego con las versiones de otros poemas traducidos por distintos especialistas. La peculiaridad más llamativa de los poemas recogidos por Austin es la presencia de poemas no solo de índole filosófica o religiosa, sino también referentes a la vida cotidiana:

> No hay en la existencia quien diga «Oh, mi Señor»,
> excepto Él, el más excelso. Incluso cuando yo digo «Oh, mi [Señor»,
> no veo amante tan separado en la pasión de un amante,
> porque su única pasión es ser uno con mi mismo amor,
> pues en su pasión fluye la corriente del llamamiento y la [respuesta.
> No veo a un amado separado a quien mi amor ama
> porque mi amado es solo aquel que ama con mi propio amor.
> En la pasión de mi amado, me encuentro feliz de dar mi último [suspiro,
> pues no tengo un amado con quien mi corazón esté contento,
> ¿cómo puede estar satisfecho quien reclama mi amor como [suyo?[211]

Como hemos apuntado, otros poemas de carácter más autobiográfico patentizan los padecimientos que asolan a cualquier persona, evidenciando que el Šayj no omite hablar de sus estados internos ni de las circunstancias, a veces difíciles, de su ajetreada vida:

Me aflige por todos lados el malestar y me molesta grandemente
el insomnio y el desasosiego mental.
Estar sometido a tales pruebas me ha irritado bastante
y me ha distraído de cuestiones triviales y ocasionales.
Aunque mi corazón goce del vigor de su confianza en mi
[Creador,
mis ojos y mis oídos se hallan muy debilitados.
Todos mis mejores planes se han visto ahora restringidos
por esa lastimosa reducción a una «fragilidad abyecta».
Aunque el espíritu me llame a reinos sublimes,
la carne me arrastra hacia el foso y la tumba.
Mas si no fuera porque me aferro a Dios desesperadamente,
ya habría desaparecido de la vista
y, si no fuera, porque me agarro a la vida corporal,
habría llegado al mismo borde de la muerte.[212]

Por su parte, el pequeño volumen titulado *Twenty-Seven Muwashshahaat and One Zajal by Ibn al-'Arabi of Murcia (1165-1240)*[213] constituye otro loable intento de verter en castellano e inglés algunos poemas estróficos de Ibn ʿArabī, un trabajo en el que sus autores nos advierten que solo ofrecen traducciones literales de las composiciones, dejando para mejor ocasión las cuestiones relativas al embellecimiento y el refinamiento. La poesía estrófica fue practicada tanto por hebreos como por musulmanes. En este tipo de poemas —y diríamos que en buena parte de la poesía del Šayj— están presentes la gematría, la geometría y la numerología, señalando que esta área, que todavía está por ser investigada en profundidad, nos deparará asombrosas perspectivas de diferentes composiciones. El especialista Pablo Beneito está llevando a cabo un estudio —aún no publicado— sobre los aspectos aritmosóficos presentes en los poemas del *Tarŷumān*. En el primer poema que consignamos, leemos:

La Verdad me ha retratado en toda imagen,
como la *basmala* en cada azora,
plantándome como signo de la confluencia humana
en paraíso e infierno, según distintos linajes,
ya que estoy entre muerto y vivo, a porfía.
Si ella fuera lo que le he tomado

de cuanto en ella y en mí me parece,
yo no tendría modo de conocer su existencia.
Marcho en la noche sin marchar, como circulan los astros,
entre plegar y desplegar, como hace el remolón que disimula.
Yo soy el imán que reúne los cortejos,
como plenilunio que entre estrellas se muestra:
con escuadrones me lanzo contra otros,
hasta tomar mi venganza y alzarme en defensa de mi honor,
pues soy del linaje de Tayyi', señores magníficos.
Ha vuelto el Amado, que será reconocido;
Él conoce mejor que yo mi existencia;
Él es el más fragante de los aromas de los hombres de Dios;
si no hubiera última noche de raudas estrellas,
no habría dificultad alguna la mañana en que se saca
[escuadrones.
Loco de amor estoy por quien me dirigió
duras palabras, que de mí a mí vinieron;
de las que en él me refugio, amigos.
Luna que los luceros adornan, marchando entre mis costados;
nada puede acercarla, aunque esté cerca su visita.

En la segunda composición, la que lleva el número XVIII de la citada recopilación, destacan los versos donde nos indica: «Soy mi amante y mi amor amado, mi buscador, la búsqueda y lo buscado», que nos remiten a la profunda naturaleza no-dual de la realidad. Otro elemento a tener en cuenta es que menciona que la visión del reino de la Creación impide la visión de Dios, a quien llama «Rey» y «Providente»:

Las realidades de la cercanía son la visión del reino,
que vela al Rey Providente:
Cuando se te alce la tiniebla del alma,
y se expanda el aroma del jardín de la santidad,
serás pío, sin inclinación a los ídolos, ni te desviarás.
Viandante que de noche llegas,
ojalá no hubiera ausencia para el amante,
pues, cuando su amado está lejos,
corre como potro que se desbocó.
Hermanos, dad a mis párpados sueño de consuelo,
por si él se acerca.

¡Qué buen siervo que marchó deprisa,
hasta dos tiros de arco como quien recibe,
rompiendo las tinieblas en su impulso,
llevando ropa oscura como crepúsculo!
Bajo la dirección de la tiniebla,
tal vez quiera el Dadivoso darme.
La verdad me llamó desde dentro de mi mente,
sin allí pasar por el cuerpo:
¡Qué alegría del corazón con el coloquio,
qué pena del alma en las ausencias!
¿Acaso quien fue claro es igual
que quien alude al Clemente por licencia?
Soy mi amante y mi amor amado,
mi buscador, la búsqueda y lo buscado;
celoso recito, cuando la brisa del jardín
me ha quitado todo recato:
«Laúd de encina, ven a ayudarme:
buenas son las granadas para quien las coge».

Un intento loable, más actual, es la traducción francesa de algunos poemas del *Gran Diván*, de la que también recogemos un poema que ensalza la belleza divina, la cual es capaz de transmutar en un factor digno de elogio cualquier atisbo aparente de fealdad porque la belleza está más allá de cualquier signo de dualidad entre perfección e imperfección. En cuanto a la célebre imagen akbarí del «océano sin orilla», los traductores de este poema señalan en su breve comentario que se percibe esa misma construcción en la mística católica del siglo XIX Teresa de Lisieux, la cual, por supuesto, no mantuvo contacto alguno con la tradición del sufismo: «Oh, Jesús mío, el alma se sumerge en el océano sin orilla de vuestro amor».[214]

Si tú te me manifestases con forma de mujer,
enloquecería de amor por ella;
e igualmente si te presentases con los rasgos más deleznables,
la fealdad que imprimirías a tu apariencia se transformaría,
en lo más hondo de mi ser y de mi mirada,
en la más bella de las formas.
¡Bendito sea el Nombre de Dios!
Lo reconocemos en Su manifestación

y, no reconocerlo, sería vergonzoso.
Él es contemplado en Su Esencia y Sus Atributos,
en los mundos del decreto, de las esferas y de los seres humanos.
Por Él, Le veo y escucho con mi oído cuando me llama
porque Él es la misma esencia de mi ojo y de mi oído.
El sabio apegado a las formas no conoce nuestra doctrina
y, si la profesase, se sentiría extraviado.
Aun estando religado por el pacto,
se hallaría en peligro en relación
con los conocimientos de nuestra razón.
Se le ve nadando en un océano sin orilla
para ofrecerle, si alberga temor, una esperanza.
Así pues, manteneos firmes en lo que dicta la Ley
sin apartaros de la reflexión ni de la tradición.
Portad con vosotros tan solo aquello que hayáis presenciado,
y, si camináis entre los hombres, no lo perdáis de vista.[215]

El ya mencionado Pablo Beneito es otro traductor y estudioso aventajado de la poesía akbarí. Recogemos ahora sendos poemas traducidos por él. El primero de ellos es el poema que abre el *Dīwān*, introduciéndonos a los temas del viaje místico y sugiriéndonos que el recorrido de la poesía también es una peregrinación espiritual:

Cuando el secreto se mostró en mi entraña,
se extinguió mi existencia,
mi estrella se ocultó;
por el misterio del Señor mudose
el corazón;
del cuerpo todo rastro
de sentido perdí, quedando ausente;
y vine desde Él, por Él y a Él,
a bordo de la nave
de mi resolución,
en cuyo mástil desplegué las velas
de interna reflexión,
en alta mar de mi saber velado;
y al soplo de los vientos de mi anhelo,
como una flecha el mar atravesó;
y el mar de la proximidad crucé,
hasta que vi de modo manifiesto

a Quien aquí no nombro.
Clamé entonces diciendo:
¡Ay Tú, a quien mi corazón contempla!
¡Haz que en las suertes saque
una flecha que gane vuestro amor!
¡Tú eres mi solaz y mi festejo,
mi meta en la pasión y mi triunfo![216]

Y este otro:

Los nombres de Sus más hermosos Nombres
que externamente son manifestados,
si son considerados uno a uno
son múltiples, diversos, singulares;
mas Sus Nombres bellísimos, guardados
de los entendimientos,
de la razón ocultos, nombran solo
la realidad del Uno en cuanto Esencia.
Sus más hermosos Nombres perdurables
para nosotros son, aunque se ignoren,
innumerable cifra;
mas no se manifiestan ni aparecen
pues son en sí tan solo relaciones;
¿cómo entonces podría
considerarlos yo mi fundamento?
Olvídase la gente en su descuido
de cuanto en ellos les he recordado:
de los caminos de realización
tomaron una senda que desvía.
Ni de ellos priva, ni les da existencia,
pues privación y haber se dan tan solo
en ámbito de paz o de discordia.[217]

Como menciona Claude Addas, aunque no se asigna a la obra poética akbarí el estatuto de una revelación propiamente dicha, no faltan en ella, como ya hemos apuntado, múltiples niveles de lectura. Recordemos, para concluir, el relato autobiográfico de la visión, recogida en el prólogo del *Dīwān*, en la que un ángel le lleva la azora coránica de los poetas que el Šayj ingiere completamente. Y es de esta comunión con este episodio del Corán de la que nace su dedicación a la empresa poética. La especialista francesa observa un cierto paralelismo entre este peculiar acontecimiento en la vida de Ibn ʿArabī y varios pasajes de índole similar que figuran tanto en el Antiguo como en el Nuevo Testamento. Y señala:

> Me dijo: Hijo de hombre, come lo que hallas; come este rollo, y ve y habla a la casa de Israel. Y abrí mi boca, y me hizo comer aquel rollo. Y me dijo: Hijo de hombre, alimenta tu vientre, y llena tus entrañas de este rollo que yo te doy. Y lo comí, y fue en mi boca dulce como miel (Ezequiel 3:1-3).

Y también:

> Fueron halladas tus palabras, y yo las comí; y tu palabra me fue por gozo y por alegría de mi corazón; porque tu nombre se invocó sobre mí, oh Jehová Dios de los ejércitos (Jeremías 15:16).

Por último:

> Y fui al ángel, diciéndole que me diese el librito. Y él me dijo: Toma, y cómelo; y te amargará el vientre, pero en tu boca será dulce como la miel. Entonces tomé el librito de la mano del ángel, y lo comí; y era dulce en mi boca como la miel, pero cuando lo hube comido, amargó mi vientre (Apocalipsis 10:8-11).

9. EL CORAZÓN «CAPAZ DE ACOGER CUALQUIERA DE ENTRE LAS DIVERSAS FORMAS»

No cabe duda de que los últimos versos del poema que comentamos a continuación son los más difundidos de la entera producción escrita de Ibn ʿArabī. La composición, que lleva el número 10 u 11 (según se contabilice o no el poema introductorio de la colección), forma parte de la selección lírica titulada *Tarŷumān al-ašwāq* (*El intérprete de los deseos*)[218] y tiene una longitud bastante más extensa que el fragmento final habitualmente citado. Por ese motivo, creo que merece la pena exponerlo en su totalidad, así como presentar cuáles son las sugerencias suscitadas (sobre todo en lo que atañe a la sección última del poema), que, como siempre ocurre en el caso del Šayj, no tienen relación, a nuestro modesto entender, con las que se nos insinúa a simple vista. El proceso de composición del texto insumió, como sabemos, un periodo de varios años, estando dedicado a una joven de nombre Niẓām (Armonía), que tenía por apelativos ʿAyn al-Šams (Ojo del Sol) y al-Bahā'(Esplendor).[219]

Por distintos cauces nos ha llegado el rumor de que algunas personas sostienen (ignoro el motivo exacto) que la autoría de este poema no pertenece a Ibn ʿArabī, tal vez porque hace gala de una aparente apertura religiosa que no cuadra con la mentalidad de muchos que se tienen por musulmanes, los cuales no aciertan a comprender ni por asomo el profundo simbolismo que siempre entrañan las crípticas palabras del Šayj. Con el fin de rebatir tan descabellada opinión, lo primero que hay que tener en cuenta es que, urgido por algunos de sus discípulos, Ibn ʿArabī escribió un extenso comentario a la presente colección poética, titulado *Kitāb Ḏajāʾir al-aʿlāq šarḥ tarŷumān al-ašwāq* («Libro de los tesoros de los amantes»), donde glosa cada uno de los versos recogidos en dicha colección —incluido, por supuesto, el poema que ahora nos ocupa—, viéndose obligado a esta tarea porque su mensaje había suscitado la crítica furibunda de los constreñidos alfaquíes de la ciudad de Alepo, quienes le acusaban de haber escrito un libro consagrado al amor profano.

Dicho lo cual, se nos antoja absurdo que él mismo comentase un poema del cual, supuestamente, no es autor. Siguiendo con ese tipo de prejuicios —cuya veracidad nadie ha demostrado, ni de manera textual ni de ningún otro modo— podríamos poner en duda no solo la entera obra del Šayj, sino la de todos los autores que en el mundo han sido. Lo que más escuece —creo— a los furibundos críticos de este poema, y de otras actitudes preconizadas por Ibn ʿArabī, es su aparente apertura espiritual, reñida según ellos con la auténtica doctrina islámica, sin detenerse a descorrer en lo más mínimo los velos que ocultan su intrincado contenido alegórico. Y eso es lo que haremos parcialmente en la medida de nuestras escasas posibilidades a lo largo del presente capítulo, es decir, practicar un rasguño en un inmenso edificio simbólico, ya que las palabras del Šayj siempre son un océano carente de orilla y presentan ilimitados niveles interpretativos.

De entrada, verteremos en su totalidad el poema que pretendemos glosar (ya que, como hemos señalado, es muy habitual citar tan solo sus últimas y archiconocidas estrofas) y luego trataremos de dilucidar de una manera abierta —insistimos que, en buena medida, de acuerdo con nuestra propia interpretación personal— los más íntimos recovecos de la última sección principalmente, la cual, como decimos, ha sido y sigue siendo citada de manera muy profusa. El contenido del poema completo, en traducción de Pablo Beneito, es el siguiente:

1 ¡Ay palomas en los árboles
de *arak* y de *ban* posadas,
tened piedad, no dobléis
con *zureos* de nostalgia
las *ramas* de mi pesar!

2 ¡Tened piedad, no mostréis
con lamentos y con llanto
el escondido secreto
de mis pasiones y anhelos!

3 Al crepúsculo y al alba,
cuando con Ella converso,
a cuanto dice respondo
con anhelante suspiro
prendido por el deseo,
con el trémulo gemido
de un amante arrebatado.

4 Los unos contra los otros,
espíritus como *llamas*
rugen en los tamariscos
del boscaje cuyas ramas
envolviéndome tendía
hasta que me devoró.

5 Hasta mí, de tan intenso
deseo y pasión ardiente,
trayéndome novedades
de las pruebas *del amor,*
vienen con diversas formas.

6 ¿A quién tendré *junto a mí*
en la morada *de* Yama,
el paraje de la unión?
¿Y en el Muhassab de Mina,
lugar del desasimiento,
ya en el valle de destino?
¿A quién tendré junto a mí
en Dát al-Azl, *el Origen*,
o en el *bendito* Naamán?

7 Una y otra vez dan vueltas
en torno a mi corazón,

entre el tormento y el éxtasis,
besando mis cuatro esquinas,
8 así como el Enviado
—el mejor de todos ellos—,
circunambuló la Caaba,
sobre la cual la razón
no alcanza a dar argumento.

9 Él mismo, de inspiración
y palabra tan dotado,
piedras en ella besaba.
¿Cuál es pues su condición?
¿Cuál es el valor del Templo
respecto al grado del Hombre?

10 ¡Cuántas, *cuántas* veces Ella
se comprometió jurando
que no habría de cambiar!
Mas no es lo propio de aquella
que se pinta con afeites
el cumplir con las promesas.

11 ¡Qué asombroso es el prodigio
de una gacela velada
que señala un azufaifo
y hace señas con sus ojos,

12 y cuyos pastos se encuentran
entre costillas y entrañas!
¡Qué maravilla un jardín
en medio de tantos fuegos!

13 Capaz de acoger cualquiera
de entre las diversas formas
mi corazón se ha tornado:
Es prado para gacelas
y convento para el monje;

14 para los ídolos templo,
Caaba del que en torno gira;
es las Tablas de la Tora
y es el libro del Corán.

15 La religión del amor
sigo adonde se dirijan
sus monturas, que el amor
es mi práctica y mi fe.

16 Tenemos claro modelo
en Bishr, prendado de Hind,
y en ejemplos semejantes
de quienes igual amaron:
Layla y Qays, May y Gaylán.[220]

Veamos ahora cuál es la explicación, derivada en parte de su propio comentario, e inspirada en lo que a nosotros respecta por algunas de las indicaciones que Ibn ʿArabī nos proporciona de algunos de esos versos, y cuál es la interpretación parcial que proponemos.

El primer verso invoca la presencia de las palomas, las cuales irrumpen en distintas ocasiones en el *Tarŷumān*, dado que representan las inspiraciones divinas, así como los frutos de la santidad, nos indica Maurice Gloton en su traducción del comentario que acompaña al conjunto de los poemas del libro. Por su parte, la estudiosa Gracia López Anguita señala que el uso del ave como símbolo del alma humana y de su vuelo en pos de lo divino ha sido un motivo recurrente en la literatura persa y los autores clásicos árabes.[221] Es por eso que a lo largo del *Tarŷumān* aparece de manera reiterada la paloma (*ḥamāma, warqā'*), o tórtola (*qumriyya*), simbolizando las inspiraciones divinas acogidas por el corazón del contemplativo. Debemos subrayar la importancia en la elección del término *warqā'* (paloma), ya que comparte raíz léxica con *waraqa* (hoja), pues está destinada a que el Cálamo escriba sobre ella, siendo factible relacionar dicho simbolismo con el hecho de que la paloma representa al alma, y que esta es la *tabula rasa* sobre la cual el Cálamo, el Primer Intelecto o el Espíritu primordial, consigna los designios de la existencia.

El zureo de la paloma se produce mientras esta se posa sobre el ramaje del *bān* y el *arāk*, dos arbustos citados en el verso inicial que representan, entre otras cosas, la pureza, aludiendo al estado más propicio en el ser humano para atender a la comunicación con lo divino. El término *arāk* (que se refiere en concreto al arbusto denominado «Salvadora persica») apunta a la purificación y la limpieza, teniendo, entre otras funciones, la virtud de limpiar y blanquear los dientes, una utilidad de la que también se servía el Profeta. Entre las costumbres islámicas antes de realizar la oración, es recomendable el aseo oral con una especie de cepillo —el cual recibe el nombre de *siwāk*— fabricado con este arbusto, según el hadiz recogido por Bujārī y Muslim, quienes señalan:

> Con la autoridad de Abū Hurayra (que Dios esté complacido con él), quien reportó que el Profeta (que la paz y las bendiciones de Dios sean sobre él) dijo: «Si no fuera porque no quise hacer las cosas difíciles para mi comunidad, les habría ordenado usar el *siwāk* antes de cada oración».[222]

Asimismo, el arbusto llamado *bān* («Moringa peregrina») se emplea para confeccionar un tipo de incienso, lo cual está en consonancia con la función purificadora recién descrita. Vemos entonces que el primer verso alude a la limpieza del cuerpo y la mente como preámbulo para adentrarse en el contenido que va a exponer en el poema, de igual modo que el devoto ha de efectuar la ablución para estar en condiciones de llevar a cabo la plegaria (*ṣalāt*) preceptiva. Todo lo anterior nos sugiere que esta preparación atañe al contenido del poema, es decir, que hay que purificar profundamente cuerpo y mente para apreciar el significado de lo que va a transmitirse a continuación, si bien, como ocurre por lo general en los escritos del Šayj, dicho significado sea —insistamos en ello— un mar insondable de ilimitados matices.

Nos advierte el comentario de Ibn ʿArabī que el hecho de demandar piedad supone que, una vez efectuada la purificación recién preconizada, el devoto se abre mediante la oración a las inspiraciones procedentes de los dominios superiores de conciencia, poniendo entre paréntesis su pensamiento racional para transformar su mente en un lienzo impoluto donde se imprima con las menores interferencias posibles el mensaje divino.

En cuanto a los periodos del crepúsculo y el alba, recogidos poco después, se trata de momentos liminares ubicados entre el fulgor de la manifestación y la noche de la ocultación, subrayando que constituyen un periodo de comunión privilegiado con otras dimensiones de la realidad. En las enseñanzas tántricas orientales, por ejemplo, se menciona el «lenguaje crepuscular» (sánscrito, *sāndhyabhāṣa*), es decir, del lenguaje velado que no expresa abiertamente lo que dice en realidad, y algo muy parecido podemos afirmar tanto de este como del resto de los poemas del *Tarŷumān*. Estos dos periodos son —nos asegura el Šayj— los momentos más propicios para conversar de manera íntima con el Amado.

Los crepúsculos matutino y vespertino señalan un *barzaj* entre luz y oscuridad, lo cual implica que la experiencia en cuestión tiene lugar en la dimensión intermedia o imaginal ubicada entre el mundo de la vigilia y el plano espiritual. No obstante, este verso cuenta —como decimos— con una lectura podríamos decir que más común, vinculada con los momentos idóneos, destacados por el Corán, para efectuar la oración, pues nos indica el Libro sagrado: «Celebra al anochecer y al alba las alabanzas de tu Señor» (40:55); «Celebra las alabanzas de tu Señor antes de la salida del sol y antes de su puesta» (20:130), lo cual concuerda con la llamada a la purificación —previa a la oración— propugnada en el verso inicial.

Nos indica el comentario de Ibn ʿArabī que existe un juego de palabras entre los términos árabes *ḥanna* (afecto) y *anna* (pena, gemido) —que figuran un poco más adelante en el poema—, aludiendo a la naturaleza no dual del amor místico, lo cual supone que los gemidos y lamentos proferidos por los amantes no son sino una muestra del elevado amor que se profesan. Este particular, que incide de nuevo en la figura de la confluencia de los opuestos, preponderante en toda experiencia mística, nos advierte —como el Šayj insiste en numerosas ocasiones— de que el amor de Dios no se sacia con la presencia ni decrece con la ausencia del Amado.

En el verso que habla de «los unos contra los otros», se acentúa la figura de unión de contrarios, puesto que esas palabras aluden de nuevo, según el preceptivo comentario, al hecho de que el amor congrega aspectos antagónicos, como nos explica Ibn ʿArabī en el célebre capítulo 178 de las *Futūḥāt al-makkiyya*, así como en otros lugares, acerca de la genuina naturaleza del amor.

Se menciona un poco después el árbol *gaḍa*, el cual es una variedad de tamarindo que arde con facilidad, simbolizando con ello el «fuego de la pasión» (*nirān al-ḥubb*) y jugando —según el comentario del Šayj— con las palabras «ramas» (*afnān*) y «me devoró» (*afnā-nī*), dado que, en el culmen del amor místico genuino, es decir, en la plena experiencia del *fanā'* (muerte mística), se pierde cualquier rastro de identidad propia hasta extinguirse en el Amado. La identidad relativa es la madera que sirve de combustible a la llama del amor espiritual. Así pues, la leña suministrada por la madera del tamarindo se asocia con el corazón consumido por el fuego encendido por la pasión del amante. En otros escritos, Ibn ʿArabī vincula dicho amor vehemente con la zarza en llamas desde la que Dios se dirigió a Moisés, como consta en distintos pasajes coránicos (20:11-14; 27:8-10; 28:30-31).

El término *ŷamaʿ*, citado poco después, quiere decir, según el comentario, «reunión de gente», apuntando a la congregación de los creyentes que acaece durante la Gran Peregrinación (*ḥaŷŷ*), mientras que Minā es el emplazamiento en el que acampan los peregrinos que se dirigen a la Kaaba, lo cual nos indica que uno de los motivos centrales del poema tiene que ver con la Piedra Negra, la cual constituye el corazón del islam y el objetivo último de la Gran Peregrinación. Además, en el valle de Minā, se ubica el emplazamiento donde se efectúa el ritual de lapidación del diablo, efectuado entre el amanecer y el atardecer, en el último día del *ḥaŷŷ*. Debemos tener muy en cuenta, no obstante, que el diablo al que aquí se alude no es sino la existencia separada y el egocentrismo que impide fundirse con el Amado. Estas estaciones de la peregrinación, mencionadas en el poema, evocan la imagen de que el amor genuino es una peregrinación permanente que no tiene un lugar fijo donde reposar, una idea que cobra mayor fuerza en los últimos y más célebres versos del poema que estamos comentando y en los que se alude a la caravana o la montura del amor.

«Una y otra vez dan vueltas en torno a mi corazón», prosigue diciendo ahora en referencia a la Piedra Negra. A partir de aquí parece que el resto de la composición se centra en la equiparación entre la Kaaba y el corazón del contemplativo, lo cual nos retrotrae a la célebre frase del gran maestro andalusí Abū Madyan Šuʿayb, quien al ser interpelado acerca de las virtudes de la Piedra Negra, respondió: «La Kaaba soy yo».[223]

La identidad del poeta parece cambiar a partir de este momento, ya que nos habla ahora de su corazón como la Kaaba en torno a la cual giran las amadas, que no son sino los espíritus de los místicos arrobados por el amor divino. Esta imagen evoca las representaciones coránicas del templo celestial alrededor del cual dan vueltas los ángeles y en cuyo interior desaparecen. El poeta ya no es el amante que vaga por doquier en busca de la amada perdida, como tampoco es un peregrino más que lleva a cabo la preceptiva Gran Peregrinación, sino que, más bien, es su propio corazón el que se transforma en Kaaba, en meta y en centro inmóvil de toda adoración. Aquí, el poema alude a la idea sufí, mencionada en todos los escritos del Šayj, de que la mayor Kaaba es el corazón del ser humano en el culmen de la unión mística, lo cual evoca la visión del Viaje Nocturno y la Ascensión donde en el séptimo cielo el peregrino contempla a Ibrāhīm y la Kaaba celeste, así como a un sinnúmero de ángeles entrando y saliendo de ella. «Estando presente con Dios en todo momento, haz que tu corazón sea como esta casa»,[224] le indica entonces el profeta Ibrāhīm a Ibn ʿArabī.

A reglón seguido, las palabras «una gacela velada» aluden a las sutilezas divinas ocultas tras estados aparentemente sensuales en referencia a las desconocidas experiencias espirituales de los gnósticos, que no pueden explicar sus vivencias internas a los demás seres humanos, sino que solo son capaces de indicarlas de manera alegórica a aquellos que experimentan lo mismo. Este verso también parece referirse a la situación de completo anonimato de los genuinos conocedores de Dios (los *malāmiyya*), quienes sin bien parecen externamente personas vulgares, son divinos interiormente. Y, de nuevo, aparece ahora la mención a una especie vegetal, el azufaifo («Ziziphus jujuba»), que es el árbol que señala el límite, durante el Viaje Nocturno y la Ascensión, entre los mundos de la forma y de aquello que se ubica más allá de ella. Este árbol figura en distintas aleyas. Se afirma que los creyentes «estarán entre azufaifos sin espinas y liños de acacias, en una extensa sombra» [...] (56:28-29). El Azufaifo del Límite, denominado así por la tradición islámica, es descrito de la siguiente manera: «Es un árbol de una sola perla, admirablemente blanca y tan hermosa que su belleza superaba todas las cosas bellas, salvo la belleza de Dios y la de sus ángeles. Todas sus hojas, flores y frutos también eran de perlas; sus frutos tenían todos los sabores agradables que pueda desear el corazón del hombre».[225] El hecho de que este árbol sea citado a estas alturas del poema sugiere que Ibn ʿArabī nos está describiendo una especie de ascensión hasta la fuente de todo amor, que es a la vez una subida hasta los más íntimos recovecos del corazón y una inmersión en ellos.

Nos dice además en su comentario que el verso que señala «cuyos pastos se encuentran entre costillas y entrañas» alude a las ciencias ocultas en el pecho de los amantes. Tal como dijera ʿAlī (primo del Profeta), golpeándose el pecho: «Aquí hay ciencias en abundancia, si encontrara gente que las llevara (en su mente)». Podemos considerar esas palabras como el preludio de lo que va a explicarse seguidamente acerca de la ciencia del corazón.

Es ahora la expresión «un jardín en medio de tantos fuegos» (o «un jardín entre las llamas», dependiendo de la versión) la que nos lleva a sospechar que el poema está dedicado, por lo menos en su última parte, al profeta Ibrāhīm, padre de las tres principales religiones monoteístas, puesto que, cuando indagamos en los episodios biográficos que la historia sagrada nos ofrece de su biografía, se nos explica que fue capturado, sometido a tortura y condenado a ser quemado vivo. Pero, oh, sorpresa, cuando las llamas debían consumir su cuerpo —según se relata—, estas se vieron transformadas en la frescura de un florido jardín, como reza el poema que estamos comentando, refiriéndose en nuestra opinión a este mismo episodio. La frescura oculta en el seno de las llamas es un emblema que, aparte de evocar de nuevo la reiterada figura en la enseñanza akbarí de la unión de contrarios, nos retrotrae al fruto último del amor místico. Y, por ese motivo, en los versos siguientes pasa a enumerar abiertamente los símbolos identificadores de las principales religiones monoteístas, derivadas del profeta Ibrāhīm (judaísmo, cristianismo e islam), subsumiéndolas a todas bajo el mencionado símbolo de la gacela enamorada, que alberga en su pecho un jardín coronado de llamas.

Según las aleyas coránicas correspondientes (21:51-73), cuando Ibrāhīm observó que su pueblo no dejaba de venerar a los ídolos, los rompió en mil pedazos. De ahí que reciba el sobrenombre de «destructor de ídolos». Los adoradores de ídolos quedaron atónitos sin saber qué decir ni qué hacer ante tamaña afrenta, pero no cejaron en sus creencias, sino que condujeron a Ibrāhīm ante el malvado rey Nemrod, quien decidió acabar con su vida arrojándolo al fuego. Sin embargo, cuando lo lanzaron a las llamas, estas se enfriaron por orden de Dios, y por eso recoge el Corán: «Dijimos:

"Fuego, sé frío y lleno de paz para Ibrāhīm"» (21:69). Es por ese motivo que en el poema se alude a un jardín «en medio de tantos fuegos», dado que este es transmutado en frescura, y en su interior florece un vergel. En definitiva, cuando se dan las circunstancias correctas, el fuego de la pasión amorosa se convierte en un hermoso jardín.

Por otro lado, relatan algunos hadices que la salamandra a diferencia del resto de los animales, fue el único que soplaba para avivar las llamas que trataban en vano de consumir a Ibrāhīm, razón por la cual es considerada por algunos un animal maldito. Sin embargo, Ibn ʿArabī invierte este significado (como no es extraño en él) y leemos en su comentario[226] que la salamandra es el ejemplo de un animal que el fuego no aniquila, sino que lo hace desarrollarse, siendo una metáfora de las ciencias y conocimientos que no se ven consumidos por las llamas candentes del amor, ya que nacen precisamente de ellas. La presencia de la salamandra de acuerdo con la tradición en el episodio en que Ibrāhīm es condenado a morir devorado por el fuego, así como en el propio comentario del Šayj, es otra pista que nos induce a pensar que el poema está relacionado en buena medida con la figura de este importante profeta.

A su vez, la sabiduría de la hospitalidad que nos transmite la imagen del «corazón capaz de acoger cualquiera de entre las diversas formas», como prosigue el poema, parece guardar cierta conexión con el célebre episodio que nos narra la visita que tres ángeles (la tradición bíblica nos asegura que se trataba de Miguel, Gabriel y Rafael) con apariencia humana hicieron a Ibrāhīm. En las azoras 11:70-71, en la que se nos habla acerca de este incidente y del castigo de las gentes de Lot, el Corán asevera que los ángeles visitaron a Ibrāhīm para advertirle acerca de dicho castigo y para anunciarle el nacimiento de su hijo Isaac, aunque el Libro sagrado los describe de entrada como visitantes con apariencia humana, que es como irrumpen en otros episodios de la historia sagrada en los que también intervienen estas criaturas sobrenaturales. Ibrāhīm quiso darles la bienvenida ofreciéndoles una comida suculenta, pero el relato recoge que, cuando vio que las manos de sus invitados no tocaban los alimentos que consumían, desconfió de ellos y se sintió embargado por el miedo, ante lo cual los extraños le dijeron que no albergase temor alguno, ya que habían sido enviados para advertir al pueblo de Lot. A partir de ese momento de revelación, y a pesar de las súplicas que les dirigió Ibrāhīm para que tuviesen misericordia, los ángeles, que él confundió en un principio con invitados humanos, le conminaron a que dejara de defender a dicho pueblo, cuya destrucción se refiere al episodio catastrófico de Sodoma consignado en distintas aleyas coránicas (7:84; 11:78; 11.82; 15.74; 19:8; 29:31-32; 7:80-81;54:34), un episodio que también se halla recogido en la Biblia (Génesis 18:1-15).

Lo que nos transmite este incidente es, por un lado, la inmensa e impecable hospitalidad de Ibrāhīm —de la cual el corazón es emblema— y, por el otro, la aprensión que resulta característica al tropezar con la dimensión numinosa de la existencia, encarnada en este caso por los tres ángeles. La hospitalidad que, como el corazón del poema akbarí, es capaz de acoger todas las formas es entonces la cualidad principal subrayada en estas líneas. Esta hospitalidad o receptividad alude a la Piedra Negra (que es el corazón del mundo), cada una de sus seis caras estando representada por un tipo de relación con Dios, razón por la cual nos transmite el poema: «pasto para gacelas, templo para ídolos, etcétera». Sin duda, el corazón se refiere a la Kaaba, el lugar propio de Ibrāhīm, pues junto a su hijo Ismaīl erigió allí un santuario siguiendo el mandato divino.

Recoge además el Corán que Ibrāhīm era «benigno, tierno, estaba arrepentido» (11:75), cualidades propias del corazón capaz de amparar con equidad las diversas manifestaciones teofánicas. La «amistad íntima» (*jalīl*) para con Dios —característica de Ibrāhīm— es el estado inconfundible de sus «amigos», los santos. Una de las virtudes de la sabiduría de la hospitalidad, capaz de albergar ángeles sin saberlo, se plasma en la imagen del corazón dispuesto a acoger toda creencia en tanto que expresión parcial de la Realidad. No existe ningún credo ni filosofía apto para dar debida cuenta de los infinitos matices de la verdad, sino que todos son expresiones parciales de un mismo anhelo, de un mismo amor hacia la Realidad, la cual no permanece confinada en ningún credo específico.

Y por ese motivo prosigue el poema que comentamos con las celebérrimas palabras: «Capaz de acoger cualquiera de entre las diversas formas mi corazón se ha tornado». El corazón al que aquí se alude se denomina en árabe *qalb* a causa de sus constantes cambios y fluctuaciones, pues varía según las diversas influencias por las que se ve afectado a tenor de la variedad de sus estados internos; y la heterogeneidad de dichos estados se debe a la multiplicidad de las manifestaciones divinas o teofanías (*taŷalillāt ilāhiyya*) que se le muestran de manera íntima. Es entonces cuando el corazón se transforma en «prado para gacelas», las cuales —escribe Ibn ʿArabī— no solo son objeto del amor del buscador, sino que únicamente se nutren con el amor del Bienamado. Este corazón, capaz de múltiples transformaciones, se muda en «convento para el monje», resaltando la capacidad de sus moradores para consagrarse de manera exclusiva a Dios, dado que el monasterio es un lugar privilegiado en el que se adora a Allāh. Y añade que es «para los ídolos templo», unas palabras que pueden inducirnos a confusión porque los ídolos a que aquí se hace referencia —expone en su comentario— son las realidades esenciales a las que aspiran los seres humanos y a causa de las cuales adoran a Dios. Así pues, reciben la denominación de ídolos (*awṭān*) o de bienes numerosos, según una acepción de la raíz de dicha palabra, siendo las realidades divinas que los humanos anhelan y por las que veneran a Dios de todas las maneras posibles. El corazón también es «Kaaba de quien le da vueltas», dado que está rodeado de espíritus exaltados. Además, lo denomina «Tablas de la Torá», porque en él se hallan inscritas las ciencias mosaicas, acumuladas en este emplazamiento místico. Y es el libro del Corán, porque recibe la herencia del perfecto y glorioso conocimiento muḥammadī, haciendo que el conocedor de Allāh se transforme en un Corán vivo, o, dicho de otro modo, en un Libro que come, duerme y anda.

Declara Ibn ʿArabī de manera rotunda que él sigue la religión del Amor, en referencia a la aleya que nos indica: «Si amáis a Dios, ¡seguidme! Dios amará y perdonará vuestros pecados» (3:31). La religión de los enamorados —que, como afirmase Rūmī, es «distinta de las demás religiones»— no se deja encorsetar en un molde fijo y, por ese motivo, difiere del resto de los cultos religiosos, los cuales no son en su mayoría sino dogmas secundados de manera ciega como una salvaguardia para refugiarnos de los temores que asaltan a nuestro pequeño ego. Pero el amor real, el amor divino, nunca es ciego, sino vidente, siendo la condición indispensable para la abolición y transformación del ínfimo ego limitado.

Y prosigue señalando Ibn ʿArabī en el poema: «La religión del Amor sigo adonde se dirijan sus monturas...», es decir, que acepta de buen grado la dirección o la carga que el Amor tenga a bien imponerle, ya que no hay religión tan sublime como la basada en el anhelo por Aquel a quien se adora y en quien se deposita de manera plena la fe y la confianza. La alusión a las «monturas del amor» nos retrotrae, dentro de la amplia nomenclatura de tipos de amistad divina expuestos por el Šayj, a los llamados *afrād* (encuadrados en la categoría más general de los *malāmiyya*), puesto que de ellos nos explica que son transportados en «monturas», renunciando a cualquier movimiento voluntario o derivado de su propio ego.

Debemos tener en cuenta que en árabe los términos *qibla* y *qalb* están emparentados. El primero, como sabemos, designa la dirección ritual en que debe efectuarse la plegaria, mientras que el segundo denota —como hemos sugerido al citar el episodio del Viaje Nocturno en donde se le aparece Ibrāhīm al Šayj— que el corazón (celeste) es la auténtica *qibla* de los sabios.

Por otro lado, como escribe el especialista Stephen Hirtenstein, hay que tomar en consideración, a la hora de interpretar el poema, el significado geométrico de los seis lados del cubo de la Kaaba y las seis confesiones religiosas a que aluden los versos del Šayj y que citamos de nuevo: «Prado para gacelas, convento para el monje, para los ídolos templo, Kaaba de quien le da vueltas, es las Tablas de la Torá y es el libro del Corán». Mencionar tan solo que la Kaaba y el Corán parecen sumar dos alusiones explícitas vinculadas con el islam, pero debemos tener en cuenta que, según las crónicas religiosas y como ya hemos mencionado, la Kaaba existe desde los tiempos de Ibrāhīm (según algunas fuentes desde la época de Adán), configurando, junto al Corán, los dos extremos de la Revelación. Además de hacer alusión al cubo sagrado de la Kaaba, el número seis es el primer número perfecto y, al igual que el corazón, cuenta con seis caras, como un ojo que mira en todas direcciones, dado que Dios «abarca todas las cosas» (42:54). Cuando el corazón contempla en todas direcciones, adquiere forma esférica y se ve transformado en luz. Podemos entonces concebir nuestra conciencia interior como un cubo que se orienta hacia las seis direcciones del mundo exterior, momento en que el corazón pasa a ser descrito como un órgano capaz de recibir la Revelación desde cada una de dichas direcciones para transformarse completamente en una esfera luminosa.

Esto último es un claro recordatorio de la famosa experiencia iluminativa experimentada por Ibn ʿArabī en la ciudad de Fez, en el año 1197, de la que consigna lo siguiente: «No tenía sentido de dirección alguna, como si me hubiera vuelto completamente esférico».[227] El Šayj utiliza en ocasiones la misma imagen cúbica como si se tratase de una superficie pulida, describiendo el corazón como un espejo dotado de seis caras. Frente a cada cara, Dios ha colocado una de las Presencias divinas fundamentales, de modo que cuando se pule una de dichas caras, refleja la Presencia que le corresponde, siendo evidente en esta imagen la equiparación de la Kaaba y el corazón del contemplativo.

Ibn ʿArabī explica que las formas de adoración son modalidades del conocimiento de Dios que se despliegan en el corazón, modalidades de la revelación que el ojo interior acepta sin dificultad. En consecuencia, no son imágenes creadas por el ser humano, sino formas imaginales depositadas en lo más profundo de nuestro ser. El Šayj subraya que el corazón es el lugar de la transformación (*taqallub*), capaz de recibir los diferentes tipos de inspiración que le llegan a través de la diversidad de los estados sucesivos, y los estados varían debido a las teofanías que se adaptan al núcleo más íntimo (*sirr*) de su ser. En ese sentido, el corazón es equiparado con la Tabla guardada, que citábamos al principio de este escrito, porque atesora los designios de la existencia, siendo también la imagen del Corán celeste que sirve de modelo al Corán por todos conocido.

Y, ya en la última estrofa del poema, el Šayj cita a varios célebres amantes de la tradición árabe, precisando que el amor es una misma realidad para los legendarios amantes mencionados en estos versos y para nuestro autor, si bien los objetos del amor —nos advierte— son diferentes en uno y otro caso, pues los primeros están prendados de un fenómeno, mientras que el contemplativo ama lo esencial. El poema concluye así rindiendo homenaje a notorias parejas de amantes del pasado: Bišr y Hind, Qays y Laylā, así como May y Gaylān.

Debemos advertir, como nos muestra en sus escritos Pablo Beneito,[228] que los versos finales de este poema han sido traducidos de una manera un tanto descuidada en la práctica totalidad de las versiones existentes. Lo que se trasluce de las traducciones publicadas, por lo menos en castellano, es que los traductores parecen haber seguido la traducción inicial de Reynold A. Nicholson, que dice así: «Tenemos un modelo en Bišr, el amante de Hind y de su hermana...», frase que se repite con mínimas variaciones tanto en la traducción de Vicente Cantarino como en la de Carlos Varona Narvión. Por su parte, en francés, la traducción de Maurice Gloton señala: «Tenemos como ejemplo a Bišr, enamorado de Hind y de su semejante...». Y recalca Pablo Beneito que se ha introducido un elemento de confusión porque, que sepamos (y el poema no lo sugiere en ningún momento), Bišr no estaba enamorado de la hermana de Hind ni de su semejante, por más que se interprete que esta «semejante» pudiera referirse al polo celeste de la amada. Y subraya que, en el comentario a su poemario, Ibn ʿArabī lo deja meridianamente claro cuando afirma que la expresión *ujtu-hā* (lit. «su hermana», es decir, «su semejanza») hace referencia a (otras parejas de amantes como) Ŷamīl b. Muʿammar y Buṯayna, Bayāḍ y Riyāḍ, Ibn al-Durayŷ y Lubnā u otros. Y concluye Pablo Beneito:

> Así que el verso dice con una expresión típicamente árabe: «Tenemos un modelo... y su(s) semejanza(s) [o sea, "y lo semejante a él"]», es decir, «...y otros semejantes a él». Definitivamente no hay un triángulo amoroso. Lo importante aquí es que Ibn ʿArabī remite nuevamente a la héxada al mencionar los nombres de seis amantes en tres parejas en alusión a las seis faces del cubo. Nótese además que vuelve a hacerlo en su comentario al mencionar a otros seis amantes de otras tres parejas. Sin decirlo explícitamente, Ibn ʿArabī está en todo momento haciendo referencia a las seis faces del cubo y eso determina, como vemos, las imágenes y el sentido del poema y, por supuesto, la traducción.[229]

Aparte de devolvernos al simbolismo de las seis caras del cubo (pues, como apunta la cita, seis son los amantes mencionados, tanto en el poema como en el comentario), cabe resaltar que las suyas fueron, por diferentes motivos, historias de un amor de materialización imposible. Estas parejas clásicas sirven como arquetipo del amor cantado en el *Taryumān*. Un poema dirigido por Qays (Maŷnūn «el Loco») a Laylā, donde se compara con un amante-poeta llamado ʻUrwa, es especialmente relevante para el contenido del poema que estamos comentando, debido a su énfasis en la muerte y el renacimiento continuos:

> Me maravilla que ʻUrwa al ʻUḏrī
> se convirtiera en leyenda durante generaciones.
> Él murió cómodamente tan solo una vez,
> mientras yo muero de nuevo cada día.[230]

Los versos precedentes evocan la presencia del corazón-*qalb*, el cual afronta un proceso continuo de muerte y resurrección, al igual que el resto de la existencia en su creación, destrucción y recreación permanentes.

10. «DIOS DESEADO Y DESEANTE»: UNA MIRADA AKBARÍ SOBRE EL ÚLTIMO JUAN RAMÓN JIMÉNEZ

> *El poeta debe ser el hombre que arde como una llama, que está siempre ardiendo* [...]. *El poeta debe estar siempre sobre sí mismo, depurándose, renovándose, elevándose. Yo soy el hombre que se renueva, que se depura, que está siempre ardiendo.*[231]

Es de sobra conocida la ascendencia poética de san Juan de la Cruz en la obra de Juan Ramón Jiménez —de su «música tutelar», como señala el poeta valenciano Vicente Gallego—, pero yo quisiera llamar la atención sobre las resonancias akbaríes que despierta en mí la lectura abierta de algunos de sus versos, en especial los incluidos en su libro inacabado *Dios deseado y deseante* (aunque en Juan Ramón todo su trabajo tiene un aire de inconcluso, pues, según escribía, su gran sueño era corregir la totalidad de su obra el último día de su vida).[232] Aunque el poeta albergaba el propósito de concluir el citado poemario en 1950, tan solo una parte del mismo vio la luz, en el año 1949, con el título de *Animal de fondo*. El texto, tal como fue concebido por su autor, jamás llegaría a ser finalizado. En cualquier caso, es este un poemario enigmático, desconcertante para algunos, un libro de cumplimiento último que narra el trance místico-estético que, en 1948, experimentó nuestro autor durante su viaje por mar desde Nueva York a Buenos Aires.

Juan Ramón Jiménez era un asceta de la poesía, que vivió por y para la palabra poética. La poesía era su religión, una religión marcada por la búsqueda incesante de Dios en tanto que belleza absoluta, de un «dios posible para la poesía», tal como apunta él mismo. Sin embargo, también nos aclara que no escribía poesía religiosa usual, sino que consideraba que lo poético era profundamente religioso.[233] Su fe lírica consiste en ver la belleza en todo lo que mira, o mejor «mirar bello todo lo que ve». Y por eso —apunta— está más seguro de lo que es belleza, que de lo que es verdad.[234] No obstante, por más profana que resulte, aparentemente, la temática poética en general, ¿acaso no es religiosa toda poesía? Ibn ʿArabī declara que cualquier poema o canción está dirigida en el fondo a Dios:

> Los gnósticos —señala el Šayj— no escuchan poesía, ni enigma, ni panegírico, ni poema erótico, sin que tras el velo de las formas, no se trate sino de Allāh.[235]

Por su parte, explica Juan Ramón en una de sus conferencias: «El poeta [...] es un místico sin dios necesario».[236] E insistiendo en su peculiar concepción de lo divino y de la relación de este con el quehacer poético prosigue:

> Dios está dentro de nosotros en inmanencia absoluta. Pero cada poeta místico ha espresado[237] su dios de modo diferente. Esto quiere decir que ninguna es la verdad absoluta. Porque la poesía como dios son, insisto, la espresión de lo inefable, lo indecible, y solo se puede espresar por rodeos, alusiones, símbolos. Y la poesía es como la relijión, belleza de símbolos, no verdad.[238]

Para Juan Ramón, la poesía es entonces un intento de acercarse a lo absoluto a través de los símbolos.

Pasando ya más concretamente al tema que nos ocupa, es decir, la posible lectura akbarí de algunos de los poemas de su última época y de su posible resonancia andalusí, nos cuenta de sí mismo el poeta de Moguer:

> Mi madre [...] tenía el tipo oriental de las mujeres arábigo-andaluzas y mi padre era rubio, de ojos azules. Yo soy un árabe andaluz y un visigodo nórdico, es decir, un sensual y un místico de abajo y de arriba. Lo que me importa en la vida y en la poesía es la mujer, el amor y dios [...].[239]

Esta escueta definición nos lleva, salvando todas las distancias posibles, a otra mención, muy conocida en el sufismo, en la que el profeta Muḥammad declara que lo que más le agradaba de este mundo eran las mujeres, el perfume y la plegaria.

Es sabida la admiración que Juan Ramón profesaba por la poesía arábigo-andaluza. Tal es la importancia que atribuye a dicha tradición poética que no dudó en defender la tesis del origen andalusí del simbolismo moderno, y así declara:

> El simbolismo francés viene de los místicos del Siglo de Oro, lo que hay de místico en los simbolistas procede de nuestros místicos y de la poesía arábigo-andaluza.[240]

Por fortuna, no soy el único que percibe un cierto aroma sufí en la poesía de Juan Ramón Jiménez. El profesor Jacinto Choza escribe lo siguiente:

> La mística española recoge la tradición judía, la islámica y la cristiana medieval, y lleva a cabo una interpretación del *Canticum Canticorum*, según la cual la unión amorosa del alma con Dios encuentra adecuada expresión en los epitalamios o poemas nupciales, en la unión sexual y en el éxtasis del orgasmo. Así lo expresaron Juan de la Cruz y Teresa de Jesús en su momento.

Pues bien, Juan Ramón se sitúa en la línea de la mística española, o, más en concreto, en la de una de sus tradiciones, la del gozo ante el esplendor de las dimensiones sensibles de la creación, tan típico de la mística islámica en general, y de su concepción de la bienaventuranza en términos de placer sensible, y tan típica al sufismo en particular.

No se ve en las místicas europeas nada parecido a los poemas báquicos del sufismo, esa transcripción de experiencias místicas en términos de embriaguez, de degustación del aroma y el sabor del vino hasta experimentar la unión con Dios [...] esta afirmación de la presencia de Dios en lo sensible es uno de los rasgos más característicos de la poesía y la experiencia religiosa de Juan Ramón.[241]

Sin embargo, no encontramos referencias directas en la obra juanramoniana a sus posibles lecturas sufíes. Tampoco sabemos a ciencia cierta si leyó la publicación de *El islam cristianizado*, de Miguel Asín Palacios, que vio la luz en el año 1931, aunque es bastante probable que sí lo hiciese, dada la relevancia del tema y el conocido apetito voraz de Juan Ramón por la lectura y por mantenerse al día con todo lo que se iba publicando.[242] No obstante, en ausencia de evidencias verificables, debemos basar nuestras pesquisas en una corazonada —y, tal vez, en un sesgo personal en lo que al autor de estas líneas respecta— que me lleva a experimentar cierta inclinación por todo aquello que tenga que ver con el sufismo y con el gran maestro Ibn ʿArabī. En suma, tenemos que considerar las palabras que siguen como la exposición de algunos aspectos de las enseñanzas sufíes, tomando como pretexto el decir poético del poeta de Moguer.

Lo que desde un principio más me llamó la atención es que el título del libro *Dios deseado y deseante* es, literalmente, la traducción que Miguel Asín Palacios, y posteriormente Maurice Gloton, ofrecen acerca de la naturaleza del amor divino en el capítulo 178 de las *Futūḥāt al-makkiyya*, de Ibn ʿArabī, dedicado al conocimiento del amor. Palacios y Gloton explican en sus respectivas traducciones[243] que, en última instancia, Dios solo se ama a sí mismo y que Él es el amante y el amado —el deseante y el deseado— en toda la Creación, puesto que los seres no aman a Dios ni se aman unos a otros sino con el amor de Dios.

Según señala Pablo Beneito, existe un célebre hadiz santo —así se llama a los hadices o dichos del Profeta en los que Dios habla en primera persona— que reza así: «Yo era un Tesoro oculto y quise [o deseé] que se me conociera. Así que he creado a las criaturas para que me conozcan»:

> Este dicho profético, que Ibn ʿArabī cita con frecuencia, establece la función central del ser humano: conocer a Dios. En última instancia, es Dios quien a Sí mismo se conoce en Su lugar de manifestación —la Creación—, mientras que el ser humano es la pupila de Dios en el cosmos. Con relación a la ambivalencia de la anterior formulación, este dicho es particularmente relevante porque alude a la causa de la cosmogénesis: el desdoblamiento de la Esencia inefable en *Dios deseante y deseado*. El misterio del divino amor, del divino anhelo, del deseo de Dios por darse a conocer,

establece la necesidad de la ambivalencia. La tríada amor, amante y amado instaura la dinámica creativa del deseo: frente al conocimiento absoluto, eterno e inmutable, la dinámica del conocimiento actualizándose; frente a la perfecta voluntad indivisa, Dios deseante del Hombre, deseado por el Hombre, Hombre deseante de Dios, deseado por Dios.[244]

Y, en otro lugar, añade el profesor Beneito:

> [...] la causa de la Creación es el «amor» o deseo de Dios por darse a conocer [...] de hecho, en tanto que «amante», el Dios deseante es el primer existente en que la *raḥma* [o misericordia divina] se actualiza, el primer «sujeto-objeto» de compasión, la primera determinación del Ser relacionada con la gracia. Así pues, la primera manifestación de la *raḥma* es la voluntad de Dios por darse a conocer: la auto-compasión divina que origina la Creación.[245]

Pasando ahora a dilucidar cuál sea, de manera más concreta, la concepción de Dios de que hace gala Juan Ramón Jiménez, en el prólogo al libro que estamos comentando apunta que, desde que abandonó el colegio de los jesuitas, siempre rogó a Dios

> que no se le representara un ídolo, un ente idolátrico, un abuelo con barbas, raya en medio y una bola en la mano, ni un ojo en un triángulo, ni la Trinidad con su paloma, ni el cordero con su banderita, etcétera. Todavía sí una lengua de fuego, un pan o un vino simbólico, aunque es claro que eso tampoco podría contentarme. Yo quisiera figurarme a Dios como me figuro mi propia conciencia, un ámbito infinito lleno de ecos, signos y límites [...]. Quizá solo como una palabra, el nombre de una síntesis del universo.[246]

No deja de ser paradójico que implore a Dios para que le libere de todos los ídolos con los que nos lo representamos, lo cual nos retrotrae de pleno a la declaración de fe islámica: «No hay dios sino Dios», en la que se niega en un primer momento la divinidad de nuestros ídolos y constructos intelectuales para afirmarla rotundamente en un segundo momento, una vez el ser humano se ha despojado de todo artificio respecto de la divinidad. No estará de más en este sentido traer a colación al gran Meister Eckhart cuando decía que pedía a Dios que lo liberase de Dios. Más en concreto, la sustanciosa cita del místico renano expresa:

> Por eso rogamos a Dios que nos vacíe de Dios y que alcancemos la verdad y la disfrutemos eternamente, allí donde los ángeles supremos y las moscas y las almas son iguales, allí, donde yo estaba y quise lo que fui y fui lo que yo quise.[247]

Este Dios como palabra alquímica, como nombre sintético o quintaesencial del cosmos, tampoco parece estar muy alejado de lo que Ibn ʿArabī define como nombre totalizador de Allāh, el cual incluye al resto de los nombres y atributos divinos, de manera que cualquier nombre con el que designemos algo en el universo se refiere, en realidad, a Dios mismo, aunque sin llegar, paradójicamente, a definirlo por completo, puesto que tal cosa es imposible. Los adoradores de los distintos dioses —comenta el Šayj— no hacen, en el fondo, más que adorar al Dios real y, por ese motivo, cualquier canción o poema de amor está dirigido en última instancia a Él. Nada puede ser definido en este mundo sin que su definición pertenezca también a Dios. Es también de este Dios «lleno de ecos, signos y límites», del que nos habla Juan Ramón, al que parece referirse Ibn ʿArabī cuando escribe que Allāh no solo es aquello que sobrepasa cualquier límite, a la manera de una deidad trascendente más allá de su Creación, sino que es capaz de acoger todos los límites sin que ninguno de ellos lo condicione ni lo coarte en modo alguno.[248]

Y expone Juan Ramón Jiménez en el libro *Animal de fondo*, que recordémoslo es el proyecto inicial de lo que debía ser con el tiempo *Dios deseado y deseante*:

> Cada mundo y cada hombre pueden tener su dios, su concepción y su uso de dios [...] dios, para mí, quiere decir conciencia universal presente e íntima; como un gran diamante de innumerables facetas en las que todos podemos espejarnos [...] que nuestro dios no es sino nuestra conciencia [...].[249]

Aparte de subrayar la identificación del dios del poeta con la propia conciencia (lo que no deja de evocar el dicho sufí de que quien se conoce a sí mismo —o su propia conciencia, diríamos en el presente contexto— conoce a su Señor, las palabras del poeta de Moguer referentes a ese dios en el que cada uno puede verse reflejado, resuenan con una concepción akbarí sumamente importante, esto es, la del «dios creado en las creencias», de la que nos ocuparemos más adelante.

Tampoco podemos dejar de abordar la cuestión de que Juan Ramón escribe la palabra «dios», tanto en mayúscula como en minúscula, en este y en otros libros de su producción. El primer caso se refiere al Dios trascendente de las religiones, el Dios al que la teología atribuye omnipotencia, omnipresencia y omnisciencia. En el segundo, se alude al dios inmanente de la poesía y la belleza, tal como él lo define, y al que muchas veces llama «mi dios». Esta diferenciación entre Dios en mayúscula y dios en minúscula es equiparable a la que establece Ibn ʿArabī entre el Dios absoluto y el Señor, siendo este último el modo en que el Dios total se particulariza y fragmenta para satisfacer las necesidades específicas de los seres.

También escribe el poeta que a ese dios suyo —el dios de la conciencia y de la belleza que es la poesía— solo se puede llegar por la fe, pero de una fe en su propio quehacer poético. Desde cierta perspectiva —aunque esta interpretación no excluye otras posibles—, lo que él llama «dios deseado» se refiere a la poesía, mientras que el «dios deseante» sería la misma conciencia del poeta. Para nuestro autor, Jesús es un poeta y maestro de poesía porque, si bien no dejó nada escrito, su palabra es «clara, sencilla, limpia, jenerosa, buena en suma».[250] Claridad y sencillez son las virtudes a las que aspira la poesía juanramoniana.

> Jesús —prosigue diciendo— vio la belleza en su verdad, y yo veo mi verdad en la belleza[251] [...] La belleza que él dijo que era su amor, su fe primera. [...] El amor a todo lo que veo, a todo lo que siento. Esa es mi fe porque la veo...[252]

Dios es bello y ama la belleza, declara por su parte el Profeta del islam. Pasando ahora a comentar parcialmente algunos de los versos del poemario en sí, la expresión inicial que abre el primer poema del libro, titulado «La trasparencia, dios, la trasparencia», es la de «dios del venir», el cual está imbricado de manera indisociable con la conciencia del poeta, entre sus manos, enredado con él «lo mismo que un fuego con su aire». Más íntimo que nuestra vena yugular, declara por su parte el Corán, y, según el filósofo renacentista Giordano Bruno: «Dios está dentro de nosotros más aún de lo que nosotros mismos estamos dentro de nosotros».[253]

Y prosigue diciendo Juan Ramón en la segunda estrofa del poema, dirigiéndose a ese dios peculiar de que nos habla:

> No eres mi redentor, ni eres mi ejemplo,
> ni mi padre, ni mi hijo, ni mi hermano;
> eres igual y uno, eres distinto y todo.[254]

Estas palabras evocan de manera poderosa la definición que nos brinda Ibn ʿArabī de Dios como uno-múltiple, esto es, uno en su esencia —o tal como Él es en sí mismo— y muchos a través de sus nombres o manifestaciones teofánicas, es decir, según se epifaniza a los seres de acuerdo a la capacidad de estos. Y, en la quinta y sexta estrofas de este primer poema, nos explica Juan Ramón que su dios es:

> (...) la gracia que rompe todos los moldes,
> que no admite sostén ni corona,
> la gracia libre,
> la gloria del gustar, la eterna simpatía,
> el gozo del temblor, la luminaria
> del clariver, el fondo del amor,
> el horizonte que no quita nada;
> la trasparencia, dios, la trasparencia,
> el uno al fin, dios ahora sólito en lo uno mío,
> en el mundo que yo por ti y para ti he creado.[255]

El ser humano crea un mundo —el templo en el que ha de habitar la sabiduría— para que se asiente en él el dios creado mediante el poder de su creencia. Y, si bien tal vez no sea fácil tomar literalmente estas palabras, es innegable que, en buena medida, la realidad es un constructo, y que de nosotros depende que esa construcción sea digna de ser habitada por la belleza del dios-amor. Asimismo, resulta obvio que el mundo creado por Juan Ramón es un universo poético formado por palabras. Y en eso este mundo juanramoniano se parece al cosmos, pues todas las cosas que existen son —según las tradiciones sapienciales del Libro, es decir, judaísmo, cristianismo e islam— verbos que Dios emite, de manera que los mundos y todo lo que estos contienen no hacen sino conformar el Gran Libro de la Existencia, como diría por su parte Ibn ʿArabī. A la pregunta de cuál era su poeta preferido, responde Juan Ramón: «Dios».[256]

Ya en el segundo poema del libro, el que lleva por título «El nombre conseguido de los nombres», el poeta se reafirma en su postura de que ha creado un mundo de esperanza en el que ha de aposentarse ese dios del venir, ya invocado en la primera línea del poema que inaugura el poemario. Y en la siguiente estrofa insiste:

> Yo he acumulado mi esperanza
> en lengua, en nombre hablado, en nombre escrito;
> a todo yo le había puesto nombre
> y tú has tomado el puesto de toda esa nombradía.[257]

Lo cual nos conduce de nuevo a la concepción de los nombres divinos, tan querida para Ibn ʿArabī, según la cual todos los nombres no hacen sino designar tanto lo que significan los nombres mismos como aquello que los trasciende, es decir, la Realidad absoluta. Y escribe Juan Ramón en este mismo poema:

> Todos los nombres que yo puse
> al universo que por ti me recreaba yo,
> se me están convirtiendo en uno y en un dios.
> El dios que es siempre al fin,
> el dios creado y recreado y recreado
> por gracia y sin esfuerzo.
> El Dios. El nombre conseguido de los nombres.[258]

Varios elementos en los versos precedentes captan nuestra atención. El primero es la equiparación de la actividad del poeta con el trabajo adánico de poner nombre a todas las cosas, una tarea primordial que lleva a algunos comentaristas[259] a equiparar la aspiración a la poesía pura, que es el marchamo de la obra juanramoniana, con el lenguaje primordial aprendido por Adán directamente de Dios y del cual ni siquiera los ángeles conocen todos sus vocablos. Solo Adán posee el vocabulario completo constituido tanto por los nombres de Justicia o Rigor como por los de Misericordia. La segunda cosa que llama la atención es que nos diga que Dios es el nombre conseguido, sublimado, como en una alquimia de la palabra, de todos los nombres existentes, de la totalidad del lenguaje. Y esa es, literalmente, una de las definiciones tentativas que del término «Allāh» nos brinda Ibn ʿArabī, esto es, que es el nombre de los nombres.

Escribe Juan Ramón en este segundo poema del libro: «el dios creado, recreado y recreado / por gracia y sin esfuerzo», unas palabras que, aparte de referirse, como sabemos, a la incesante actividad generadora de la inspiración poética, nos remiten a la doctrina de la creación continua y nos devuelven a la fórmula del «dios creado en las creencias», el cual no es sino la manifestación teofánica que adopta lo Absoluto para entrar en relación con los seres particulares de acuerdo a la capacidad de estos, de manera que pueda ser concebido y adorado. Los dioses creados en las creencias son los límites con los que lo ilimitado se condiciona a sí mismo para mostrarse a las criaturas. Por eso, la ausencia de límites —escribe Ibn ʿArabī— estriba en la capacidad de asumir todo tipo de límites sin verse constreñido por ellos. La única prevención a este respecto que debemos tener presente es no considerar que ese dios de la creencia es el Dios total, o caer en la confusión de que lo limitado es lo ilimitado, y lo relativo, lo absoluto.

Y, cuando pasamos al poema titulado «De nuestros movimientos naturales», percibimos que las palabras que vienen a continuación tienen que ver con el mundo de la imaginación, o, como la llama el Šayj, con la Morada de los Símbolos. Señala Juan Ramón en la primera estrofa del poema:

> No solo estás entre los hombres,
> dios deseado; estás aquí también en este mar
> (desierto más que nunca de hombres) (...)
> Aquí te formas tú con movimiento permanente de luces y
> [colores,
> visible imagen de este movimiento de tu devenir propio
> [y nuestro devenir
> [...] Estás aquí en ejemplo y en espejo
> de la imaginación, de mi imaginación en movimiento (...).

Ni qué decir tiene que las anteriores palabras nos sugieren que ese lugar de la imaginación creadora en continua transformación como las olas del mar, es el lugar de encuentro con la divinidad, la cual —según Ibn ʿArabī— adquiere forma visible y audible en dicho ámbito para poder ser conocida y adorada, y que, dicho sea de paso, tanto el Corán como el gran Šayj denominan «lugar de encuentro entre dos mares» (*barzaj*).

Pero el dios de Juan Ramón es, sobre todo, conciencia, no solo la conciencia del poeta sino la de todo lo que palpita y se mueve sobre la faz de la tierra, «redonda conciencia», «conciencia plena» que habla y canta, «conciencia deseante y deseada». Esa conciencia que es Dios, y ese Dios que es conciencia, parece referirse a la chispa eterna, al ápice de inteligencia de que nos habla el maestro Eckhart o el «secreto de los secretos» (*sirr al-sirr*) que dirían los comentaristas sufíes. «Los dioses no tuvieron más sustancia que la que tengo yo», escribe Juan Ramón en *Espacio*,[260] un texto sumamente revelador también perteneciente a su última época. Esta frase nos conduce a uno de los varios poemas en prosa que contiene *Dios deseado y deseante*, en el que expresa:

> Tú tienes todo lo que tiene Dios; tú, ser, lo tienes todo y de las formas concebibles e inconcebibles. Por eso, ser, te llamo Dios, yo que nunca llamé Dios a ningún otro, porque a todos, a todos les faltaba lo que necesitaba [...], la evidencia en conciencia de una conciencia que no le deja duda a mi conciencia. Y tú eres la conciencia de mi conciencia, dios; la conciencia eres tú de los dos, que mi conciencia es parte de la tuya [...].[261]

En este sentido, además del credo teológico, propio del islam, expresado mediante la declaración de que no hay dios sino Dios, que nos transmite la idea de que la divinidad es única y que es una cualidad que solo a Dios pertenece, tenemos una declaración de fe ontológica, sustentada por todos los sufíes que propugnan la llamada «unidad del ser», la cual afirma —como termina de mostrarnos Juan Ramón— que no hay en el ser sino Dios, o, si se prefiere, que el atributo del ser tan solo pertenece, propiamente hablando, a la divinidad.

En otro poema, titulado «Para que yo te oiga», expone lo siguiente:

> Rumor del mar que no te oyes
> tú mismo, mar, pero que te oigo yo
> con este oír a que he llegado
> en mi dios deseante y deseado
> y que, con él, escucho como él.
> Con el oído de dios te escucho (...).

Sin lugar a dudas este último verso nos remite al célebre dicho profético que sugiere que el místico, a través de la perfección de su amor y adoración, transmuta sus propios sentidos, todo su ser, en el ser de dios. Señala el hadiz correspondiente: «Y cuando le amo —expresa Allāh refiriéndose a su siervo—, me convierto en el oído con el que oye, en la vista con la que ve, en la mano que mueve y en los pies con los que anda».

En otro de los textos que cierran *Dios deseado y deseante*, señala: «pero yo, como otros hombres, he sentido con necesidad (a) Dios, del que he visto signos en otros hombres y en mí mismo».[262] Por su parte, el *Corán* proclama: «Les mostraremos nuestros signos fuera y dentro de sí mismos, hasta que vean claramente qué es la Verdad» (41:53).

Son estos algunos breves ejemplos de lo que depara la lectura, con una óptica akbarí, de unos cuantos fragmentos aislados del libro *Dios deseado y deseante*. Sin duda que no han de faltar resonancias similares en la poesía de Juan Ramón Jiménez de todas las épocas, pero por limitación de espacio y de conocimiento de la obra del poeta no podemos dar debida cuenta de todas ellas. Sirvan las palabras anteriores para que el lector interesado siga investigando por sí mismo en el trabajo de un poeta que, en mi opinión, no siempre ha recibido, por las razones que fuere, el trato que merecía entre sus compatriotas.

11. EL PRINCIPIO FEMENINO EN LAS ENSEÑANZAS DEL ŠAYJ

Trataremos de dilucidar ahora el papel —no pocas veces menospreciado— que han desempeñado las mujeres y el principio femenino en la historia de la espiritualidad sufí, lo cual no debe llamarnos a sorpresa, puesto que ese descrédito ha ocurrido prácticamente en todos los movimientos religiosos o místicos del planeta, tanto islámicos como no islámicos, así como en otros contextos políticos, sociales y en diversos ámbitos del conocimiento.

Nuestra revisión del tratamiento dirigido por el islam en general y el sufismo en particular hacia las mujeres tan solo aspira a transmitir la idea de que en el islam (como en casi todos los estamentos de la vida) las cosas no son blancas o negras —como muchos pretenden tanto dentro como fuera de la tradición musulmana— y que existen siempre muy variados matices en las ideas presentadas, máxime teniendo en cuenta que esta tradición no cuenta, a diferencia de lo que ocurre con otros movimientos religiosos, con una autoridad central que determine qué es lo que deben pensar los creyentes. Son muy frecuentes, eso sí, diferentes opiniones, recomendaciones o *fatuas* emitidas por distintos sabios y jurisconsultos, que uno puede secundar o lo contrario. Es en este tenor que debemos escuchar las declaraciones que siguen a propósito de la mayor o menor relevancia del principio femenino en las tradiciones islámicas y, en especial, del elevado valor que el sabio andalusí Ibn ʿArabī concede a las mujeres.

Por supuesto, no pretendo proclamar que el islam tenga una raíz feminista ni mucho menos, entre otras razones porque el término «feminismo» es una expresión contemporánea, de origen occidental, que tal vez no tenga el mismo rango de aplicación a sociedades no occidentales, salvo que queramos pecar de una suerte de imperialismo ideológico que pretende que el modo eurocéntrico de afrontar la organización social y política es aplicable a cualquier sociedad con independencia de su propia tradición cultural. En cualquier caso, las fuerzas en contra del principio femenino y de las mujeres se han manifestado tanto en el islam como en otros contextos seculares y religiosos de Oriente y Occidente. Lo único que pretendo decir es que no hay nada en el seno de la tradición coránica y la historia primigenia del islam que menoscabe el papel que deben desempeñar las mujeres en el ámbito de la espiritualidad, así como en otros contextos sociales. Todo lo que contradiga esta tesis se debe a manipulaciones históricas y sociales. Como escribe Sadiyya Shaik:

> Las representaciones de las mujeres musulmanas se mueven entre las imágenes occidentales dominantes de las mujeres musulmanas oprimidas y las imágenes apologéticas islámicas de las mujeres musulmanas como las únicas mujeres verdaderamente liberadas.[263]

Y, a modo de ejemplo, añade esta autora que las escuelas públicas francesas prohíben a las mujeres musulmanas cubrirse con el pañuelo (*ḥiŷāb*) la cabeza, aparentemente como indicador de una sociedad secular; por el contrario, el Irán posrevolucionario impone el *ḥiŷāb* como símbolo de la auténtica identidad islámica. Asimismo, los políticos estadounidenses no tuvieron empacho alguno en invocar estratégicamente la difícil situación de las mujeres afganas como forma de conseguir el apoyo de la opinión pública a la invasión de Afganistán, dirigida por Estados Unidos, en el año 2001. Sin embargo, guardan un significativo silencio sobre el espantoso historial de derechos reprimidos de la mujer por parte del régimen saudí y otros estados de la península arábiga como resultado de la íntima relación político-económica que mantienen con determinados regímenes.[264] Eso por no mencionar que los Estados Unidos ha dejado, no hace demasiado tiempo, en la estacada a las mujeres afganas al retirarse completamente de ese país en el año 2021. Vemos entonces que la postura de las sociedades y los dirigentes occidentales ha estado y sigue estando mediatizada por intereses geoestratégicos y económicos, lo cual nos lleva a pensar en la rampante hipocresía de algunos estados y medios de comunicación que pretenden erigirse en defensores a ultranza de las mujeres musulmanas cuando la realidad de la política de los gobiernos occidentales contradice de manera flagrante dicha postura.

Muchos de los protagonistas de estos debates, así como de la inmensa mayoría de la opinión pública, comparten el sesgo de que el islam es una religión monolítica (que cuenta como el catolicismo, por ejemplo, con una autoridad central, que es la que impone a los creyentes el dogma sobre lo que han de creer y pensar) con un paradigma de género muy concreto que abarca todas las esferas sociales. Este tipo de generalizaciones no solo desmienten las complejas y variadas realidades de las mujeres musulmanas, tanto del presente como del pasado, sino que también ignoran la rica diversidad de la tradición islámica, que se nutre de la mezcla de historia y cultura árabe, turca, persa, india, andalusí, africana y surasiática.

En apoyo de lo recién dicho, no podemos pasar por alto que han existido y existen sociedades matriarcales islámicas, un hecho que han solido soslayar quienes se arrogan en Occidente el papel de «férreos» defensores de la mujer musulmana. Citaremos, para ilustrar lo inmediatamente dicho, el caso de diferentes sociedades de estas características, un dato que puede llamar nuestra atención, acostumbrados, como estamos, a percibir el islam como una religión machista e incluso misógina. Por ejemplo, la antropóloga catalana Anna Boyé ha estudiado, en la isla de Sumatra, a los minangkabau, una sociedad matriarcal, en medio de un mundo islámico,[265] de más de cuatro millones de personas cuyas tradiciones ancestrales sitúan la figura de la madre en el centro de la sociedad. Allí las mujeres heredan la casa, la tierra y los bienes de la familia, que pasan de madres a hijas. El linaje familiar lo transmiten ellas y el consenso entre hombre y mujer es la base que sustenta la vida cotidiana.

Pero esta tendencia no es exclusiva de zonas circunscritas de Indonesia, sino que se extiende a muchas poblaciones del océano

Índico y de África oriental. De ese modo, si bien se interpreta generalmente que el islam es una religión patriarcal, si nos fijamos en este tipo de sociedades, tenemos la posibilidad de entenderlo de otra manera. Hay millones de musulmanes matriarcales que viven en Indonesia, Malasia, India, Sri Lanka, Mozambique, Comoras y Tanzania. Sus costumbres matriarcales contrastan abiertamente con la *šarī'a* —el principal cuerpo legislativo musulmán— como un ejemplo clásico de que las tradiciones locales no contradicen la legislación islámica.

Pero ¿se contradicen realmente? La mayoría de los estudiosos —dentro y fuera de la tradición musulmana— se apresuran a dar una respuesta afirmativa a esa pregunta, mientras que las comunidades implicadas señalan rotundamente que no es así. Los estudiosos feministas han pasado por alto las experiencias de las comunidades islámicas matriarcales de la zona del océano Índico. El proyecto de Anna Boyé explora cómo y por qué los juristas musulmanes de esta región geográfica (tanto hombres como mujeres) resolvieron las contradicciones percibidas mediante reformulaciones legales del sistema matriarcal dentro del marco islámico.[266]

En definitiva, la existencia de ese tipo de sociedades debería dejarnos meridianamente claro que el islam, contra lo que pretenden hacernos creer algunos medios occidentales, como también determinadas corrientes misóginas dentro del mismo islam, no es intrínsecamente machista, por más que visiones de este tipo se hayan apoderado del panorama general en países que antes de la llegada del islam ya eran decididamente machistas.

Lo anterior me parece aplicable en realidad a cualquier movimiento religioso, puesto que en mi opinión no existe nada que sea susceptible de una interpretación fija e inalterable en el seno de las tradiciones religiosas. El hecho de que se interprete de una u otra manera solo depende de quienes han ostentado el poder en dichas tradiciones y entornos culturales, que, en el caso que nos ocupa, han sido mayoritariamente hombres. Todo depende de la interpretación que se quiera dar a los textos originales, y esa interpretación siempre está condicionada por elementos —políticos, sociales, económicos— ajenos a la tradición espiritual en cuestión.

Ya desde la época del Profeta, el papel de las mujeres ha venido ocupando en determinados momentos un lugar destacado en la historia del islam, un lugar que los ataques de los varones exaltados por su supuesta superioridad no han podido soslayar en el seno de esta tradición. En los primeros años de la nueva revelación, Jadīŷa, esposa de Muḥammad, desempeñó una posición de enorme relevancia. Fue ella quien lo apoyó ante la duda y el desconcierto que asaltaron al Profeta en los primeros momentos de la Revelación. Estuvo a su lado en los periodos de dificultad y le ayudó a transmitir la nueva fe. Por otro lado, también fue Fāṭima, hija de Muḥammad y Jadīŷa, la primera en manifestar la comprensión mística más profunda en el seno del «nuevo» movimiento religioso, y de hecho se la reconoce a menudo como la primera mística musulmana, recibiendo también el título honorífico de «virgen» (*al-batūl*). En el ámbito familiar del Profeta también destacan otras mujeres de su entorno, totalmente entregadas a la búsqueda espiritual, y también hay mujeres que incluso participaron en campañas guerreras, como Umm Haram, que murió en el curso de una batalla, en el año 649 de nuestra era.

Por otro lado, no deja de ser significativo que la más célebre recensión de vidas de mujeres sufíes haya tenido por autor a un sufí persa de nombre ʿAbd ar-Raḥmān as-Sulamī (932-1021), quien, además de su hagiografía de diferentes maestras, es bien conocido por su famoso libro, traducido al castellano como *La lucidez implacable*, que versa sobre la vía *malamī*, es decir, el camino espiritual de quienes ocultan a los ojos ajenos sus profundas e innegables cualidades espirituales. Esta predilección por la ocultación y por el disimulo, tanto en los maestros *malāmiyya* como en las mujeres sufíes, no es fortuita. De hecho, si mencionamos la vía *malamī* es porque en el marco del sufismo la mayoría de las mujeres consagradas a la espiritualidad —por no decir todas— se han encuadrado en este movimiento, es decir, personas que han sabido ocultar a los demás sus más que probadas virtudes.

La obra de as-Sulamī que citamos, titulada *Ḏikr al-niswa al-mutaʿabbidāt aṣ-ṣūfiyyāt* (traducida al inglés como *Early Sufi Women*), contiene 82 reseñas sobre mujeres sufíes y es compañera de otra dedicada a sufíes masculinos que lleva por título *Ṭabaqāt aṣ-ṣūfiyya* [Generaciones de los sufíes], que contiene cien noticias biográficas acerca de hombres sufíes. El primer trabajo nos brinda la recensión biográfica de diferentes mujeres que vivieron entre los siglos VIII y IX, y que, en calidad de personas espirituales y ejemplos de piedad islámica, sirvieron como respetables maestras de la misma manera que hicieron los hombres, muchas veces sobrepasándoles en su compresión de la doctrina sufí, el Corán y la espiritualidad. No se podría escribir una historia del islam pasando por alto a esas mujeres, a pesar de haber permanecido en parte como una «tradición velada» u «oculta» o al servicio muchas veces de hombres «santos» a quienes sirvieron de manera abnegada, haciendo caso omiso de su propio ego y asumiendo de manera deliberada, de acuerdo con el ideal *malamī*, una posición de profunda humildad.

Cuando observamos las biografías de estas mujeres, constatamos que se trata de personas que dominaron con éxito los aspectos más burdos de la naturaleza humana a través de su ideal de «servidumbre» (*ʿubūdiyya*) a lo divino como la forma más auténtica de comunicarse con la Realidad, accediendo gracias a ello a los grados más excelsos de la realización espiritual. La servidumbre es un concepto que tal vez suene extraño y trasnochado a la mentalidad actual, aunque resulta fundamental en la búsqueda mística de todas las épocas y no hay un asunto más relevante en la recensión de las biografías recogidas por as-Sulamī que el de la entrega absoluta a lo divino. El mismo título de su libro (*Ḏikr an-niswa al-mutaʿabbidāt aṣ-ṣūfiyyāt*) indica a los lectores que el tema del texto es un grupo distintivo de mujeres (designadas por el término colectivo de *niswa*), consideradas sufíes debido a su práctica del *taʿabbud*, que significa literalmente en lengua árabe «convertirse en siervo» (*ʿabd*). Si bien para as-Sulamī, el *taʿabbud* es la esencia del sufismo femenino, es de hecho una cualidad intrínseca al sendero del *taṣawwuf*, ya sea masculino o femenino, y casi nos atreveríamos a decir que de cualquier sendero espiritual, con independencia de la tradición en que esté encuadrado. No obstante, este autor subraya que la servidumbre es, precisamente, la principal característica de las mujeres sufíes, tal vez porque de entrada se vieron obligadas en un mundo fundamentalmente «masculino» a pasar desapercibidas y a disimular sus profundas inquietudes espirituales. En cualquier caso, el concepto del *taʿabbud* impregna la búsqueda espiritual del sufismo, más allá del género del buscador. En el Corán, por ejemplo, el término *islām* (o sumisión a la voluntad divina, o, si se prefiere, sumisión a la Realidad) se entiende con frecuencia desde el punto de vista de la servidumbre a la voluntad divina, que es el genuino atributo del creyente y la marca indeleble de los amigos de Dios (que es tal como se conoce a los santos en el entorno cristiano), como nos enseña Ibn ʿArabī, porque ser siervo de Dios (*ʿabd Allāh*) es el requisito fundamental para convertirse en amigo de Dios (*walī Allāh*).

En su propio comentario al Corán (*Ḥāqāʾiq at-tafsīr*), as-Sulamī expone del siguiente modo la noción de servidumbre, alegando que está constituida por la combinación de cuatro cualidades irrenunciables: «Ser fiel a los propios pactos (o compromisos), preservar la rectitud moral, conformarse con lo que se encuentra y soportar pacientemente lo que se ha perdido». La espiritualidad femenina se asentaba en una vocación muy poderosa, lo cual explica las palabras extremas de la sufí Nusiyya bint Salmān (de principios del siglo IX) al nacer su hijo: «¡Oh, Señor! Tú no me consideras como alguien merecedor de tu adoración, puesto has hecho que esté preocupada por un hijo».[267]

Numerosas mujeres desempeñaron papeles preeminentes en la historia del islam. Sus nombres aparecen en las cadenas de transmisión de los hadices proféticos, forman parte de los linajes espirituales o son ensalzadas como gnósticas y poetisas, sin olvidar a las que aparecen como amigas, maestras y discípulas de grandes espirituales musulmanes, como Fāṭima de Nishapur (m. 838) —maestra de los grandes místicos Abū Yazīd al-Bisṭāmī, Ḏū n-Nūn El Egipcio, Muḥammad al-Ŷunayd— a la que as-Sulamī dedica encendidos elogios. Al-Bisṭāmī dijo de ella: «No había ninguna morada (en la Senda) de la que le hablara y en la que ella no hubiera estado ya».[268] Al-Bisṭāmī y al-Ŷunayd admiraban sus expresiones carismáticas y su experiencia en las realizaciones espirituales más elevadas.

En cualquier caso, si hay una mujer que ha pasado a la historia del sufismo, e incluso más allá, es Rābiʿa al-ʿAdawiyya, que, según nos indica Michel Chodkiewicz llegó a ser conocida en el contexto cristiano por el texto que le dedicó Jean-Pierre Camus (1584-1652), obispo de Belley (Francia), un trabajo de casi setecientas páginas titulado *Caritée, o un retrato de la caridad verdadera*, aunque, en consonancia con el espíritu europeo de la época, no fue considerada musulmana, sino una cristiana ejemplar. Son célebres las palabras de Rābiʿa:

> ¡Oh, Dios! Si te adorase por miedo al Infierno, quémame en el Infierno; si te adorara esperando el Paraíso, exclúyeme del Paraíso. Pero si te adorara por ti mismo, no me niegues tu eterna Belleza.

Alguien le preguntó en cierta ocasión al gran maestro sufí egipcio, D̠ū n-Nūn quién era, en su opinión, el más grande de los sufíes. Y él respondió: «Una dama en La Meca, llamada Fāṭima de Nishapur, cuyas palabras evidencian un conocimiento profundo del sentido oculto del Corán». Cuando le insistieron para que dijera algo más al respecto de Fāṭima, D̠ū n-Nūn añadió: «Es una santa de Dios y mi maestra». En cierta ocasión, ella le aconsejó:

> En todos tus actos, vigila que actúas con sinceridad y no a causa de tu alma inferior (*nafs*). Y también señalaba: «Todo aquel que no tenga a Dios en su conciencia está errado y se engaña, no importa lo que diga o a quien frecuente. Sin embargo, quien se mantiene en compañía de Dios, solo habla con sinceridad y su conducta se rige por el pudor y una ferviente devoción.[269]

D̠ū n-Nūn relata también su encuentro con una mujer anónima que le transmitió los atributos que han de adornar al sufí y que le recordó que la esencia del sufismo no se encuentra en los estados extraordinarios de conciencia, sino en la práctica espiritual y la entrega a Dios; los verdaderos sufíes son musulmanes [es decir, aquellos que se han sometido] cuyos corazones vibran con la espiritualidad del Corán. Ellos se levantan de sus camas a medianoche y están ocupados en el recuerdo de Dios (*d̠ikr*); invierten todas sus ambiciones en Dios y no aspiran a nada más. Su meta es únicamente Dios.[270]

Entre las mujeres que siguieron la senda del Amor y de la Realidad, encontramos una tipología muy variopinta: ascetas dedicadas a la oración y a la renuncia; mujeres poseedoras de visiones auténticas y de una conducta ejemplar; mujeres extáticas cuya mente se sumergía en un rapto continuo ante la Presencia divina; santas que mostraban su alegría extática y mujeres, que, por el contrario, lloraban continuamente por su anhelo de Dios y el reconocimiento de sus propios defectos. Nos dice Ibn ʿArabī al respecto que «una de las clases de santos allegados de Dios (*awliyā'*) son los que suspiran», y concluye incluyendo a su maestra Yasmīna de Marchena en esta categoría, a la cual —según nos indica el Šayj— pertenecen tanto hombres como mujeres. Verdaderamente, eran tan intensos los estados espirituales de estas mujeres que no son pocos los casos, en las historias referidas a ellas, de mujeres que caían muertas al instante al entrar en un trance o rapto espiritual a causa de una recitación o al escuchar unos pocos versos místicos. Por ejemplo, Maryam de Basora, la cual permanecía en vigilia toda la noche entregada a sus actos de adoración y caía en éxtasis cada vez que escuchaba predicar acerca del amor (*maḥabba*), hasta el punto de que una de esas veces murió embelesada por lo que escuchaba.[271]

En ocasiones, las reseñas relativas a estas mujeres son bastante concisas. Esta falta de protagonismo externo (como veremos a continuación en el caso de la mujer de al-Ḥakīm at-Tirmiḏī) hace que se nos muestre a modo devota anónima o *sancta abscondita*, es decir, como una santa oculta a ojos de las criaturas, presentándose tras el velo de la condición común. La esposa de at-Tirmiḏī vio a un ángel trayéndole una rama de mirto, símbolo de inmortalidad: «¿Es para mí o para mi marido?», preguntó ella. «Es para los dos —respondió el ángel— porque ambos estáis en la misma morada (*maqām*)».[272]

Este tipo de santidad anónima es propio, como ya hemos indicado, de los sufíes *malāmiyya* («gentes de la reprobación»), quienes no patentizan en público sus virtudes espirituales ni sus actos de piedad, e incluso pueden actuar, externamente, de manera que llegan a ser mal considerados, para verse de ese modo reprobados, humillados y criticados como una modalidad de trabajo interior y de lucha contra la inflación del ego.

Si hay una figura que destaca, dentro de la historia del islam, por sus acertadas y amplias declaraciones y escritos tanto en este campo como en muchos otros, esta es, sin duda, la figura de Ibn ʿArabī. En su libro *El espíritu de la santidad* (*Rūḥ al-quds*), expone de manera fehaciente algunos episodios biográficos concernientes a los maestros sufíes de los que recibió algún tipo de enseñanza. Y, entre ellos, destaca Fāṭima bint Ibn al-Muṯannā, una sevillana nonagenaria de especial elevación espiritual a la que nuestro autor se refiere como «madre espiritual» y a la que sirvió durante varios años. Fāṭima no solo obraba milagros utilizando para ello la azora Fātiḥa del Corán —la cual asumía la forma de un ángel que hacía cuanto la anciana le solicitaba—, sino que dominaba la ciencia de las letras (*ʿilm al-ḥurūf*), el conocimiento por excelencia de los *awliyāʾ* o «amigos de Dios». De tal modo había asumido la doctrina de la unidad de la existencia que para ella cualquier cosa era objeto de contemplación divina. De esta mujer escribe el Šayj:

> Serví como discípulo de una de las amantes de Dios, una gnóstica, una dama que vivía en Sevilla, llamada Fāṭima bint Ibn al-Muṯannā de Córdoba. Estuve a su servicio durante varios años, teniendo ella unos noventa y cinco años de edad [...] Le construí con mis propias manos una choza de juncos tan alta como ella, en la que vivió hasta su fallecimiento. Solía decirme: «Soy tu madre espiritual y la luz de tu madre terrenal». Cuando mi madre vino a visitarla, Fāṭima le dijo: «¡Oh, luz! Este es mi hijo y él es tu padre, así que trátalo con amor filial y no lo disgustes».[273]

Hay que aclarar que fue probablemente la madre de Ibn ʿArabī la que le presentó a esta anciana contemplativa, puesto que, tal como refiere, muchas veces madre e hijo escuchaban juntos los sermones de la anciana, por lo que la madre también debía de ser discípula de ella.

Por su parte, Šams Umm al-Fuqarāʾ («Madre de los Pobres») es otra de las sufíes a las que Ibn ʿArabī tuvo oportunidad de frecuentar en sus años de relación con distintos preceptores. Vivía en Marchena (Sevilla) en la época en que el Šayj la visitaba y, según nos refiere, no había nadie que la superase en cuanto al control que ejercía sobre su alma. Tenía un corazón puro y fuerte y un noble poder espiritual. Solía ocultar el estado espiritual en el que se hallaba y poseía el don de escuchar los pensamientos de las demás personas.[274]

Otra de las mujeres mencionadas en *El espíritu de la santidad* aparece bajo el escueto epígrafe «una esclava de Qāsim al-Dawla». De ella consigna Ibn ʿArabī que vivía en La Meca y tenía el don de cubrir largas distancias con suma rapidez. Poseía todas las cualidades de la caballería espiritual (*futuwwa*) y practicaba una dura disciplina ascética. Es evidente que Ibn ʿArabī no entiende el concepto de caballería en un sentido masculino cuando afirma que «no conoció a nadie más caballeroso que ella en la época en la que vivió».[275]

Y, por su parte, Zaynab al-Qalʾiyya pertenecía a un grupo de sufíes instalados en la fortaleza de los Banū Ŷamad. Y escribe el Šayj:

> La mayor asceta de su tiempo, poseía una gran belleza y salud, pero quiso apartarse del mundo para ir a vivir a la región de La Meca.

Ibn ʿArabī coincidió con ella en Sevilla y en La Meca, desde donde la acompañó hasta Jerusalén. Cuando realizaba *ḏikr* se elevaba a cierta altura del suelo.[276] Esta mujer, de quien Ibn ʿArabī señala que era una de las personas más inteligentes de su época y la que con mayor celo observaba las horas de las oraciones canónicas, cierra la lista de los maestros sufíes consignados en *La epístola de la santidad*.[277]

La perfección espiritual manifestada por igual por hombres y mujeres de la que Ibn ʿArabī nos habla tiene también su paradigma en la joven persa Niẓām, a quien conoció en La Meca mientras circunvalaba la Kaaba, siendo la inspiradora de su célebre colección de poemas «a lo divino», *Tarŷumān al-ašwāq*. En cualquier caso, la Niẓām de los poemas de Ibn ʿArabī trasciende la figura de carne y hueso para simbolizar el deseo del contemplativo de unión extática con Dios. Niẓām («armonía» en árabe) es el soporte de la visión teofánica y el reflejo de la dimensión femenina de la realidad. Al igual que Ibn ʿArabī canta a la bella Niẓām, en la literatura árabe Laylā representa al arquetipo de la amante que inicia a un amor superior y trascendente; y de ello se hace eco la mística musulmana, designando a veces a Dios, que se vela y revela a la vez a la mirada de los hombres.

Asimismo, la especialista Claude Addas, en su célebre biografía de Ibn ʿArabī, *Ibn ʿArabī o la búsqueda del Azufre Rojo*, señala una serie de poemas de su *Dīwān al-akbar*[278] que relatan la entrega de la *jirqa* (el manto iniciático que unos maestros transmiten a otros en el marco del sufismo) otorgada por Ibn ʿArabī a quince de sus discípulos, catorce de los cuales eran mujeres. Debemos recordar que, para él, la entrega del manto no era una mera forma de bendición, sino que implicaba la transmisión práctica de estados y de conocimientos espirituales al receptor de la transmisión. Por eso, no debemos asombrarnos al leer en el *Dīwān*, refiriéndose a una de las mujeres que había recibido la *jirqa*: «La he llevado a las moradas espirituales de los varones» (*maqāmāt al-riŷāl*).[279] Insistamos en que, según comenta Ibn ʿArabī, el término *riŷāl*, no obstante, no se refiere a los varones en un sentido de género, sino a todas las personas —hombres o mujeres— que destacan por su denodada dedicación a la vía del conocimiento interior.

Ibn ʿArabī concede a las mujeres un elevado rango espiritual, y el elemento femenino está siempre presente de algún modo en su obra. Incluso en otro de los poemas de su *Dīwān* alude a una teofanía bajo forma de mujer, lo cual no sorprende si tenemos en cuenta que, en su obra, *Fūṣūs al-ḥikam*, Ibn ʿArabī declara que el hombre no ve la Verdad sino como teofanía en las formas posibles, mientras que la mujer es el más perfecto y completo lugar de manifestación (*maẓhar*) para la contemplación de Dios.

Del mismo modo, el célebre místico y poeta Rūmī habla a menudo con gran belleza sobre lo femenino, presentando a la mujer como el ejemplo más perfecto del poder creador de Dios en este mundo. Como expresa en su célebre *Maṯnawī*:

> La mujer es un rayo de Dios. Ella no es tan solo la amada terrenal; ella es creadora, no creada.[280]

Unas palabras que suscribe plenamente Ibn ʿArabī, en el *Fuṣūṣ al-ḥikam*, cuando escribe:

> Por tanto, su contemplación de Dios en la mujer es más perfecta y completa, pues Lo contempla en su aspecto pasivo y en su aspecto activo, mientras que en él mismo solo Lo contempla en su aspecto pasivo. Esa es la razón por la que el Profeta amaba a las mujeres: contemplar a Dios en ellas es la contemplación más perfecta.[281]

Otro contemplativo que no duda en dirigirse a Allāh como si fuese su Amada es el egipcio Ibn al-Fāriḍ, quien vivió entre los siglos XII y XIII, y que, en su célebre *Poema del camino espiritual*, (*at-Tā'iyya al-kubrā*) se dirige a Dios como si fuese una mujer, dedicándole palabras tan encendidas como estas:

> Las palmas de mis pupilas me dieron a beber la fiebre del amor,
> Cuando mi copa se hizo rostro de la que a toda belleza supera [...].[282]
> Es por el misterio de la Belleza
> que las beldades de ambos mundos se manifiestan y perfeccionan.
> Es la gracia que seduce a la razón
> la que me guía a un amor donde mi sumisión engalana tu Gloria [...].[283]

Como veremos a continuación, la relación con las maestras antes citadas —y la presencia del factor femenino en la obra del Šayj— no son algo anecdótico ni circunstancial, sino que forman parte del profundo respeto que profesaba hacia el misterio femenino y se atienen a la naturaleza más profunda de la realidad. De ese modo —explica—, la fuerza o movimiento por el que las cosas creadas mantienen su existencia es la exhalación o hálito del Misericordioso (*nafas ar-raḥmān*). Esta perspectiva cobra aún más sentido al constatar que *raḥmān* comparte raíz léxica con *raḥīm*, útero o matriz, el órgano femenino en el que se engendran los seres humanos. Ambos términos forman parte de la expresión típicamente islámica *Bismillāhi r-raḥmāni r-raḥīm*: «En el nombre de Dios, el Todo-Misericordioso, el Compasivo» contiene ambos términos, siendo Allāh, por otro lado, un término gramaticalmente neutro, puesto que Allāh no es ni masculino ni femenino, estando más allá de todas las determinaciones.

El término *raḥma* también alude a una relación de parentesco o lazo de sangre, siendo definido por los diccionarios clásicos como el atributo natural de la madre hacia el fruto de su seno. El principio femenino es muy relevante en el sufismo porque tiene que ver con la manifestación de la misericordia-compasión-indulgencia (*raḥma*) de Dios hacia los seres creados. Ibn ʿArabī identifica en muchos pasajes de sus libros la misericordia con la maternidad o con la dimensión femenina de la realidad, y esto es así porque el término también posee el sentido de «dar existencia a los seres» y se relaciona con el sentimiento natural de la madre hacia su hijo. En ese sentido, el nombre divino, *ar-Raḥmān*, se refiere a la benevolencia fundamental e inherente a la naturaleza divina, mientras que *ar-Raḥīm*, que es el siguiente nombre divino, indica la misericordia, la ternura particular que se manifiesta hacia determinados individuos. Ambas palabras —insistamos en ello— provienen de la misma raíz léxica, que significa «útero o matriz», es decir, el lugar donde son engendrados los seres. Encontramos, además, muchas tradiciones proféticas que, siguiendo esta etimología, sientan la base para la sacralización del útero de la mujer y el acto de concebir.[284]

Desde esta perspectiva, se comprende mejor la exaltación de los atributos femeninos: la creatividad y la capacidad para amar, la cualidad de atender y ser paciente con los demás hacen que, en general, la mujer se amolde de manera perfecta al camino sufí de apertura a la relación con lo divino. En este sentido, algún maestro sufí contemporáneo describió en cierta ocasión al guía ideal como alguien que se comporta como una madre: ella siempre está ahí, sin exigir nada a cambio, dispuesta a instruir, pero también a establecer límites. Puede permanecer despierta toda la noche para cuidar a un hijo que sufre, pero, si es necesario, no dudará en reprenderle, tal como haría también un maestro espiritual.

Según nuestro autor, en Allāh están contenidos todos los significados del universo, siendo por tanto el lugar de unión de los opuestos: es activo/masculino y pasivo/femenino al mismo tiempo; por ese motivo conocer a Allāh (si es que esto es posible puesto que es infinito y por tanto el ser humano nunca termina de conocer a Dios) supone llegar a entender sus dos aspectos de actividad y receptividad, un conocimiento que solo se obtiene prestando atención a su manifestación teofánica, pues Él tal como es en sí mismo —es decir, en su aspecto interno o no-manifestado— es incognoscible. Dios solo puede ser conocido a través de sus teofanías, o, dicho de otro modo, de su presencia en la Creación.

El ser humano consta también de un polo activo y un polo pasivo, de un polo femenino y de otro masculino, de manera que cuando integra en sí mismo la plena experiencia de su feminidad y de su masculinidad, puede conocer su propia totalidad. Por eso, precisa el Šayj que el ser humano perfecto puede ser tanto hombre como mujer. Por otro lado, Ibn ʿArabī expresa que masculinidad y feminidad son meros accidentes y no pertenecen a la esencia de la naturaleza humana.

Esta relación creativa de los opuestos nos la muestra el Šayj cuando expone las analogías entre pares de opuestos o complementarios que se nos muestran en el ámbito de la Creación, y que representan también la relación existente entre los aspectos femenino y masculino del cosmos: día y noche, Cálamo y Tabla Guardada, Adán y Eva, cielo y tierra, que no son sino expresiones de la dualidad que gobierna el mundo manifestado. Y llega a señalar, por ejemplo, en referencia al día y la noche, que la alusión a la naturaleza sexual de la relación que mantienen día y noche aparece en los versos coránicos que describen la relación entre ambos de manera que también es aplicable a las relaciones sexuales humanas.[285] Si bien el Corán no especifica el género correspondiente del día y la noche, Ibn ʿArabī recurre a dicho simbolismo para establecer el género respectivo de cada uno de ellos: la distinción reside en aquello que «da a luz»; si el día trae algo a la vida es entonces la madre, siendo la noche el padre; si es la noche la que trae algo a la vida, entonces será la noche la madre y el día el padre, arribando a la conclusión de que cada uno de ellos posee una naturaleza dual. Desde esta óptica se entiende mejor que el Šayj señale que el discípulo tiene que volverse femenino, receptivo y pasivo, con relación a su Señor y «hallarse, en toda condición espiritual y a cada momento, en una unión sexual perpetua en situación de mujer (*mankūḥan dāʾiman*), como quedarse «embarazada de esta situación y dar a luz». También define a los buscadores espirituales como las «recién casadas de la Realidad Absoluta», con independencia de que sean mujeres u hombres.

Las analogías trazadas entre pares de opuestos, las diferentes denominaciones de una misma realidad dependiendo del punto de vista adoptado y la pluralidad de significados inherentes a una misma idea son características indisociables del discurso de Ibn ʿArabī. De este modo, según se expresa en sus textos, Adán es a Eva lo que el Intelecto Primero al Alma Universal (los dos principios originales de la Creación, también denominados, como hemos indicado, Cálamo y Tabla Guardada), sin que se agoten aquí las equivalencias y sin que sean estas inalterables. Estos dos elementos de la imaginería de Ibn ʿArabī son los que, probablemente, expresan de manera más gráfica la relación entre los principios masculino y femenino en el sistema cosmológico de nuestro autor.

Dentro del ordenamiento cósmico, el Cálamo (el Primer Intelecto, el Espíritu) es creado directamente por Dios (o, dicho en términos neoplatónicos, es la primera emanación divina), mientras que el resto de elementos del cosmos son creados a través de su intermediación. El Cálamo, siguiendo el dictado divino, escribe en la Tabla el destino de todos los seres concretos; es a través de la Tabla del Corán celeste donde se inscribe o hace manifiesta la Creación y el devenir de los seres. El Cálamo (o Primer Intelecto) tiene un carácter activo y luminoso, mientras que la Tabla (o Alma Universal) posee un carácter receptivo y necesariamente oscuro para que pueda percibirse la escritura luminosa trazada sobre ella, siendo ambos los prototipos primordiales de los polos masculino y femenino que luego se plasmarán en el resto de la Creación. Y apunta el Šayj:

> Esta Tabla es el lugar (*maḥall*) del dictado del Intelecto; es, al Intelecto, como la posición [que ocupa] Eva con respecto a Adán —la paz sea sobre él—. Se llama Alma (*nafs*), porque existe a partir del Hálito (*nafas*) del Misericordioso. Dios insufló en ella [parte] del Intelecto cuando la hizo [como] lugar de recepción de lo que se le dicta y [como] una tabla para lo que se inscribe sobre ella. Por encima del Cálamo no hay ningún ser adventicio (es decir, no eterno, originado en el tiempo) creado a partir de él o expresado por él a través del tintero —que es la letra *nūn*—. Como dicen algunos: La *nūn*, que es el tintero, es la expresión de lo que él [el Cálamo] lleva en su Esencia relativo a las ciencias de manera sintetizada, sin detallar; los detalles se manifiestan en la Tabla, que es la Tabla Guardada. Aquel [el Intelecto o Cálamo] es el lugar de la síntesis, y el Alma, el lugar del análisis.[286]

Y prosigue exponiendo:

> Entre el Cálamo y la Tabla existe un matrimonio (*nikāḥ*) suprasensorial [...]. El trazo depositado en la Tabla es como el esperma eyaculado y depositado en el seno de la mujer. Los significados depositados en las letras celestiales que se manifiestan en la escritura son como los espíritus de los niños depositados dentro de sus cuerpos.[287]

La relación entre cielo y tierra también reproduce este esquema masculino-femenino. Y, en ese sentido, nos indica:

> Dios —glorificado sea— estableció entre el cielo y la tierra una unión estrecha (*iltiḥām*) espiritual, confiriéndoles una disposición para que la Tierra engendre cuantos seres ha querido existenciar en ella —glorificado sea—, ya sean minerales, plantas o animales. Hizo a la tierra como a la esposa y al cielo como al marido. El cielo transmite a la tierra la orden que Dios le inspira, así como el hombre eyacula al unirse con la mujer; y la tierra produce, por [efecto de] esta inseminación, lo que la Verdad.[288]

Cabe advertir también que, dado que el discurso de Ibn ʿArabī se resiste a esquemas fijos y sistemas de equivalencias inmóviles, las realidades que se vienen considerando aquí como receptivas y femeninas, dejan de serlo según con qué elemento se las relacione: de hecho, el día y la noche son femeninos o masculinos al mismo tiempo y ambos pueden ser «madres»; el Cálamo es activo en relación con la Tabla, pero pasivo en relación con la Orden divina, es decir, el imperativo creador «¡Sé!»; la Tabla tiene un carácter activo con las realidades que están por debajo de ella, pero es pasiva respecto al Cálamo; cada nivel de la existencia es «hijo» de un nivel superior y «madre» de un nivel inferior. Sin embargo, aunque la asignación de un carácter femenino a ciertos elementos de la cosmología akbarí no es inmutable, sus textos evidencian que el principio femenino es imprescindible para la génesis y el mantenimiento de la Creación. La dualidad sexual —en la que lo femenino y lo masculino comparten idéntico rango ontológico y son igualmente necesarios— opera en todos los niveles del cosmos.

Llama nuestra atención el hecho de que en la biografía y el pensamiento de Ibn ʿArabī siempre tiene especial relevancia la mujer tanto en las relaciones que mantuvo con ellas como en su calidad de principio metafísico y cosmológico, ofreciéndonos una visión unitaria y universalista de la realidad de una manera novedosa para su época (no olvidemos que vivió en plena Edad Media), y al mismo tiempo enraizada firmemente en el Corán y la tradición. Para Ibn ʿArabī, lo «femenino» no se refiere simplemente a una realidad biológica o sexual, sino que también denota un estatus ontológico, un principio cosmológico y un estado epistemológico de receptividad o de ser un lugar para acoger la realidad.

En algunas de sus afirmaciones, el Šayj choca frontalmente con la visión patriarcal del islam más exotérico u oficial, en el que, como sucede con el resto de religiones monoteístas en su expresión social o legal, se ha asociado tradicionalmente lo femenino a lo mundano, lo carnal y, en ocasiones, hasta lo diabólico. En cualquier caso, debemos tener muy presente que la suya es una postura globalizadora que puede parecer ambigua a ojos de las personas que no están familiarizadas con el discurso akbarí. Ibn ʿArabī no suele proponer una sola posición filosófica o ideológica, sino que muchas veces a lo largo de sus escritos aporta varias, incurriendo en aparentes contradicciones. El suyo siempre es un discurso totalizador en el que, a semejanza de lo que ocurre en el universo y en la vida misma, pueden presentarse posturas enfrentadas, que no responden sino a diferentes momentos del discurso o del estado de la cuestión. Esto es lo que sucede con el tema que nos ocupa. Como apunta de nuevo Sadiyya Sheik:

> En mi análisis de los textos de Ibn ʿArabī sobre género, he identificado tres posiciones aparentemente contrarias, pero que en realidad se entrecruzan, que constituyen su enfoque interpretativo. En primer lugar, en muchas ocasiones, sus opiniones reflejan supuestos normativos de superioridad masculina. En segundo lugar, Ibn ʿArabī presenta a sus lectores nociones universales de humanidad, señalando la designación no fundamental y periférica de la masculinidad y la feminidad para la condición humana, al tiempo que afirma activamente la humanidad compartida (*insāniyya*) de ambos sexos en todos los niveles de realización espiritual. En tercer lugar, sugiere la superioridad de las mujeres sobre los hombres presentando formas particulares en las que las mujeres manifiestan de forma única o más poderosa lo divino. Estas diferentes articulaciones del género, a las que se llega de forma impredecible e idiosincrásica, desestabilizan de manera creativa las suposiciones de la mayoría de los lectores acerca del género.[289]

Asimismo, subraya esta misma autora:

> A través de estas lecturas fluidas, ambivalentes y entrelazadas con relación al género, Ibn ʿArabī mantiene la posición matizada y

> paradójica de que el género es significativo y a la vez irrelevante. Afirma la diferencia de género en la familia humana, ilustrando su enorme importancia ontológica, mientras que simultáneamente presenta al lector la noción de la trascendencia del género. Esta trascendencia se logra abrazando la universalidad fundamental de la condición humana: los imperativos de la vida humana son idénticos para cada persona, con independencia de su género sexual.

Las anteriores palabras serán pertinentes para el resto del presente escrito. En el *Fuṣūs al-ḥikam*, obra fundamental del Šayj, desarrolla la metafísica sufí a través del análisis de diferentes figuras proféticas tanto del islam como de otras tradiciones abrahámicas. El último de esos «engarces» está dedicado a la figura del profeta Muḥammad y se titula «La sabiduría de la singularidad en la palabra de Muḥammad», un capítulo en el que constatamos el especial protagonismo de lo femenino. La base escrituraria de la que parte Ibn ʿArabī para efectuar el comentario que vierte en dicha sección es el siguiente hadiz o dicho santo, donde el Profeta declara: «Se me ha hecho amar de este mundo tres cosas: las mujeres, el perfume y la oración».

El Šayj se hace eco del relato bíblico y coránico en cuanto a la creación del hombre y la mujer. Y es en ese sentido que debemos leer una parte de su mensaje sobre las mujeres, sobre todo en lo que concierne a la precedencia del hombre respecto de la mujer, puesto que según el relato bíblico y coránico la mujer ha sido extraída del hombre, o, como asegura el Génesis, ha sido hecha a partir de la costilla de Adán. La atracción que Muḥammad sentía por las mujeres es equiparable a la atracción del todo por la parte. Y seguidamente, nos habla del deseo de Dios de encontrarse con el ser humano, si bien este encuentro particular solo puede acaecer en el momento de la muerte, ya se trate de la muerte física o de la muerte mística porque, tal como nos indica el hadiz correspondiente, nadie verá a su Señor antes de morir. Este hadiz no se refiere, por tanto, solamente a la muerte física sino a la muerte mística más profunda que implica la aniquilación del ego y que es la condición inapelable de los llamados Próximos a Dios.

Y añade que Allāh ha extraído del hombre y para el hombre a alguien llamado «mujer». Aparte de otras lecturas que pueden inferirse de esas palabras, Ibn ʿArabī está refiriéndose al relato coránico y bíblico de la creación de Eva a partir de una costilla de Adán, para explicar la inclinación primordial de Muḥammad —y por extensión del hombre— hacia la mujer. El hombre ama a la mujer porque es parte de sí mismo; y conocerse a sí mismo es el principio del camino hacia el conocimiento de Dios, como expresa el célebre hadiz: «Quien se conoce a sí mismo, conoce a su Señor». Así pues, el afecto y ternura profesadas por Muḥammad hacia las mujeres, refleja la «nostalgia propia del todo hacia su parte».

Por otro lado, cuando se habla del conocimiento de uno mismo y se añade que la mujer forma parte del hombre, puesto que ha sido extraída de él, también se alude de hecho a la cuestión de que para conocerse a sí mismo, el hombre debe conocer su contraparte femenina interior para, de ese modo, llegar a conocerse como una totalidad, de igual modo que la mujer debe llegar a conocer sus cualidades masculinas para comprender su propia totalidad. Esta dualidad está recogida en la primera parte del relato del Génesis, por ejemplo, cuando se dice que «varón y hembra los creó», aludiendo a esta naturaleza androgínica, un hecho que no siempre tienen en cuenta quienes leen la Biblia. Leemos: «Entonces dijo Dios: "Hagamos al hombre a nuestra imagen, conforme a nuestra semejanza...". Y creó Dios al hombre a su imagen, a imagen de Dios lo creó; varón y hembra los creó» (1:26). Lo más curioso es que unos cuantos párrafos más allá Dios vuelve a crear al hombre y la mujer del modo que todos tenemos en mente: «Entonces Jehová formó al hombre del polvo de la tierra, y sopló en su nariz aliento de vida, y fue el hombre un ser viviente (2:7)». «Entonces Jehová hizo caer un sueño profundo sobre Adán, y mientras este dormía, tomó una de sus costillas, y cerró la carne en su lugar. Y de la costilla que Jehová tomó del hombre, hizo una mujer, y la trajo al hombre» (2:21-22). Aparte de otras consideraciones, comprobamos pues que, según el Antiguo Testamento, mujer y hombre son creados dos veces.

Siguiendo de nuevo con el contenido del capítulo akbarí que estamos comentando, parece indicarnos que el hombre debe conocerse a sí mismo a través del encuentro con la mujer, y viceversa. Pero como conocerse a sí mismo es el camino para conocer a Dios, entonces el conocimiento de Dios por parte del hombre está en función directa de su relación con su contraparte femenina, es decir, al conocerse a sí mismo a través de la mujer, el hombre es capaz de conocer a Dios; y en el conocimiento de Dios se produce la realización y culminación de la propia posición ontológica.[290] Y lo mismo, por supuesto, se aplica a la mujer.

El deseo del hombre hacia la mujer —y esto es una constante en el pensamiento de Ibn ʿArabī— es análogo al de Dios hacia sus criaturas, ya que en ellas también está presente una parte de Dios según se expresa en el Corán «Insuflé en él de Mi espíritu» (15:29). El amor que sienten siervo y Señor, así como hombre y mujer, es recíproco; si el hombre siente por la mujer el afecto del todo hacia una de sus partes, la mujer siente hacia él «la inclinación que sienten las cosas hacia su origen», el cual, en último término, es Dios: «Todas las partes del mundo son una prueba de su origen, que es Dios». Muḥammad dijo: «"Se me ha hecho amar" a las mujeres y no "amo a las mujeres", porque el amor del hombre realmente se dirige hacia su Señor, a cuya imagen ha sido creado».[291]

Dado que el hombre ama a la mujer, desea unirse a ella en la unión más completa en el amor. Por eso, declara el Šayj de manera rotunda que no existe unión más grande que la unión sexual, la cual, según él, comporta para el hombre la extinción mental en la mujer en el momento del orgasmo:

> Cuando el hombre se une a la mujer, el deseo físico invade todos sus órganos [...]. Dios siente celos de que su siervo piense que puede derivarse placer de algo diferente de Él, por ello prescribió la ablución (tras el coito); para que el hombre vuelva su mirada hacia Él. Porque, en lo que se consume de deseo, no es otro que ese [placer] (es decir, el placer de unión con Dios).[292]

La relación sexual entre hombre y mujer reproduce el movimiento universal del amor que tiene lugar en los diferentes grados del cosmos, puesto que «el matrimonio se produce en todas las cosas y el resultado procura la no interrupción del ser». Y declara Ibn ʿArabī tanto en *al-Futūḥāt al-makkiyya* como en *Fuṣūṣ al-ḥikam* que

> quien ama de este modo a las mujeres [siendo consciente de que con ese mismo amor Dios lo ama a él]; las ama con un amor divino. Quien las ama solo desde el punto de vista del apetito natural, lo hace de modo incompleto.[293]

Y expone:

> No hay, en todo el mundo creado, ninguna fuerza más intensa que la que procede de la mujer, ya que la acción, en el mundo, se produce por el movimiento provocado por los que desean y buscan la unión y los que son buscados para esa unión, es decir, las mujeres.[294]

Señala por otro lado: «En la mujer, él ve a Dios, en Dios, por Dios». Precisa luego que la contemplación de Dios (por parte del hombre) en la mujer es más completa y perfecta, pues lo contempla en su aspecto activo y pasivo, mientras que en sí mismo solo lo contempla en su aspecto pasivo. Y concluye que por esa razón el Profeta amaba a las mujeres, puesto que contemplar a Dios en ellas nos abre a la contemplación de la Realidad a través de la forma femenina.[295]

Lo que distingue el acto sexual del gnóstico del acto sexual de los hombres ordinarios es que el gnóstico percibe el espíritu de Dios en la mujer, y al unirse a ella toma conciencia de su propia unidad con el Espíritu de Dios y, por lo tanto, también toma conciencia de Dios en sus aspectos activo y receptivo. En efecto, si uno mantiene relaciones sexuales en la realización del Espíritu de Dios en la mujer, el acto mismo es un medio para la perfección del místico. Esto es exactamente —explica— lo contrario de la relación sexual del hombre ordinario, para quien la mujer es simplemente un cuerpo carente de espíritu.

Y siguiendo con los pormenores de la contemplación, puntualiza que Dios no puede ser contemplado sin un soporte, «pues la esencia de Dios es independiente de los mundos» (Corán 3:97; 29:6). Y dado que la contemplación de Dios necesita un soporte, la contemplación de Dios en las mujeres —insiste— es la mejor y más perfecta de las contemplaciones espirituales.[296]

Pero no se queda ahí, sino que también nos asegura que «la mayor unión es la unión sexual»,[297] a lo cual debemos añadir que Dios también se encuentra, según él, en estado de unión (sexual) con el universo:

> Lo Real se halla de manera perpetua en estado de «unión» (*waṣl*) con la existencia engendrada. Gracias a ello Él es un dios.[298]

La unión a la que se refiere en este caso se manifiesta en el proceso creativo permanente donde las teofanías se manifiestan de manera ininterrumpida en la existencia engendrada, siendo la misma existencia también una expresión teofánica.

Según el Šayj, Muḥammad dio prioridad a lo femenino sobre lo masculino al mencionar en esta tradición el número tres en su forma femenina (*ṯalāṯ*), en lugar de en su forma masculina (*ṯalāṯa*) que sería lo normal en una enumeración en la que se incluye un elemento masculino (el perfume, según expresa el hadiz). La enumeración comienza y termina con dos palabras de género femenino, quedando la masculina entre ambas; «como el hombre, el cual se sitúa entre la Esencia [divina] desde la que emerge y la mujer que emerge de él»; es decir, entre dos elementos femeninos. Y continúa con esta argumentación gramatical explicando que muchas nociones relativas a las ciencias religiosas o filosóficas en lengua árabe, tales como atributo (*ṣifa*), capacidad (*qudra*), causa (*ʿilla*), o, por supuesto, la ya mencionada esencia (*ḏāt*), son femeninas. «Sitúate en cualquier escuela de pensamiento —afirma— y no encontrarás sino referencias a lo femenino». La noción de lo femenino no acarrea un estigma de inferioridad, puesto que la esencia divina —que es la faceta más elevada de Dios— es descrita como femenina, estando su interrelación con el polo masculino regida por la complementariedad ontológica y la unidad.

Y en *al-Futūḥāt al-makkiyya*, el Šayj sostiene que todos los rangos y dignidades espirituales que consigue el hombre puede alcanzarlos también la mujer, de lo que se deduce que también ella puede asumir el más alto rango de la *walaya* o amistad divina y desempeñar la función de *quṭb* —en este caso *quṭbiyya*—, Polo o Guía de la comunidad espiritual. Sin embargo, según las propias palabras de Ibn ʿArabī, a lo largo de su biografía él no ha conocido a ninguna mujer que haya alcanzado ese grado. Acerca de las capacidades políticas de la mujer, es decir, de la posibilidad de que una mujer sea cabeza externa de la *Umma*, no hemos constatado en el Šayj afirmaciones en uno u otro sentido, algo que, por otro lado, no sorprende, ya que el discurso del maestro está centrado plenamente en el plano de lo espiritual y no suele ocuparse de lo mundano.

Ibn ʿArabī afirma pues sin ambages que la condición de *insān kāmil* (ser humano perfecto) puede ser alcanzada igualmente por hombres y por mujeres. En el *Kitāb al-tarāŷim*, manifiesta sin lugar a dudas «que puede ser un hombre o una mujer».[299] Y, al comentar, el versículo 37 de la sura *Nūḥ*, donde se nombra a aquellos «varones» (*riŷāl*) cuyos asuntos cotidianos no les distraen de la invocación de Dios, especifica que el término *riŷāl* no se refiere, como ya hemos indiciado, solamente al género masculino, sino que agrupa a hombres y mujeres. Para Ibn ʿArabī, la *ruŷuliyya* no está unida a la masculinidad biológica, sino que manifiesta la plenitud de la perfección humana, la cual es sexualmente indiferenciable, es decir, tanto masculina como femenina. La expresión árabe *al-insān al-kāmil* a menudo se ha traducido a las lenguas occidentales como «Hombre Perfecto», dándole un sentido masculino del cual carece en origen el término *insān*, que es neutro; por tanto, una traducción más precisa sería, en mi opinión, la de «ser humano perfecto». Esta noción representa la tendencia de la humanidad hacia su perfección, alcanzada por los profetas y los amigos de Dios, que encuentra su paradigma en el profeta Muḥammad, constituyendo una elevada morada espiritual en la mística islámica:

> Con el término *insān* no nos referimos al humano en tanto que animal (*ḥayawān*), sino como hombre y como vicerregente [de Dios en la tierra]. Nuestras palabras hacen referencia al [ser humano] perfecto, tanto hombre como mujer, puesto que la humanidad abarca tanto al varón como a la hembra, tanto la masculinidad como la femineidad. [...] Ciertamente, ambos son accidentes (*ʿaraḍān*) que no son esenciales a la [noción de] humanidad. [...] El Enviado de Dios —Dios le bendiga y salve— ha atestiguado la perfección en las mujeres, así como en los hombres. Dijo en un hadiz: «Hizo a muchos hombres perfectos, e hizo perfectas, de entre las mujeres, a María, hija de Imran, y a Asiyah, esposa de Faraón». Algunos *awliyāʾ* (allegados de Dios) preguntaron sobre los *abdāl*: «¿Cuántos son?». Muḥammad contestó: «Cuarenta almas». El que preguntaba le dijo: «¿Por qué no has dicho cuarenta hombres?». Respondió: «Porque entre ellos pueden contarse también mujeres y nuestra intención es [referirnos] solamente a la perfección, en quienquiera que aparezca».[300]

Basta, sin embargo, recordar el tipo de santidad que Ibn ʿArabī señala una y otra vez como el más elevado para comprender que, en el caso de las mujeres, el prototipo —insistimos— es María. De todas las formas de *walāya*, según el Šayj, la más perfecta es la *malāmiyya*, es decir, la de aquellos que permanecen ocultos en «las tiendas del misterio» (*surādiqāt al-qayb*), más allá de la visión profana de las criaturas, con sus corazones «sellados» por Dios de tal forma que tan solo Él tiene la potestad de penetrar en ellos. Todos los rasgos de los *malāmiyya* —y de la espiritualidad femenina— se encuentran sintetizados en la figura de María, tal como se la representa en la literatura basada en el Corán, donde se nos presenta a la madre de Jesús en términos muy similares a los utilizados en los Evangelios. Por ejemplo, la palabra árabe *ʿābida* es el equivalente de la expresión *ancilla Domini* (sierva del Señor), el cual denota una completa sumisión a la voluntad divina. Y, abundando en las características de los *malāmiyya*, explica:

> Se han aislado con Dios y, firmemente instalados en ese estado, no salen nunca del estado de devoción, ni siquiera el tiempo de un parpadeo. No sienten la sensación de dominio (*riyāsa*) [sobre nadie], debido al dominio que el Señor ejerce sobre ellos, y al que humildemente se someten. Dios les ha enseñado lo que cada situación reclama de ellos en términos de actos y de estados, y en cada situación se comportan de acuerdo con lo que les es requerido. Están ocultos a las criaturas, escondidos de su vista tras el velo de la condición común... Se hallan en continua contemplación de su Señor, tanto si comen como si beben, si están despiertos como dormidos, y es a Él solo a quien se dirigen, aun estando con los demás.[301]

El texto proyecta luz no solo sobre la significación que el tema de María puede tener en las hagiografías, sino que proporciona también la clave del personaje de la devota anónima tan frecuente en las recensiones biográficas de los amigos de Dios, tanto mujeres como hombres. El *malāmī* es el *sanctus absconditus* (santo oculto en el contexto cristiano), mientras que la *ʿābida maŷhula* es *abscondita* por excelencia, es decir, por su condición de mujer y porque ha perdido incluso su nombre, tal vez en referencia a aquel célebre dicho del Šayj que declara que la verdad solo se revela a aquel que ha perdido hasta su nombre.

En definitiva, masculinidad y feminidad, declara el Šayj en su

ʿUqlat al-mustawfiz, son meros accidentes (*inna-mā humā ʿaraḍatān*) y no pertenecen a la esencia de la naturaleza humana (*al-insāniyya*), que es una sola:

> El hecho de que el nivel de la mujer sea inferior al del hombre no tiene nada que ver con la obtención de la perfección, porque el nivel al que se alude [en este versículo] es el de «llegar al ser» (*īŷād*); esto es, la mujer, de hecho, ha «llegado al ser» separada del hombre. Ahora bien, la relación de Adán con aquello de lo que fue creado, la tierra, es la misma que la de Eva con respecto a Adán, y (aun) esta relación con la tierra no impide en ningún modo la perfección que tiene confirmada.[302]

Por último, en cuanto a la posibilidad de que las mujeres dirijan la oración (un tema candente en la actualidad), escribe Ibn ʿArabī:

> Algunos mantienen que el imanato de una mujer es absolutamente lícito, tanto ante hombres como ante mujeres, y yo comparto esta opinión. Otros solo lo juzgan lícito ante mujeres, sin que haya hombres presentes. El Profeta afirmó la perfección de ciertas mujeres como lo hizo de la de ciertos hombres, aunque fuera mayor el número de estos últimos que la alcanzaran. Se puede considerar esta perfección como *nubuwwa* o como imanato. Consecuentemente, el imanato de una mujer es válido, y no se debe hacer caso a quien se oponga a ello sin pruebas.[303]

Su postura sobre la capacidad de las mujeres para alcanzar la condición profética es reafirmada, sin ambigüedad, en diferentes textos, particularmente en el capítulo 324 de las *Futūḥāt al-makkiyya*, cuyo solo título ya es una indicación clara en este sentido: «Sobre el conocimiento del ámbito espiritual (*manzil*) que abarca a hombres y mujeres». Esto le lleva a la idea de *kamāl* (perfección), en la cual están implicados todos los seres humanos sin distinción de sexo, que tiene como resultado que la *nubuwwa* sea accesible a las mujeres, siendo tan solo la *risāla* (la función de Enviado), la que es exclusiva de los hombres. Y escribe:

> Todas las moradas, todos los niveles, todos los atributos pueden pertenecer a quien Dios desee, tanto a mujeres como a hombres para quienes Dios lo pueda desear [...][304]

Y más adelante apunta:

> [Hombres y mujeres] comparten todos los niveles, incluyendo el de Polo (*yaštarikān fī ŷamīʿ al-marātib ḥattā fī l-quṭbiyya*).[305]

A modo de conclusión del presente capítulo, insistiremos en que las lecturas patriarcales del Corán no tienen el menor fundamento doctrinal, puesto que en el texto ni Allāh es un padre ni tiene una naturaleza masculina ni existe separación de roles espirituales entre hombre y mujer. Por eso, en muchas ocasiones, se ejerce tal grado de violencia interpretativa sobre el texto que se llega a mutilarlo y tergiversarlo en aspectos esenciales. El discurso patriarcal sostiene que las capacidades de la mujer son limitadas con respecto al hombre, considerando que, por sus características biológicas, la mujer está destinada de manera exclusiva a la maternidad y los trabajos del hogar. El varón, por el contrario, estaría dotado para ejercer de jefe del hogar y ocupar el espacio público. Pero no encontramos en el Corán ninguna de esas pretensiones.

El patriarcado es una imposición cultural e ideológica que implica la ruptura de la justicia cosmológica basada en la perfecta interrelación de las fuerzas masculinas y femeninas, activas y pasivas, que sustenta el orden de la Creación. Por eso, siempre ha estado vinculado al totalitarismo y a la depredación de la naturaleza. En ese sentido, la lectura patriarcal del Corán ha desarticulado la antropología, la ética y la cosmovisión coránicas y ha negado en muchas ocasiones los elementos democráticos, igualitarios y ecológicos presentes también en el Libro revelado. Cuando el Corán ha quedado en manos de los autoproclamados «guardianes de la tradición», estos han tratado de reducirlo a un árido libro de jurisprudencia, al cual debe rendir obediencia ciega los musulmanes. Dicho de otra manera, lo niegan en tanto que revelación de Allāh destinada a cada ser humano concreto sin ningún tipo de diferencia en cuanto a su género o condición. Y esto es aplicable —insistimos— a cualquier texto de cualquier tradición religiosa. Las lecturas patriarcales de los libros sagrados tan solo son el resultado del dominio social por parte de la mentalidad masculina y no significan que el texto en sí sea intrínsecamente machista.

12. UNIÓN DE CONTRARIOS: «LAS LUCES DE LO INVISIBLE»

El más insigne exponente en la historia de la filosofía occidental en relación con la doctrina de la *unión de los contrarios* es el presocrático Heráclito (c. 535-c. 475 a. C.), para quien el universo se halla sometido a un cambio constante si dejar de ser nunca el mismo. La *unión de contrarios* o *coincidencia de opuestos* se halla presente en el cosmos, en el que coexisten al unísono la diferencia y la igualdad de los elementos que lo componen. Declara también Heráclito en uno de famosos aforismos que el camino que sube y el que baja son uno y el mismo, lo cual ejemplifica perfectamente la figura que vamos a abordar a continuación, puesto que el mismo camino contiene cualidades contrapuestas de ascenso y descenso. La confluencia de los opuestos ejemplifica para el filósofo de Éfeso esta peculiar visión de la realidad, puesto que, dicho con sus propias palabras, lo caliente se enfría y lo frío se calienta, lo húmedo se seca y lo seco se humedece. No obstante, a pesar de que manifieste características opuestas, persiste la identidad del objeto.

El principio de la unión de contrarios es una idea fundamental que encontramos en tradiciones como hinduismo, budismo, zoroastrismo, taoísmo, zen, sufismo, etcétera. La tradición taoísta considera que el Tao constituye el punto cero desde el que dimanan y en donde se unifican los principios femenino y masculino, el *yin* y el *yang*. Según el célebre *Tao-te-ching*, ser y no-ser poseen un mismo origen, aunque distinto nombre, engendrándose mutuamente. Lo fácil y lo difícil se complementan. Lo largo y lo corto se constituyen el uno de otro. Lo alto y lo bajo se conforman entre sí.

También existen ciertos paralelismos entre la visión taoísta del mundo y la concepción islámica, hasta el punto de que hay un excelente libro, titulado *The Tao of Islam*,[306] de la profesora japonesa Sachiko Murata, en el que se aborda ampliamente la doctrina de los nombres divinos (de rigor y de misericordia) desde el punto de vista de la unificación de los opuestos, tal como propugna la doctrina tradicional taoísta. El espíritu de todos y cada uno de los seres que constituyen el cosmos es traído a la existencia como una palabra única en la Tabla Guardada que, junto con el Cálamo, constituyen los principios creativos del universo. Ambos, Cálamo y Tabla, *yin* y *yang*, el polo creativo y el polo receptivo, son necesarios para que las realidades potenciales de todas las cosas se conviertan en acto. Según la perspectiva islámica de la Creación, esta adviene a la existencia a través del matrimonio de los nombres divinos complementarios, los nombres de Belleza y de Majestad, o los nombres regidos por el *yin* y el *yang*. La dualidad aparente en el nivel divino se resuelve en la estructura dual de los seres humanos, espiritual y corporal, o carente de forma y dotada de forma. La forma o cuerpo es el receptáculo de lo informe o espíritu, y ambos unidos son el *locus* de manifestación de la naturaleza divina.

La idea específica de la *coincidentia oppositorum* ha sido atribuida en el marco de la historia de la filosofía occidental al erudito alemán del siglo xv Nicolás de Cusa (1401-1464) en su libro *De Docta Ignorantia* (1440), el filósofo germano manifiesta que el espíritu humano debe esforzarse «para elevarse hasta la simplicidad donde coinciden los contradictorios».[307] En el capítulo 16 de la primera parte de su tratado, declara que el infinito supera cualquier tipo de oposición entre máximo y mínimo, insistiendo en que la teología más profunda se deriva del principio que señala la unidad de los opuestos, siguiendo de ese modo las directrices de la *Teología Mística* de Dionisio Areopagita, donde este nos anuncia que la palabra de Dios es máxima y mínima, que el Evangelio es amplio y conciso, elocuente y silencioso, puesto que es supraesencial a todo ser, estando más allá de la razón. Dionisio también nos habla de las «las misteriosas tinieblas del no saber»[308] ante las cuales el creyente, al igual que el profeta Moisés, ha de purificarse antes de sumergirse en ellas, porque solo renunciando al conocimiento dual y abandonándose por completo a lo infinito, el ser humano se une con Aquel que es totalmente incognoscible.

El capítulo 26 del mencionado libro de Nicolás de Cusa es una justificación doctrinal de la llamada teología negativa. Dios es inefable, siendo infinitamente mayor a todo lo que el ser humano es capaz de concebir o nombrar. Por ese motivo, es mejor y más cercano a la verdad presentar negaciones para tratar de acotarlo. Y, citando de nuevo a Dionisio, subraya el filósofo germano que Dios no es verdad, ni inteligencia, ni luz, ni nada que se pueda decir. Y podemos colegir de idéntico modo que no es Padre, ni Hijo, ni Espíritu Santo. Solo es infinito. Dios es la luz inaccesible que brilla en las tinieblas. Y, por ese motivo, exclama:

> Guíanos más allá del no saber y de la luz... en las tinieblas más que luminosas del silencio que muestra los secretos, en medio de las más negras tinieblas, fulgurantes de luz...[309]

Se trata entonces de renunciar a los sentidos y a todo lo inteligible para conocer «a aquel que puso su tienda en las tinieblas»,[310] así como las «tinieblas fulgurantes de luz». «Los desprendidos de luces divinas, voces y palabras celestiales, que se abisman en las tinieblas donde, como dice la Escritura, tiene realmente su morada aquel que está más allá de todo ser»,[311] deben purificarse para «penetrar en las misteriosas tinieblas del no saber»,[312] allí donde se renuncia a todo conocimiento para quedar unido a lo incognoscible, puesto que aquel que nada conoce, entiende sobre toda inteligencia.[313] Nosotros también podemos «penetrar en esta más que luminosa oscuridad»,[314] una empresa que exige desprenderse de todos los apegos, como el escultor que desbasta el mármol hasta que aparece la forma encubierta.[315] En suma, Nicolás de Cusa —quien también tiene como referente la lógica combinatoria de Raimundo Lulio (1232-1315), enteramente desvinculada de la lógica clásica aristotélica y con ostensibles influencias del pensamiento islámico— nos advierte de que el principio aristotélico de la no-contradicción no es adecuado para establecer una metafísica del infinito, donde rige por necesidad la lógica de la unión de los contrarios.

El concepto de *docta ignorancia*, que evoca el místico «no saber sabiendo» de san Juan de la Cruz, es una formulación que reúne, obviamente, dos aspectos antitéticos, revelándose como un oxímoron (figura retórica consistente en complementar una palabra con otra que tiene un significado opuesto) de insondable profundidad mística. El conocimiento de Dios no puede, desde nuestro punto de vista limitado, sino ser un no conocimiento, puesto que Él trasciende todas las categorías lógicas y mentales y no se deja atrapar por conceptos condicionados, siendo coincidencia de lo máximo y lo mínimo, del todo y la nada, o, como ya hemos apuntado, de conocimiento e ignorancia. Dicho con otras palabras, el mayor conocimiento que le es dado poseer al ser humano —es decir, el conocimiento de la divinidad— parece ignorancia desde el punto de vista de la lógica dual, o desde la perspectiva de lo que los filósofos denominan «principio de no contradicción», una formulación lógica que se opone de manera flagrante a la figura de la unión de contrarios.

Mircea Eliade, gran estudioso de los símbolos y las tradiciones mitológicas, utiliza idéntica formulación en sus ensayos acerca de los mitos y rituales, refiriéndose a la *coincidentia oppositorum* como «el patrón mítico» fundamental. Por su parte, El psiquiatra suizo Carl Gustav Jung y el especialista francés en estudios islámicos Henry Corbin, así como el especialista en mística hebrea Gershom Scholem y el rabino y teólogo polaco Abraham Joshua Heschel, han empleado de manera amplia la misma formulación. En alquimia, la figura de la *coincidentia oppositorum* es sinónimo de la *coniunctio* o unión. En ese sentido, por ejemplo, el médico y alquimista alemán Michael Maier destaca que la unión de los opuestos es el objetivo crucial del trabajo alquímico.

Los alquimistas representan dicha unión como las bodas del sol y la luna, del rey y la reina, o también como la cuadratura del círculo, pues para nuestra mente ordinaria y dual el estado de conciliación de los opuestos resulta sumamente paradójico e incomprensible. Tampoco estará de más recordar, dicho sea de paso, que tanto la figura de Ibn ʿArabī como la de otros sabios sufíes reciben el apelativo alquímico de «azufre rojo» (*al-kibrīt al-aḥmar*), el cual designa a la única materia capaz de transformar el plomo en oro —es decir, de transmutar la materia grosera en un elemento sublime en el que confluyen los opuestos—, llegándose a declarar que la exploración espiritual, en el contexto del sufismo, no es sino la búsqueda de este elemento esencial llamado «azufre rojo», el cual representa la realización de la confluencia de los contrarios.

El fértil campo de la poesía también es un privilegiado escenario en el que prospera la figura de la unión de contrarios. Por eso, muchos poetas (y místicos) han expresado formulaciones antitéticas, como «vivo sin vivir en mí» (san Juan de la Cruz y santa Teresa de Jesús), «rayo de tiniebla» y «noche luminosa» (Dionisio Areopagita), «noche luminosa en un mediodía oscuro» (Maḥmūd Šabistarī), «fuego helado», «hielo abrasador» (Quevedo), «tierna herida, música callada, regalada llaga, soledad sonora» (de nuevo, san Juan de la Cruz)... son algunas de las paradójicas imágenes que nos transmiten el hecho de que la realización contemplativa, así como la percepción poética de la realidad, son coincidencia de opuestos, puesto que intentan comunicar lo incomunicable, transmitir lo intransmisible, expresar lo indecible.

La unión de contrarios supone, en términos psicológicos, la integración de las potencias en apariencia conflictivas del psiquismo humano, suponiendo la reconciliación de nuestras naturalezas masculina y femenina, del cielo y la tierra, o, dicho en términos psicológicos más actuales, de lo consciente y lo inconsciente. Desde el punto de vista de la religión, quien alcanza ese estadio carece de voluntad propia, pues es movido por la voluntad divina. Se halla, según los autores sufíes, en una perfecta condición de servidumbre a Allāh, lo cual hace de él, paradójicamente, un individuo completamente soberano ante todas las cosas, situaciones y personas con las que entra en relación. Y, en este punto, es ineludible evocar la imagen del *insān al-kāmil* (el ser humano perfecto o pleno) como representación del yo auténtico, del sí mismo que, según la psicología profunda, integra armónicamente los aspectos contrarios de su vida interior.

La reconciliación de polaridades también evoca la paz absoluta e incondicional del Paraíso terrenal, donde, según la tradición ancestral, el ser humano convivía de manera amistosa con los animales salvajes sin sentir por ello temor alguno.

Uno de los ejemplos más palpables, en el terreno espiritual, de coincidencia de opuestos es lo que se denomina «teofanía». Recordemos que, en griego, el término teofanía significa «aparición divina», lo que, en árabe, es *taŷallī*, que en definición de Ibn ʿArabī significa «lo que se revela al corazón desde las luces de lo invisible». La expresión «luz de lo invisible», obviamente, es otra muestra evidente de unión de contrarios. Tal como consigna el filósofo medieval Juan Escoto Erígena, refiriéndose a la escurridiza naturaleza de las teofanías y abundando en la idea de conciliación de los opuestos, define el término «teofanía» como la aparición de alguien que, sin embargo, no aparece, lo cual constituye el colmo de la antítesis, la esencia de las paradojas, la síntesis de todas las contradicciones. Por medio de la teofanía —sigue exponiendo—, lo infinito deviene finito, lo incomprensible se torna inteligible, el silencio se convierte en clamor, mientras que la eternidad se transforma en tiempo, términos paradójicos, todos ellos, que describen, dicho sea de paso, el proceso de la creación divina del universo.

Existe una célebre cita del mismo Juan Escoto, plagada de expresiones antitéticas, que apunta hacia la auténtica naturaleza de la más profunda realidad, y que sin lugar a dudas suscribirían tanto Ibn ʿArabī como cualquier otro exponente de la tradición sufí, la cual reza así:

> Todo lo que es entendido y sentido no es nada más que la aparición de lo no aparente, manifestación de lo oculto, afirmación de la negación, comprensión de lo incomprensible, clamor de lo inefable, acceso de lo inaccesible, sentido de lo ininteligible, cuerpo de lo sin cuerpo, esencia de lo superesencial, forma de lo sin forma, medida de lo inmensurable, número de lo innumerable, peso de lo que no tiene peso, materialización de lo espiritual, visibilidad de lo invisible, lugar de lo que no tiene lugar, tiempo de lo que no tiene tiempo, definición de lo infinito, circunscripción de lo incircunscrito...[316]

Comprobamos que Juan Escoto nos obsequia con toda una panoplia de locuciones paradójicas, que tratan de comunicarnos lo incomunicable y de transmitirnos la elusiva naturaleza no-dual y más profunda de la existencia.

En lo que concierne más en concreto al Šayj, apreciamos ya desde su más temprana juventud una ostensible querencia por las formulaciones antitéticas en su primera visita al gran sabio cordobés Averroes, a quien había acudido a ver, a instancias de su padre, después de su primer retiro espiritual, en el que había alcanzado una profunda experiencia iluminativa. Recordemos que, en el momento en que acaece esta entrevista, el joven Ibn ʿArabī no debía tener más de catorce o quince años, pues según él mismo refiere todavía era «un muchacho imberbe». Nada más entrar en la habitación y contemplar al joven, Averroes, tras abrazarlo, le espetó un «sí», a lo que el muchacho le respondió también con un «sí», ante lo cual Averroes pareció en extremo complacido por la reacción del muchacho. Sin embargo, al percatarse Ibn ʿArabī por el motivo de su alegría, pronunció de repente un «no». En ese momento —refiere el Šayj—, Averroes se apartó, el color de su rostro cambió y pareció poner en tela de juicio el veredicto que se había forjado de entrada acerca del joven, pasando a formularle la clásica pregunta de si la iluminación adquirida mediante procedimientos místicos y contemplativos conduce a las mismas conclusiones que la investigación filosófica racional. La respuesta del joven Ibn ʿArabī dejó presa del estupor al viejo filósofo: «Sí y no. Entre el sí y el no, los espíritus vuelan más allá de la materia y las cervices se separan de sus cuerpos».[317] En lo que concierne al tema que nos ocupa, esa afirmación, seguida de una negación y coronada por una afirmación y una negación simultáneas, se mueve de pleno, obviamente, en el terreno de la unión de contrarios.

Pero ¿cómo puede ser la realidad afirmativa y negativa al mismo tiempo? La misteriosa y desafiante noción «sí/no» entronca con otros pares de opuestos que se manifiestan en nuestro mundo como la aparente dualidad entre unidad y multiplicidad. La multiplicidad depende de la unidad divina y no tiene existencia independiente de aquella. Por ese motivo —declara el Šayj— los seres que habitan el cosmos son pobres (en cuanto a su propia existencia) respecto de lo Real, así como son significados inexistentes que se dan, no obstante, en lo Real. En ese sentido, las cosas y los seres se hallan en un estado real/no-real, o, como expresa Ibn ʿArabī, todas las cosas son Él/no Él, un concepto que como no podría ser de otro modo formula en una expresión en extremo paradójica: «Lo Real manifestado a través de la forma es Él/no Él. Él es lo limitado ilimitado y lo visto que no es visto».[318] Y es que, según parece, la figura de la *coincidentia oppositorum* es el río subterráneo que enlaza las enseñanzas más profundas tanto de Ibn ʿArabī como del resto de los contemplativos y sabios que en el mundo han sido.

Adentrándonos en el resbaladizo terreno de las definiciones tentativas, y a la postre imposibles, acerca de la naturaleza divina, la co-presencia de los atributos de incomparabilidad y semejanza —de trascendencia e inmanencia, o lo que en teología islámica se conoce como *tanzīh* y *tašbīh*— es otra de las múltiples facetas que asume la referida confluencia de opuestos, suministrando uno de sus ejes fundamentales a la visión akbarí tanto de la divinidad como del cosmos. La confluencia entre lo que se dice de Dios y el hecho de que Él está más allá de toda definición es entonces el resbaladizo filo de la navaja que recorre el aspirante a la sabiduría divina, sin acomodarse de manera unilateral en ninguna posición, ya sea afirmativa o negativa. Dios, lo Real, es incomparable y semejante al mismo tiempo. Es «sí» y «no», pero también está más allá de ambos extremos porque, como sabemos, ninguna declaración —positiva o negativa— es capaz de circunscribirlo.

Preguntaron al conocido maestro Abū Saʿīd al-Jarrāz (m. *circa* 890):

> «¿Por medio de qué conoces a Dios?». Y él respondió: «Le conozco por ser coincidencia de opuestos».

Y es que la totalidad del cosmos es, a la vez, Él y no Él; el Dios manifestado en las formas es, al mismo tiempo, no-manifiesto, el limitado que sin embargo no tiene límite alguno, el visible que, no obstante, no puede ser visto. Él, Dios, Allāh, según nos confirma el Corán, es «el Primero Último, el Exterior Interior» (57:3) y «la totalidad de los nombres contrarios». Allāh carece de opuesto porque es la confluencia de todos ellos. Negación y afirmación no lo contradicen, aunque por supuesto tampoco lo explican por completo.

El Šayj precisa que Allāh carece de límite ontológico alguno que lo acote, puesto que está desprovisto de características específicas. La única definición posible es que sobrepasa todas las definiciones, y la única determinación es que ni siquiera está determinado por su ausencia de determinación. Esta completa ausencia de restricciones le lleva a asumir todas las limitaciones sin verse constreñido por ellas y a aceptar las descripciones sin que ninguna lo explique en su totalidad. Si no fuese capaz de aceptar todas las limitaciones, no sería ilimitado. Aunque extremadamente sutil, la ausencia de atributos sigue siendo un atributo. Allāh no tiene contrario, sino que es la unión de todos ellos. La no existencia no es su opuesto, mientras que la existencia tampoco lo define en plenitud.

Allāh no reside en la negación apofática de las limitaciones que puedan esgrimirse al respecto de su imposible definición, sino en la asunción de las restricciones y en la conjunción de todas las negaciones y afirmaciones efectuadas en relación con Él. La posición doctrinal de Ibn ʿArabī a este respecto es un auténtico camino medio que discurre entre el «sí» y el «no» y que los incluye a ambos, porque tal como enuncia el Šayj:

> Él solo puede ser definido por todas las definiciones, puesto que las formas del cosmos son ilimitadas e inagotables y no se conoce la definición de todas las formas, sino tan solo lo que el conocedor es capaz de alcanzar a ver en una forma concreta. Por ello mismo es imposible una definición de Dios, ya que esa definición depende de la capacidad de definir (plenamente) todas las formas del cosmos, lo cual es imposible; por tanto, una definición de Dios es imposible. Ocurre lo mismo con quien profesa la semejanza de Dios sin tener en cuenta Su incomparabilidad, de modo que lo restringe y limita y no lo conoce. Sin embargo, el que reúne en su conocimiento de Dios tanto trascendencia como inmanencia, de manera sumaria no en detalle —dado que resulta imposible ese conocimiento detallado debido a la infinitud de las formas del cosmos—, Lo conoce de modo general, aunque no de modo distintivo.[319]

Dios carece de opuesto porque es la reunión de todos ellos. Incomparabilidad y semejanza, trascendencia e inmanencia, negación y afirmación, no lo contradicen, aunque tampoco lo dicen por completo. Desde cualquier perspectiva filosófica o teológica, es imposible una demostración palmaria acerca de la naturaleza e incluso de la existencia o la inexistencia de Dios porque Él admite todas las aserciones y refutaciones, dado que está de acuerdo con cualquier cosa que se diga o calle acerca de Él. Es indisociable de la definición, de lo que define y de aquello que es definido (puesto que es cognoscible e incognoscible, visible e invisible, manifiesto y no-manifiesto, próximo y lejano), no se ve constreñido por ninguna categoría conceptual y no se halla limitado siquiera por la ausencia de límites.

Allāh, como señala la tradición, islámica, manifiesta nombres aparentemente duales que congregan sentidos paradójicos, como, por ejemplo, el Abatidor-Elevador (*al-jāfiḍ al-rāfiʿ*), el Ennoblecedor-Envilecedor (*al-muʿizz al-mudill*), el Adelantador-Retardador (*al-muqaddim al-muʾajjir*), el Primero-Último (*al-awwal al-ājir*), o el Manifiesto-Oculto o el Interior-Exterior (*al-ẓāhir al-bāṭin*). Existen otras polaridades que se dan entre diferentes nombres, tales como Vivificador (*al-muḥyī*), Mortificador (*al-mumīt*), o Castigador (*al-muntaqim*), Indulgente (*al-ʿafū*). Obsérvese que estas parejas de nombres divinos se nos muestran en este caso sin la habitual conjunción copulativa «y» (que no figura en el idioma árabe original), con el fin de subrayar el carácter no-dual de las distintas cualidades divinas. El hecho de que Dios se nos revele dotado de nombres antagónicos —es decir, con atributos tanto de rigor como de misericordia— sirve para enfatizar el hecho de que su naturaleza es unión de contrarios.

Allāh se manifiesta externamente ante nuestra mirada —a través de sus teofanías—, del mismo modo que es no-manifestado internamente, o tal como Él es en sí mismo. Por un lado, el Corán expresa: «A dondequiera que os volváis, allí está la Faz de Dios» (2:115), lo cual nos remite a la profesión de fe acerca de su similitud. Pero, por otro lado, declara: «La vista no Le percibe» (6:103), lo cual atañe, obviamente, a su faceta de incomparabilidad. El verdadero conocimiento de Dios solo se alcanza mediante la combinación adecuada de estas dos perspectivas complementarias, aunque en apariencia contradictorias. Dios es el Manifiesto que es testificado por los ojos, así como el No-Manifestado que es presenciado por los corazones. Al igual que no existe objeto de conocimiento alguno que no sea visto por Él —por el contrario, todo es objeto de su conocimiento—, tampoco es del todo invisible para sus criaturas, ya sea en el estado de inexistencia o de existencia de estas. Sin embargo, ser testigo de Él no exige que sepamos que Él es el objeto de nuestra percepción. En definitiva, lo vemos —al menos la parte que se manifiesta a través de las teofanías—, pero ignoramos que lo estamos contemplando.

Esta coincidencia de aspectos contrapuestos se expresa sin ambages en el hecho de que Allāh posee, como decimos, una dimensión oculta —lo Real tal como es en y para sí mismo— y un aspecto manifiesto, que se refiere a aquello que Él es para otros seres y que se manifiesta a estos de acuerdo a su capacidad de reconocimiento, ya sea en el horizonte del mundo exterior o en la intimidad de su propia conciencia, pues tal como proclama el Corán: «Les mostraremos Nuestros signos fuera y dentro de sí mismos, hasta que vean claramente que es la Verdad» (41:53). Y, en la «Teofanía de la Perplejidad», Ibn ʿArabī lanza la siguiente pregunta:

> ¿Cómo aprehender a aquel cuyas características admiten los contrarios y cuya descripción permite la similitud?[320]

Dado que la naturaleza de Allāh acepta los contrarios, Él es, al mismo tiempo, incomparable y semejante. Es «sí» y «no», pero también está más allá de ambos porque nada es capaz de acotarlo ni de restringirlo. Y, en ese sentido, cuando no acertamos a armonizar la ausencia de limitación y la capacidad para asumir todos los límites, estamos circunscribiendo la concepción de Allāh a nuestro muy reducido aparato mental. Tanto al asociarlo como al declararlo incomparable de manera unilateral, lo fragmentamos por igual. Sin embargo, Él está más allá de la asociación y de la no-asociación, de la representación y de la ausencia de representación. Cualquier tentativa de delimitar a Dios —ya sea por vía negativa o positiva— está abocada de antemano al fracaso. Por consiguiente, sabiendo que la absoluta ausencia de restricciones hace que Allāh sea capaz de asumir cualquier tipo de límite, el conocedor trata de adorarlo de todas las maneras posibles y de reconocerlo, a cada instante, en cada una de sus irrepetibles expresiones teofánicas.

La experiencia que describe Ibn ʿArabī en su introducción a las *Futūḥāt al-makkiyya* se encuadra plenamente en la figura de la coincidencia de opuestos, puesto que nos revela que, mientras está efectuando las circunvoluciones rituales en torno a la Kaaba se le aparece un «joven caballero fugaz» (*al-fatā*) y a continuación pasa a enumerar una serie de figuras, referidas a este extraño caballero, que inciden de pleno en el simbolismo de la unión de contrarios: «elocuente silencioso», «ni vivo ni muerto», «compuesto simple», «envolvente y envuelto», «lo conocido y el conocedor», «contemplativo contemplado».[321]

Por otro lado, la palabra divina, al igual que Dios mismo (y nos atreveríamos a aseverar que todo cuanto dimana de Él), es encuentro de paradojas y armonización de sentidos enfrentados. Si nos adentramos en el Corán, descubrimos formulaciones en apariencia antitéticas, como cuando el texto sagrado señala, refiriéndose a Allāh: «No hay nada que se Le asemeje. Él es el Oyente, el Vidente» (42:11). Así pues, tras declarar que Dios está más allá de cualquier posible comparación con las cosas creadas, nos asegura que Él es capaz de ver y de oír, una afirmación que nos introduce de pleno en el terreno de las similitudes con los sentidos. Y es que Allāh —insistamos en ello— no está limitado ni siquiera por la ausencia de límites, y, en ese sentido, es capaz de determinarse con todas las constricciones posibles, lo cual constituye, dicho sea de paso, una de las principales características del proceso creador que propicia la manifestación del cosmos.

Ibn ʿArabī aplica un método sumamente especial de lectura coránica, basado en la comprensión última del conjunto de los sentidos, tanto evidentes como ocultos, de la palabra divina, que pretende, cómo no podría ser de otro modo en su discurso totalizador, sintetizar términos aparentemente contrapuestos. Este método de lectura profunda de las raíces de las palabras árabes, por ejemplo, permite que los enemigos de la religión terminen siendo equiparados a los amigos de Dios más elevados, lo cual, por supuesto, es un ejemplo ostensible de unión de contrarios. Según su abordaje hermenéutico, las cualidades en apariencia reprobables deben ser devueltas a su estado de indeterminación primordial —es decir, el Aliento del Todo-Misericordioso, el imperativo primordial «¡Sé!», el verbo creador— con el fin de volver a dotarlas de una determinación positiva y transformarlas en dignas de alabanza. Y es que tal como no se cansa de subrayar una y otra vez: «En el Corán o en cualquier otra cosa, los hombres de la intimidad, la belleza y la misericordia solo perciben la perfección y la belleza»,[322] porque únicamente prestan atención a la raíz divina de las cosas y sustentan una percepción pura de la existencia, en la que aquello que, desde un punto de vista ordinario, tiene un carácter negativo, se reviste de una cualidad sagrada para el sabio que acierta a extraer hasta sus últimas consecuencias los íntimos sentidos atesorados por la palabra divina y la naturaleza profunda de la realidad, la cual es —digámoslo una vez más— unión de opuestos.

La comunión de contrarios se torna patente también en el ámbito del conocimiento, pues a pesar de que Dios, tal como es en y para sí mismo, es incognoscible, no podemos dejar de conocerlo, a través de sus manifestaciones teofánicas, en todas y cada una de las facetas en que se muestra tanto en el mundo como en nosotros mismos. El conocimiento de Allāh, y de su auténtica naturaleza ubicada más allá del conocimiento ordinario (o, dicho de otro modo, la coincidencia de conocimiento y no-conocimiento), es, pues, un ejemplo patente de confluencia de opuestos, puesto que el gnóstico exclama, de nuevo por boca del Šayj:

> ¡Gloria a Él que solo es conocido por el hecho de que no puede ser conocido! El conocedor de Dios no sobrepasa sus propios límites. Sabe que sabe que es uno de los que no saben.[323]

En lo que concierne a Allāh, existe una tensión primordial entre el conocimiento y lo que se ubica más allá de este, pues el Tesoro Oculto (el misterio de los misterios, su naturaleza recóndita) que aspira darse a conocer siempre permanece en sí mismo desconocido. Es un misterio intocable que no puede contemplar ninguna entidad limitada, aunque su máxima aspiración sea la de revelarse a los seres, siendo sin duda esta paradoja otro de los innumerables matices que asume la figura de la unión de contrarios. Sin embargo —como puntualiza Ibn ʿArabī—, la imposibilidad de conocer el conocimiento ya es conocimiento, luego, querámoslo o no, todo es conocimiento (de Dios o al menos de sus nombres). Junto a la vida, es el atributo más universal y el nombre divino que subyace al resto de los nombres. Y es por ello que vida y conocimiento impregnan toda la existencia.

Es posible afirmar entonces que Allāh se encuentra más allá de conceptos humanos, tales como existencia e inexistencia, conocimiento y desconocimiento, presencia y ausencia, etcétera, por cuanto todos ellos son nociones propias de nuestra lógica dualista, basada en el principio de no-contradicción y donde *A* nunca es *B*. Aunque, como venimos indicando, cabe destacar también que, en

Dios, todos los contrarios se unifican. Es a la vez conocimiento e ignorancia porque es conocido en su manifestación y desconocido tal como es en sí mismo y porque, por mucho que lo conozca el contemplativo en la experiencia mística más profunda, nunca llegará a conocer a Dios en su plenitud. Está más allá de definiciones y palabras, si bien todas ellas tienen relación con Él. Es ilimitado, aunque se reviste de todas las limitaciones. Trasciende la forma, pero es el origen de las formas, y así sucesivamente. Dios es la paradoja infinita.

La confluencia de presencia y ausencia, de unión y separación, nos remite de nuevo a la extraordinaria visión de Dios de que disfruta el contemplativo arrebatado por el celo divino y de la cual nos explica Ibn ʿArabī:

> Su alejamiento es idéntico a su proximidad, lo mismo que su proximidad es idéntica a su alejamiento. Él es el Alejado-Próximo. En Él, la unión con nosotros es, pues, irrealizable. Él admite la separación sin por ello alejarse, lo mismo que admite la unión sin acercarse realmente. La unión en su esencia es idéntica, en Él, a su alejamiento. Pero solo lo entenderá aquel que Le vea.[324]

Como reza la *šahāda*, o testificación de la unidad divina: «No hay dios, sino Dios», o, dicho de modo más explícito, el Dios que ha sido purificado de todos nuestros pensamientos preconcebidos al respecto, recibidos de la tradición o no, está más cerca del Dios real. La *šahāda* misma, en tanto que formada por la negación y la afirmación divinas, constituye un ejemplo de perfecta combinación de coincidencia de opuestos.

Nos detendremos ahora a considerar la naturaleza evasiva del amor, el cual —según nuestro autor— es una de las realidades, junto a la insondable naturaleza divina y de la naturaleza última de la existencia, que permanece por siempre inaccesible a las definiciones humanas, puesto que, al igual que ocurre con todo aquello que de más profundo tiene la realidad, escapa a cualquier tipo de categorización. Así nos lo comunica, en el capítulo 178 de las *Futūḥāt al-makkiyya*, el cual versa sobre la naturaleza inefable y paradójica del amor y en el que vierte palabras que parecen contradictorias a simple vista, como, por ejemplo: «¡El Amado está en mí y, no obstante, no lo está!». Pero ¿cómo es posible que el amor concilie principios antagónicos? Una posible respuesta —nos propone el Šayj— reside en que el amante no solo busca la unión con el amado, sino que desea lo mismo que él, y si este último se decanta por la separación y el distanciamiento, el amante acatará sin reservas su voluntad, obrando en contra de los dictados naturales del amor, el cual persigue por definición la unión con el amado.

Otra faceta de la conciliación de contrarios, propiciada por este amor pleno y sin restricciones, es que el anhelo de unión con el amado permanece cuando el amado está ausente y se acrecienta si está presente. Por eso escribe de nuevo Ibn ʿArabī:

> Ese es el estado sentido por el enamorado en el momento de la unión con el amado. Nunca queda colmada su necesidad de contemplarle sin que pueda, no obstante, deshacerse del deseo insaciable que suscita en él. Cada vez que vuelve su mirada hacia el Amado, su emoción extática y su deseo ardiente se acrecientan, aunque sea en su presencia, tal como ha cantado el poeta:
>
> ¿No es sorprendente que por ellos suspire
> y que yo les pregunte acerca del deseo ardiente,
> cuando nunca dejaron de estar en mi presencia?
> Mis ojos los lloran, y con todo están en mis pupilas.
> ¡Mi alma los anhela, aunque estén a mi lado![325]

Añade el Šayj que las premisas del amor lo revisten con su esencia, el ropaje de los contrarios, como presencia y ausencia.[326] En suma, en el ámbito del amor, la coincidencia de opuestos se refleja en el imponderable de que, amemos lo que amemos, siempre amamos en última instancia a Dios; y, paradójicamente, aunque en todos los amados tan solo amamos a Dios, nunca amamos la Realidad absoluta, es decir, a Dios tal como Él es en sí, sino que tan solo amamos lo que Él muestra de su naturaleza a través de sus teofanías, o lo que concebimos de Él de acuerdo a nuestra capacidad.

En lo que concierne a la experiencia mística de aniquilación (*fanāʾ*), esta es indisociable del estado que recibe el nombre de subsistencia *(baqāʾ)*. Aniquilación y subsistencia son términos que designan, respectivamente, la negación del ego limitado y la afirmación de lo Real, el olvido de nuestra identidad pasajera y la recuperación de nuestra identidad inmutable, la cual hunde sus raíces en Allāh, o, mejor dicho, en el eterno conocimiento que Él tiene de nuestra inexistencia original. Una vez que el pseudo-yo asume plenamente su condición primordial de nada receptiva, reemerge de ella transformado en un yo completo. La coalescencia de aniquilación y subsistencia, de nada y todo, de ser y no-ser, no es, insistamos en ello, sino otra faceta que asume la reunión de contrarios, la cual constituye uno de los emblemas distintivos tanto de la experiencia profunda del sufismo como de otros senderos de sabiduría.

Otro de los ejemplos más radicales de cohabitación de los opuestos es la declaración de que, para ser en plenitud, debemos asumir nuestra nada, puesto que somos «la nada que es». El ser humano es el único capaz de abrazar al unísono, de manera plenamente consciente, los atributos contradictorios de existencia e inexistencia. Es por ello que el camino de reconocimiento de lo Real discurre, paradójicamente, por la constatación de la propia nada y por la extinción de cualquier cualidad considerada como propia. La persona ha de convertirse en nada, ya que ese es el atributo que le corresponde de manera original, lo cual alude al proceso de aniquilación y de simultánea subsistencia en el que deja de ser lo que nunca ha sido y es lo que nunca ha dejado de ser, quedando tan solo la Faz inasible del Misericordioso, insinuándose en todas las direcciones de la mirada. Según cierta definición, el proceso de aniquilación-subsistencia supone quedar a solas ante la Faz del Todo-Misericordioso.

La figura de la unión de contrarios también se evidencia en la experiencia del Viaje Nocturno y la Ascensión, puesto que en este viaje inmóvil —según nos explica el Šayj— el viajero se desplaza hasta la más íntima proximidad a Allāh, si bien Dios permanece con él en cada etapa del camino. Por eso, Dios ha dicho: «Él está con vosotros dondequiera que estéis» (57:4). Y añade Ibn ʿArabī en el capítulo 175 de las *Futūḥāt al-makkiyya*:

> Él me ha informado de que está conmigo en mi estado de movimiento y cambio, y que también está conmigo en el estado de quietud [...]. ¡Por consiguiente, encontraré su Faz en el lugar donde me hallo! [...] ¡Este es el viaje de quien abandona el viaje aun cuando esté destinado al viaje![327]

La coincidencia de opuestos se plasma asimismo en la concepción akbarí del ser humano perfecto, el árbol que conecta cielo y tierra, el istmo que une las dimensiones visible e invisible. En consecuencia, aquel que es capaz de sustentar de manera simultánea los aspectos contrarios, o, dicho de otro modo, el que soporta las contradicciones y aprende de ellas, está en vías de llegar a ser verdaderamente humano, un principio aplicable tanto a la vida íntima como a la colectiva. La plenitud del ser humano significa que este es masculino y femenino al mismo tiempo, puesto que ha reintegrado el *yin* y el *yang* de su naturaleza. Adán, según nos transmite el Šayj, era un alma única que encerraba dentro de sí la polaridad masculino-femenina, a partir de la cual ha sido creada toda la humanidad. Tal como escribe:

> Con el alma mía
> yo me desposé,
> y era mi marido
> siendo mi mujer.[328]

Asimismo, quien se consagra de entrada a la soledad y el retiro espiritual (*jalwa*), descubriendo la presencia de Dios en su propio ser, ya nunca está solo y, por tanto, para él el retiro deja de ser factible. El que alcanza el término del viaje espiritual constata que en este viaje se unifican los contrarios, puesto que Dios lo ha acompañado en cada etapa de su itinerario. Aquel que busca el silencio no deja de escuchar, en la medida en que acalla su corazón, sonidos cada vez más sutiles que le llevan a cobrar conciencia de que hasta las piedras claman y están traspasadas por la vida, y así sucesivamente. En cualquier caso, la idea fuerza es que el estado de iluminación —o el reconocimiento de la presencia de Dios en todos los seres y todas las cosas sin excepción— forma parte de lo que se conoce como realización descendente, el viaje de vuelta a la vida cotidiana, el cual acaece después de reconocer y experimentar a Dios aislado de las criaturas y del mundo.

La estructura de la unión de contrarios también se torna evidente en la disposición de las estaciones (*maqamāt*) y contraestaciones del camino espiritual, a las que el gran Šayj consagra la sexta sección de su voluminosa obra las *Futūḥāt al-makkiyya*.

Todas las estaciones de que consta el sendero espiritual se ven reemplazadas a la postre por la llamada «estación de la no-estación» (*maqām lā maqām*), una de cuyas principales características es, precisamente, la ausencia de signos identificadores, si bien puede evidenciar, por la misma razón, cualquiera de las características de las estaciones precedentes. La denominación de estación de la no-estación ya es de por sí una muestra flagrante de confluencia de opuestos. El viaje espiritual constituye una peregrinación a través de los nombres divinos, un viaje de servicio y adoración en el que el ser humano va invistiéndose de las cualidades de cada nombre concreto. En cada una de las estaciones que recorre este camino gobierna un nombre divino, se desarrolla una serie inequívoca de experiencias y se manifiesta un conjunto de comprensiones que van integrándose a medida que se progresa de estación en estación. Pero, una vez alcanzada la llamada estación de la no-estación, el viajero se inviste al unísono de todos los atributos de la existencia, sin que ninguno de ellos predomine sobre el resto. Por ese motivo, los *afrād*, llamados también muḥammadíes perfectos y gentes de Yaṭrib —o Medina— (en referencia a Corán 33:13, donde leemos: «Oh, gentes de Yaṯrib, no tenéis ningún lugar en el que permanecer. Volved, pues»), han trascendido el conjunto de las etapas espirituales y ya no tienen ninguna estación específica en la que asentarse, como tampoco se aferran a ninguna experiencia espiritual o de ninguna otra índole. Lo que nos indica, en suma, la denominada «estación de la no-estación» es que, en última instancia, ningún rasgo o atributo predomina sobre el resto, sino que dicha estación es la totalidad en la que se reconcilian todos los opuestos, pues solo asumiendo sus aparentes contradicciones y dicotomías puede el ser humano realizarse de manera completa. Por eso, aconseja Ibn ʿArabī: «Mira en tu esencia para reunir tus pares»,[329] lo que equivale a decir que debemos observar la unidad para conciliar la dualidad. Este mirar en la propia esencia para armonizar las contradicciones no es sino otro modo de referirse a la unión de contrarios.

Otra de las características más reseñables de la estructura de las estaciones espirituales es la disposición en pares de opuestos de muchos de los capítulos en que es abordado este particular en las *Futūḥāt al-makkiyya*. De ese modo, cada capítulo relativo a una determinada estación del camino espiritual se ve contrabalanceado por la correspondiente sección en la que se aborda el abandono de dicha estación. Este abandono no debe ser considerado como un signo de imperfección de la estación dejada atrás, sino como un proceso de integración cuyo propósito es liberar al viajero espiritual de cualquier vestigio de dualidad en el sendero que conduce a la culminación del viaje, que es la morada que trasciende todas las moradas. Por eso, expone:

> Cada estación lo reviste de una luz y de un resplandor sin comparación con la estación precedente, hasta que arriba al último confín, tras haber recorrido todas las estaciones. Reposa entonces con el Verdadero sin estación, ni lugar, ni nombre, ni trazo ni cualidad ni pretensión ni visión ni contemplación ni búsqueda. Como ha sido dicho, es como si nunca hubiese sido y como si el Verdadero nunca hubiese dejado de ser.[330]

El que alcanza la postrera etapa del sendero no se halla limitado por ninguna cualidad específica, sino que las abarca todas, puesto que refleja la totalidad de los nombres divinos y personifica el atributo divino que resulta apropiado para cada circunstancia. Tras haber asumido los rasgos de los nombres particulares, relacionados con las estaciones individuales, expresa ahora el nombre global de Allāh. Ese ser humano —que no es nada en sí mismo— puede llegar a serlo todo. Por eso escribe de nuevo el Šayj:

> Lo único que distingue al muḥammadī es que no posee ninguna estación específica. Su estación es la no-estación [...] la relación del muḥammadī con las estaciones es como la relación de Dios con los nombres: no está determinado por ninguna estación con la que se relacione. Por el contrario, en cada respiración, en cada momento, en todos los estados, asume la forma requerida por esa respiración, momento o estado. Su limitación carece de continuidad temporal. Las determinaciones divinas varían a cada momento y así él varía con esta variabilidad. Dios está «cada día está ocupado en una nueva obra» (55:29), y también el muḥammadī.[331]

E insiste Ibn ʿArabī de nuevo:

> Cuando el servidor se ha despojado de todos sus nombres, tanto de los que le confiere su servidumbre ontológica como de los que le otorga su forma divina original, no queda nada más que su esencia sin cualidad y sin nombre. Entonces es de los «próximos» [...]. Nada se manifiesta en él y por él que no sea Dios.[332]

A fin de cuentas —como escribe Mircea Eliade, eminente especialista en simbología y religiones comparadas—, es el anhelo de restaurar la unidad perdida el que impele al ser humano a concebir los opuestos como aspectos complementarios de una realidad única. Este es el motivo —prosigue diciendo— por el cual la formulación de la *coincidentia oppositorum* resulta aplicable al intento de expresar una situación inconcebible en nuestro ámbito vital ordinario. Buen testimonio de ello son, aparte de ciertas manifestaciones poéticas, como hemos visto al principio del presente capítulo, las formulaciones de las místicas de todos los tiempos y lugares, como, por ejemplo, los llamados Evangelios apócrifos, donde leemos:

> Cuando hagáis de los dos uno, y hagáis el interior como el exterior y el exterior como el interior y lo de arriba como lo de abajo, y cuando establezcáis el varón con la hembra como una sola unidad, de tal modo que el hombre no sea masculino ni la mujer femenina [...], entonces entraréis en el Reino.[333]

Las palabras anteriores no son sino una formulación sugerente para transmitir la completa inversión de valores propiciada por una situación trascendental, que, al resultar inconcebible para nuestro limitado intelecto, no puede sino ser expresada mediante imágenes paradójicas.

Un último aviso de cautela. La superación de los opuestos atañe a la experiencia contemplativa profunda. Para el resto de los mortales y desde el punto de vista de nuestras relaciones psicológicas y sociales, es obvio que existen arriba y abajo, dentro y fuera, masculino y femenino, positivo y negativo, bien y mal, y el resto de polaridades a las que estamos habituados y que nos permiten llevar una vida más o menos cómoda y tolerable.

NOTAS Y REFERENCIAS BIBLIOGRÁFICAS

PRÓLOGO

1 Addas, Claude, *La búsqueda del azufre rojo,* pág. 225.

2 Borowitz, E.B., *Studies in the meaning of Judaism* (JPS Scholar of Distinction Series). Philadelphia: Jewish Publication Society, 2002.

3 *Dīwān Ibn al-ʿArabī: al-maʿārif al-ilāhiyya wa-l-laṭāʾif al-rūḥāniyya* (Edición crítica del texto, editado por ʿAbd al-ʿAzīz Sulṭān al-Manṣūb). Damasco (Siria): Ninawa, 2021.

4 *Cf. Futūḥāt*, I, p.56. Hirtestein, Stephen, *The Unlimited Mercifier*, p. 78.

1. DATOS APÓCRIFOS SOBRE LA VIDA DE IBN ʿARABĪ

5 *Los dos horizontes (Textos sobre Ibn al-ʿArabí).* Murcia: Editora Regional de Murcia, 1992, pp.15-54.

6 Addas, Claude, *La búsqueda del azufre rojo*, p. 47.

7 *Ibid.*, pp. 47-48.

8 Ibn ʿArabī, *Sufis of Andalusia*, pp. 75-76.

9 Carmona, Alonso, «Ibn al-ʿArabī, jurista al modo *ẓāhirī*», *https://ibnarabi-society.es › Ibn_al-ArabiCairo2*

10 Asín Palacios, Miguel, *El islam cristianizado*, p. 88.

11 Addas, Claude, *Ibid.*, p. 246.

12 Hirtestein, Stephen, *The Unlimited Mercifier*, p. 188.

13 Addas, Claude, *op. cit.*, p. 288.

2. TIEMPO Y ESPACIO: «ÉL ES EL PRIMERO Y EL ÚLTIMO; EL INTERIOR Y EL EXTERIOR»

14 Talmud Bablí, *Avodá Zará*, 3b.

15 Chittick, William C., *The Sufi Path of Knowledge*, p. 203 y *ss.*

16 Ibn ʿArabī, *El secreto de los nombres de Dios*, p. 256.

17 *Ibid.*

18 *Cf. Futūḥāt*, IV 326.4. Chittick, William C., *op. cit.*, p. 202.

19 Addas, Claude, *La búsqueda del azufre rojo*, p. 196.

20 *Cf. Fut.* III, p. 549. Chittick William C., *op. cit.*, p. 221.

21 Yahia, Osman, *Histoire et classification de l'oeuvre d'Ibn Arabi*, p. 838.

22 *Cf. Fut.*, I 490.17. Haj Yousef, Mohamed. *Ibn 'Arabī: Time and Cosmology*, 86.

23 Varios autores, *La mística en el siglo XXI*, pp. 93-94.

24 *Ibid.*, p. 95.

25 Nurbakhsh, Javad, *La pobreza spiritual en el sufismo*, p. 98.

26 Para exponer este aspecto capital de la enseñanza del Šayj, recurriremos a tres estudios seminales. El primero de ellos es una traducción del árabe al inglés del libro akbarí *The Seven Days of the Heart: Prayers for the Nights and Days of the Week* [*Awrād al-usbūʿ*], de la que son autores Pablo Beneito y el estudioso británico Stephen Hirtenstein, en uno de cuyos apéndices se aborda de manera detenida la cuestión de las diferentes disposiciones que, según nuestro autor, adoptan los días de la semana. Los otros dos textos, titulados respectivamente, *Ibn 'Arabī: Time and Cosmology* y *Duality of Time: Complex-Time Geometry and Perpetual Creation of Space* pertenecen a Mohamed Haj Yousef, quien no solo es especialista en física, sino que se ha dedicado al estudio detallado de las implicaciones cosmológicas y espaciotemporales de las sofisticadas enseñanzas del Šayj a este respecto.

27 Ibn ʿArabī, *The Seven Days of the Heart*, p. 102. Véase también *La mística en el siglo XXI*, «El tiempo de la gnosis: consideraciones acerca del pasado y el futuro de la obra de Ibn Arabi», de Pablo Beneito, pp. 89-106.

28 *Cf. Fut.*, III 201,12. Chittick, William C., *op. cit.*, *Sufi Path of Knowledge*, p. 395.

29 *Cf. Fut.*, II 438.19) Haj Yousef, Mohamed, *Time and Cosmology*, p. 192.

30 *Cf. Fut.*, II 438.7. *Ibid.*, p. 195.

31 *Cf. Fut.*, I.155.6; I.466.6; II.445.15. *Ibid*, p. 202.

32 *Cf. Fut.*, I.55.8; I.275.26. *Ibid.*

33 *Cf. Fut.*, II.445.15. *Ibid.*

34 *Cf. Fut.*, I.499.5. *Ibid.*, p. 205.

35 *Cf. Fut.*, II.438.10. *Ibid.*

36 *Cf. Fut.*, II.438.11. *Ibid.*, p. 206.

37 *Cf. Fut.*, II.438.16. *Ibid.* p. 207.

38 *Cf. Fut.*, II.438.13. *Ibid.*

39 *Cf. Fut.*, II.445.23. *Ibid.*, p. 208.

40 *Cf. Fut.* I.466.6. *Ibid.*, p. 209.

41 *Cf. Fut.*, II.169.5. *Ibid.*, p. 210.

42 *Cf. Fut.*, II.173.15. *Ibid.*, p. 211.

43 *Cf. Fut.*, I.61.13. *Ibid.*, p. 215.

44 *Fut.*, IV.187.19; IV.292.32. *Ibid.*, p. 218.

45 Kumar Rai, Ram, *Mantra Yoga Saṁhitā*, p. 4.

46 Beneito, Pablo; Hirtenstein, Stephen, *The Seven Days of the Heart: Prayers for the Nights and Days of the Week*, p. 103.

47 *Cf. Fut.*, II.445.32; III.203.30. Haj Yousef, Mohamed, *op. cit.*, p. 233.

48 Beneito, Pablo; Hirtenstein, Stephen, *op. cit.*, p. 105.

49 *Cf. Fut.*, II.445.18. Haj Yousef, Mohamed, *op. cit.*, p. 234.

50 *Ibid.*

51 Beneito, Pablo; Hirtenstein, Stephen, *op. cit.*, p. 106.

52 *Cf. Fut.*, III.12.1. Haj Yousef, Mohamed, *op. cit.*, p. 239.

53 Beneito, Pablo; Hirtenstein, Stephen, *op. cit.*, p. 108

54 *Ibid.*

55 *Ibid.*, p. 109.

56 Ibn ʿArabī, *Viaje al Señor del Poder*, pp. 27 y 28.

57 Ibn ʿArabī, *El esplendor de los frutos del viaje*, p. 60.

58 Ibn ʿArabī, *Viaje al Señor del Poder*, 60 y ss.

59 Ibn ʿArabī, *Viaje al Señor del Poder*, p. 62.

60 *Ibid.*

61 *Ibid.*, p. 101.

62 Mora, Fernando, *Ibn ʿArabī: Vida y enseñanzas del gran místico andalusí*, pp. 180-181.

63 Burckhardt, Titus, *Clave espiritual de la astrología musulmana*, pp. 24-25.

64 Remitimos al lector al enjundioso artículo sobre este particular de William Chittick, que lleva por título «The Five Divine Presences: from Al-Qūnawī to Al-Qayṣarī». [http://www.williamcchittick.com/wp-content/uploads/2019/05/The-Five-Divine-Presences-from-al-Qunawi-to-al-Qasyari.pdf]

3. «LOS ÚLTIMOS SERÁN LOS PRIMEROS»:
LA CIRCULARIDAD DE LA EXISTENCIA

65 Akkach, Samer, *Cosmology and Architecture in Premodern Islam: An Architectural Reading of Mystical Ideas*, p. 57.

66 Ḥallaŷ, Manṣur, *The Tawasin*: *The Great Sufi Text on the Unity of Reality*, The Ta-Sin of the Point 1.

67 Akkach, Samer, *Ibid.*, p. 103.

68 *Ibid.*

69 *Cf. Fut.*, III.275-76. *Ibid.*, p. 66.

70 *Cf. Fut.*, III.276.1. William Chittick, *The Self-Disclosure of God: Principles of Ibn al-ʿArabī's Cosmology*, p. 229.

71 Smith, Houston, *La verdad olvidada*, p. 47.

72 Castro, Américo. *España en su historia: cristianos, moros y judíos*, p. 300.

73 Akkach, Samer, *op. cit.*, p. 80.

74 *Cf. Fut.* I.58. Miguel Asín Palacios, *El místico murciano Abenarabi (Monografías y documentos): Su teología y sistema del cosmos*, p. 654. [http://www.cervantesvirtual.com/obra/el-mistico-murciano-abenarabi-monografias-y-documentos-su-teologia-y-sistema-del-cosmos-iv]

75 *Cf. Fut.*, I.58. *Ibid.*

76 (*Fuṣūṣ al-hikam*) Ibn ʿArabī, *The Bezels of Wisdom*, p. 92.

77 Guénon, René, *Símbolos fundamentales de la ciencia sagrada*, p. 52.

78 *Cf. Fut.*, I.260. Akkach, Samer, *op. cit.*, p. 69.

79 Cruz Hernández, Miguel, *Historia del pensamiento islámico* (vol. 2), p. 261.

80 Chittick, William C., *op. cit.*, p. 228.

81 Akkach, Samer, *op. cit.*, p. 71.

82 *Cf. Fut.*, I.662.35. William Chittick, *op. cit.*, pp. 224-225.

83 *Ibid.*, p. 226.

84 *Cf. Fut.*, III 136.25. *Ibid.*, p. 224.

85 *Cf. Fut.*, I.255.14. *Ibid.*

86 Mora, Fernando, *op. cit.*, p. 19.

87 Chittick, William C., *op. cit.*, p. 233.

88 *Cf. Fut.*, II.132.34. *Ibid.*

89 *Cf. Fut.*, IV.405.7. William Chittick, *Ibn ʿArabi: Heir to the Prophets*, p. 130.

90 Ibn ʿArabī, *Le libre des théophanies*, p. 210.

91 Ibn ʿArabī, *The Bezels of Wisdom*, p. 87.

92 *Cf. Fut.*, I, p. 90. Addas, Claude, *Ibn Arabi et le voyage sans retour*, p. 90.

93 Ibn ʿArabī, *El secreto de los nombres de Dios*, p. 103.

94 Akach, Samer, *op. cit.*, p. 76

95 *Ibid.*, p. 76.

96 *Ibid.*, p. 78

97 Cruz Hernández, Miguel, *Historia del pensamiento en el mundo islámico* (II), p. 261.

98 Akach, Samer, *Ibid.*, p. 79.

99 Cruz Hernández, Miguel, *op. cit.*, p. 260.

100 Akach, Samer, *op. cit.*, pp. 80-81.

4. IBN ʿARABĪ VISUAL

101 Corbin, Henry, *La paradoja del monoteísmo*, p. 98.

102 *Cf. Fut.*, VI. p. 186. Hussain, *Ali, The Art of Ibn al-Arabi*, p. 42.

103 Akach, Samer, *Cosmology and Architecture in Premodern Islam*, p. 124.

104 *Cf. Fut.*, VI, p. 187. Hussain, Ali, *The Art of Ibn al-Arabi*, p. 46.

105 Akach, Samer, *Ibid.*, p. 154.

106 Corbin, Henry, *La paradoja del monoteísmo*, p. 141.

107 Haj Yousef, Mohamed, https://ibnarabisociety.org/treasury-of-absolute-mercy-mohamed-haj-yousef/

108 Akach, Samer, *Ibid.*, p. 129.

109 *Cf. Fut.*, VI, p. 188. Hussain, Ali, *op. cit.*, p. 50.

110 Traducción de Sahih Muslim, *Kitab Al-Iman* (*El Libro de la Fe*), Libro 1, núm. 0233.

111 *Cf. Fut.*, VI, p. 189. Hussain, Ali, *op. cit.*, p. 54.

112 Akach, Samer, *op. cit.*, p. 136.

113 *Ibid.*, p. 137.

114 *Ibid.*, p. 138.

115 *Ibid.*, p. 139.

116 *Cf. Fut.*, VI, pp. 194-214. Hussein, Ali, *op. cit.*, p. 38

117 Ibn ʿArabī, *La production des cercles*, pp. 26-27.

118 Ibn ʿArabī, *Ibid.*, pp. 27-30.

119 Respecto a la influencia de Aristóteles en algunos aspectos del pensamiento akbarí, véase el trabajo titulado *Aristotelian Elements In*

the Thinking of Ibn al-ʿArabi and the Young Martin Heidegger, de Mikko Telaranta.

5. EL VIAJE ESPIRITUAL A TRAVÉS DE LAS ESFERAS DE LA EXISTENCIA

120 Mora, Fernando, *Vida y enseñanzas de Ibn ʿArabī*, p. 151.

121 Chodkiewicz, Michel, https://ibnarabisociety.org/the-vision-of-god-michel-chodkiewicz/

122 Addas, Claude, *Ibn Arabi et le voyage sans retour*, pp. 60-62. Traducción al castellano: *Ibn ʿArabī y el viaje sin retorno.*

123 Devi, Indira, *El sendero de luz: biografía espiritual*, pp. 92-93.

124 https://www.webislam.com/articulos/62623-buscame_en_la_morada_mística_del_amor.html

125 *Ibid.*

126 Ernst, Carl, *The Unveling of Secrets: Diary of a Sufi Master*, p. xv.

127 Ibn ʿArabī, *Le livre des théophanies*, p. 223.

128 Ibn ʿArabī, *Viaje al Señor del Poder*, p. 36.

129 Soy consciente de que Ibn Arabí intercambia los nombres de *malakūt* y *ŷabarūt*, aunque las características de cada plano existencial sean las mismas, es decir, que solo varía la denominación. En este texto, me he decantado por utilizar la clasificación más común.

130 Addas, Claude, *La búsqueda del azufre rojo*, pp. 124-125.

131 Chittick, William C., *The Sufi Path of Knowledge*, p. 123.

132 Chittick, William C., *Ibid*, p. 259.

133 A diferencia de otros sufíes, nuestro autor intercambia los nombres del *malakūt* y el *ŷabarūt*, una peculiaridad expositiva que hay que tener bien presente a la hora de abordar este aspecto de su obra.

134 Ibn ʿArabī, *Textos espirituales: Alquimia de la perfecta felicidad y El adorno de los abdal*, p. 100.

135 Addas, Claude, *Ibn Arabi et le voyage sans retour*, p. 60.

136 Chodkiewicz, Michel, https://ibnarabisociety.org/the-vision-of-god-michel-chodkiewicz/

137 Morris, James W. «The Spiritual Ascension: Ibn ʿArabī and the Miʾrāŷ», *Journal of the American Oriental Society*, vol 108 (1998), pp. 65-66.

138 *Cf. Fut.*, IV p. 125. Addas, Claude, *Le voyage sans retour*, p. 62

139 Ibn ʿArabī, *Textos espirituales: Alquimia de la perfecta felicidad. El adorno de los abdal*, p. 128.

140 Chittick, William C., *The Self-Disclosure of God*, p. 161.

141 Ibn ʿArabī, *El libro de la extinción en la contemplación*, p. 43.

142 *Ṣaḥiḥ* de Muslim, LXXIX.

143 *Cf. Fut.*, III 391.35. Chittick, William C., *The Self-Disclosure of God*, p. 38.

144 Ibn ʿArabī, *Viaje al Señor del Poder*, p. 26.

145 *Cf. Fut.*, II 601.18. Chittick, William C., *The Sufi Path of Knowledge*, p. 225.

146 Chodkiewicz, Michel, *Seal of the Saints*, p. 169.

147 Ibn ʿArabī, *Las Contemplaciones de los Santos Misterios y las Ascensiones de las Luces Divinas*, pp. 11-12.

148 Gonzalo Carbó, Antoni, «El punto ciego que permite ver: de las teofanías más allá de las imágenes (Ibn ʿArabī) a la visión en la extinción (Kiarostami)». *El Azufre Rojo* (4). https://doi.org/10.6018/azufre.313521l

149 *Ibid.*, p. 49.

150 *Ibid.*

151 Ibn ʿArabī, *Las contemplaciones de los santos misterios y las ascensiones de las luces divinas*, p. 66.

152 Ibn ʿArabī, *Le livre des théophanies*, pp. 195-196.

153 *Ibid.*, p. 199.

154 Gonzalo Carbó, Antoni. «El punto ciego que permite ver: de las teofanías más allá de las imágenes», p. 56.

155 *Ibid.*, p. 200.

156 *Ibid.*, p. 207.

157 *Ibid.*, p. 184.

158 Ibn ʿArabī, *The Bezels of Wisdom*, pp. 65-66.

159 Ibn ʿArabī, *Textos sobre el ayuno*, p. 46.

160 Chodkiewicz, Michel, *An Ocean Without Shore*, p. 112

6. «LOS ÁNGELES NO SUEÑAN»

161 *Cf. Fut.*, II 378.24. William C. Chittick, *Ibn al-ʿArabi's Metaphysics of Imagination: The Sufi Path of Knowledge*, p. 145.

162 Suhrawardi, Sihaboddin Yahia, *El encuentro con el ángel*, p. 74-75.

163 Cruz Hernández, Miguel, *Historia del pensamiento en el mundo islámico. 1. Desde los orígenes hasta el s. XII*, p. 288.

164 Jung, Carl G., *Psicología y Alquimia*, p. 106.

165 Durand, Gilbert, *La imaginación simbólica*, p. 32.

166 Corbin, Henry, *El hombre de luz en el sufismo iranio*, p. 111.

167 Hillman, James, *Re-imaginar la psicología*, p. 22.

168 *Ibid.*, pp. 69-70.

169 Lory, Pierre, «Les anges dans l'islam», *Connaissance des religions*, pp.155-166.

170 Burckhardt, Titus, *Clave de la astrología musulmana*, p. 23.

171 Ibn 'Arabī, *Textos espirituales*, p. 20.

172 Corbin, Henry, *Avicena y el relato visionario*, pp. 67-68.

173 Corbin, Henry, *La imaginación creadora en el sufismo de Ibn 'Arabî*, pp. 79-80.

174 *Ibid..*, p. 316.

175 Ibn 'Arabī, *The Bezels of Wisdom*, p. 50.

176 Corbin, Henry, *La paradoja del monoteísmo*, p. 213.

177 Hirtenstein, Stephen, *The Unlimited Merficier*, p.116.

7. MISERICORDIA PARA LOS MUNDOS: LA ESPIRITUALIDAD TODO-INCLUSIVA DE MUḤAMMAD

178 Chittick, William C., *The Sufi Path of Knowledge*, p. 377.

179 Ibn Bāŷŷa (Avempace), *Carta del adiọs*, p. 27.

180 *Cf. Fut.*, III 251.3. Chittick, William C., *op. cit.*, pp. 351-352.

181 *Cf. Fut.*, III 398. Kakaie, Ghasem, «Interreligious Dialogue: Ibn 'Arabi and Meister Eckhart», https://ibnarabisociety.org/ibn-arabi-and-meister-eckhart-ghasem-kakaie/

182 *Cf. Fut.*, III 161.13. *Ibid.*, pp. 110-111.

183 *Cf. Fut.*, I 31.4. Chittick, William C., *Ibn 'Arabī: Heir to the Prophets*, p. 15.

184 *Cf. Fut.*, III 105.8. Chittick William C., *op. cit.*, p. 379.

185 *Cf. Fut.* IV 76.27. *Ibid.*, p. 377.

186 *Ṣaḥīḥ* de Muslim 2246d.

187 *Cf. Fut.*, III 402.11. *Ibid.*, p. 134.

188 *Cf. Fut.*, III 433.4. *Ibid.*, pp. 134-35.

8. EL DECIR POÉTICO DE IBN 'ARABĪ

189 Massignon, Louis, *Recueil de textes inédits concernant l'historie de la mystique en pays d'Islam* (París: Geuthner, 1929.

190 Nicholson, Reynold A., *Studies in Islamic Mysticism*, p. 164.

191 Corbin, Henry, *La imaginación creadora*, p. 163.

192 Asín Palacios, Miguel, *El islam cristianizado*, p. 107.

193 Addas, Claude, «L'ouvre poétique d'Ibn ʿArabī et sa réception», *Studia Islamica* 91 (2000), pp. 23.28, en p. 33).

194 Ibn ʿArabī, *The Tarjumān al-ashwāq. A Collection of mystical odes*, 6ª ed. R. Nicholson, R.A.S., Londres, 1911.

195 *Cf. Fut.*, II, p. 665. Addas, Claude, «L'oeuvre poétique d'Ibn ʿArabī et sa reception», p. 31.

196 Addas, Claude, «El lenguaje poético y su razón de ser según Ibn ʿArabī». *El Azufre Rojo*, (3). https://doi.org/10.6018/azufre.274251, p. 150.

197 Yahia, Osman, *Historie et classification de l'ouvre d'Ibn 'Arabī*, pp. 190-191.

198 Véase bibliografía: *Diwān Ibn al-ʿArabī: al-maʿārif al-ilāhiyya wa-l-laṭā'if al-rūḥāniyya.*

199 Varios autores, *Los dos horizontes (Textos sobre Ibn Al-Arabí)*, p. 68.

200 Véase Addas, Claude, «The Ship of Stone», en *The Journey of the Heart*, J. Mercer (ed.) (Oxford, 1996), pp.5-24, and D. McAuley, Ibn ʿArabī's Mystical Poetics (Oxford, 2012), pp.47-8.

201 Ibn ʿArabī, *Textos espirituales*, p. 47.

202 *Kanz al-ʿummāl fī sunan al-aqwāl wa-l-af'āl* («Treasures of the Doers of Good Deeds»), ʿAlī ibn ʿAbd al-Mālik al-Hindī (1472-1567). Hadiz 8001. https://www.australianislamiclibrary.org/kanz-ul-amal.html

203 Addas, Claude, «El lenguaje poético y su razón de ser según Ibn ʿArabī». *El Azufre rojo* (3). https://doi.org/10.6018/azufre.274251, pp. 153-154.

204 *Cf. Fut.*, III, 458; v. también II, 143. *Ibid.* https://doi.org/10.6018/azufre.274251.

205 *Ibid.*

206 *Cf. Fut.*, I, p. 129. *Ibid.*

207 Platón, *Diálogos. Obra completa en 9 volúmenes. Volumen I: Apología. Critón. Eutifrón. Ion. Lisis. Cármides. Hipias menor. Hipias mayor. Laques. Protágoras*, p. 256.

208 Platón, *Fedro*, parte III.

209 Austin, R.W. *Los dos horizontes* (Textos sobre Ibn Al ʿArabī), p. 69.

210 Rosen, Tova (2000-08-31), «The muwashshah», *The Literature of Al-Andalus*, Cambridge University Press, pp. 163-189.

211 Austin, R.W, *Los dos horizontes*, p. 71.

212 *Ibid.*, p. 75.

213 Federico Corriente, *Twenty-Seven Muwashshahaat and One Zajal by Ibn al-'Arabi of Murcia (1165-1240) in a trilingual edition [Arabic, Transliteration, English and Castilian], translated from the Arabic and edited by Federico Corriente & Ed Emery. Transcription in Andalusi pronuntiation, Castillian translation, notes and brief bibliography by*, publicado en Londres y Zaragoza con ocasión de la conferencia «Arabic and Hebrew Strophic Poetry and its Romance Paralles», School of Oriental and African Studies (SOAS), Londres, 8-10 de octubre, 2004.

214 *Ibid.*, p. 133.

215 *Ibid.*, pp. 130-31.

216 *La taberna de las luces: poesía sufí de al-Andalus y el Magreb (del siglo XII al XX)*, p. 9.

217 *Ibid.*, p. 14.

9. EL CORAZÓN «CAPAZ DE ACOGER CUALQUIERA DE ENTRE LAS DIVERSAS FORMAS»

218 Existen distintas traducciones al inglés. La primera de ellas en ser publicada es *The Tarjumān al-Ashwāq: A Collection of Mystical Odes by Muhyiddīn Ibn al-ʿArabī* (Londres: Royal Asiatic Society, Oriental Translation Series, New Series, 1911, traducción de Reynold A. Nicholson; reimpresa en 1981 por la Theosophical Publishing House, Wheaton, Illinois). Más actual es la versión de Michael Sells, *Stations of Desire: Love Elegies from Ibn al-ʿArabī and New Poems* (Jerusalén: Ibis Editions, 2001) [en la que traduce al inglés solo 24 poemas]. Por su parte, Maurice Gloton es autor de la traducción al francés titulada *L'Interprète des Désires, Turjumān al-Ashwāq* (Paris: Albin Michel, 1997), la cual es una traducción completa tanto de los poemas como del comentario a los mismos. Y en castellano, por último, tenemos las traducciones de Vicente Cantarino, *Casidas de amor profano y místico: Ibn Zaydun e Ibn ʿArabi* (Ciudad de México City: Porrúa, 1988) y *El Intérprete de los Deseos*, traducción de la que es autor Carlos Varona Narvión (Murcia: Editora Regional de Murcia, Colección Ibn Arabí, 2002).

219 Pablo Beneito, «Qurrat al-ʿAyn, the Maiden of the Kaaba: On the *Themenophany* Inspiring Ibn ʿArabī's *Tarjumān*». *Religions* 12, 2021, p. 158.

220 Traducción íntegra en octosílabos de Pablo Beneito, *El Azufre Rojo* XI (2023), EDITUM, Universidad de Murcia, pp. 5-6.

221 López Anguita, Gracia, «El símbolo de la paloma en la poesía mística de Avicena e Ibn Arabi», pp. 251-366.

222 Al-Bujārī (*Ṣaḥīḥ al-Bujārī*, 2/299) y Muslim (*Ṣaḥīḥ Muslim*, 1/151).

223 Chodkiewicz, Michel, *An Ocean Without Shore: Ibn Arabi, the Book, and the Law*, p. 125.

224 Mora, Fernando, *Ibn ʿArabī: vida y enseñanzas del gran místico andalusí*, p. 367.

225 *Libro de la Escala de Mahoma*, p. 104.

226 Ibn ʿArabī, *L'Interprète des Désires*, p. 124.

227 *Cf. Fut.*, II.486. Stephen Hirtenstein, *The Unlimited Mercifier: The Spiritual Life and Thought of Ibn ʿArabī*, pp. 114-115.

228 Beneito, Pablo, «La Poesía como origen del universo: hacia una traducción poética de los versos de Ibn ʿArabī», en *Ibn ʿArabī y su época* (Edición de Gracia López Anguita). Sevilla: Editorial Universidad de Sevilla, 2018, pp. 35-54.

229 *Ibid.*, pp. 49-50.

230 *Dīwān Maŷnūn Laylā*, editado por Yūsuf Farḥat. Beirut: *Dār li-l-Kitāb al-ʿArabī*, 1994, p. 221. Cf., en *The Translator of Desires. Poems by Muhyiddin Ibn ʿArabī* (traducido por Michael Sells), Princeton and Oxford: Princeton University Press, 2021, p. 253.El amor *ʿuḏrī* nace en torno al siglo VII en la península arábiga. Su nombre proviene de la tribu de los Banū ʿUḏra. Los poetas de esta tribu, de origen yemení, recrean historias de romances imposibles en los que un joven, por lo general de origen humilde, se enamora de una muchacha de posición social elevada.

10. DIOS DESEADO Y DESEANTE

231 Alberto Guillén, «Juan Ramón Jiménez», *La linterna de Diógenes*, Madrid, Editorial América, pp. 188-94; también en VV.AA. *Por obra del instante. Entrevistas*, p. 100.

232 Sánchez Romeralo, Antonio, «En torno a la Obra ultima de Juan Ramón Jiménez», *Actas del Congreso Internacional Conmemorativo del Centenario de Juan Ramón Jiménez*, celebrado en La Rábida durante el mes de junio de 1981, Tomo I, p. 66.

233 «*Dios deseado y deseante*», en *Lírica de una Atlántida* (Edición de Alfonso Alegre Heitzmann), Barcelona, Galaxia Gutemberg, Círculo de Lectores, 1999, p. 259.

234 *Ibid.*

235 Ibn ʿArabī, *Traité de l'amour.* p. 60.

236 Jiménez, Juan Ramón, *Obras. Conferencias II:* «Poesía y literatura», Madrid, Visor Libros, 2010, p. 98.

237 Hay que tener en cuenta la especial «libertad» ortográfica que caracteriza a la obra de Juan Ramón. Según él, la ortografía debe simplificarse, adaptarse y parecerse a la oralidad. Así comenta: *«Se me pide que esplique por qué escribo yo con jota las palabras en "ge", "gi"; por qué suprimo las "b", las "p", etc., en palabras como "oscuro", "setiembre", etc., por qué uso "s" en vez de "x" en palabras como "excelentísimo", etc. Primero, por amor a la sencillez, a la simplificación en este caso, por odio a lo inútil. Luego, porque creo que se debe escribir como se habla, y no hablar, en ningún caso, como se escribe. Después, por antipatía a lo pedante». «Mis ideas ortográficas», Revista Universidad* de Puerto Rico, 1953.

238 Jiménez, Juan Ramón, *Ideolojía,* cf. en *Dios deseado y deseante*, Madrid, Ediciones Akal, 2009, p. 1155.

239 http://agrega.juntadeandalucia.es/repositorio/03052016/a8/es-an_2016050312_9143221/pdf/paseo.pdf

240 Jiménez, Juan Ramón, *Antolojía poética* (Edición a cargo de Vicente Gaos), Madrid: Ediciones Cátedra, 1980, p. 31.

241 Choza, Jacinto, «La actitud religiosa de Juan Ramón: poesía y revelación», publicado en *Juan Ramón Jiménez: poesía y pensamiento*, Huelva, Universidad de Huelva, 2008, pp. 155-172.

242 Existe un libro consagrado casi exclusivamente a la cuestión del sufismo: *Juan Ramón Jiménez en la mar: hinduismo y sufismo en la poesía de Juan Ramón Jiménez*, del que es autor Muhammad Alí Herrera. Más comunes son, sin embargo, los estudios que relacionan su poesía con el hinduismo. No en vano fue co-traductor, junto a su esposa, Cenobia Camprubí, de la obra del bengalí Rabindranath Tagore. También debemos señalar, a modo de anécdota, que profesaba simpatía por el budismo. No sin cierto sentido del humor firma en el libro de personalidades importantes en la catedral de San Juan el Divino, de Nueva York, como «Juan Ramón Jiménez, budista».

243 Asín Palacios, Miguel, *El islam cristianizado*, p. 479.

244 Beneito, Pablo, «Reflexiones sobre el intermundo (*barzaj*) y la polivalencia de la imagen-símbolo en el arte islámico a partir del pensamiento de Ibn ʿArabī», http://www.al-barzaj.org/p/albarzakh.html

245 Beneito, Pablo, *El lenguaje de las alusiones*, p. 87.

246 Jiménez, Juan Ramón, *Animal de fondo*, p. 85.

247 Meister Eckhart, *El fruto de la nada*, p. 75.

248 Ibn ʿArabī, *The Bezels of Wisdom*, pp. 73-4.

249 Jiménez, Juan Ramón., *Animal de fondo*, p. 91.

250 *Ibid.*, p.100.

251 *Ibid.*, p. 103.

252 *Ibid.*

253 Bruno, Giordano, *La cena de las cenizas*. Cf. en Rubén Soto, «Meditaciones en torno al Dios deseado y deseante de Juan Ramón Jiménez», *Exégesis, 14*, Puerto Rico, Universidad de Puerto Rico, 2001, p. 88.

254 Jiménez, Juan Ramón, *Lírica de una Atlántida. Dios deseado y deseante*, p. 265.

255 *Ibid.* pp. 275-4.

256 Per Persson: «Cuestionario a J.R.J», en VV.AA. *Por obra del instante. Entrevistas.*, 2013, p. 456.

257 Jiménez, Juan Ramón., *Lírica de una Atlántida. Dios deseado y deseante*, p. 267.

258 *Ibid.*

259 Antón Pacheco, José Antonio, «Lenguaje primordial y poesía pura: Aspectos comunes de Swedenborg y Juan Ramón Jiménez». Sevilla, Universidad de Sevilla, *Fragmentos de Filosofía, 2*, 1992, pp. 13-21.

260 Jiménez, Juan Ramón, *Lírica de una Atlántida. Dios deseado y deseante*, p. 96.

261 *Ibid.*, p. 348.

262 Jiménez, Juan Ramón, *Animal de fondo*, p. 99.

11. EL PRINCIPIO FEMENINO EN LAS ENSEÑANZAS DEL ŠAYJ

263 Sadiyya Sheik: *Sufi narratives of intimacy: Ibn ʿArabī, gender, and sexuality*, p.5.

264 *Ibid.*

265 https://www.lavanguardia.com/viajes/20150714/54433817556/viaje-a-sumatra-tras-el-singular-matriarcado-minangkabau.html

266 https://matriarchalislam.com/

267 As-Sulamī, Abū ʿAbd ar-Raḥmān, *Early Sufi Women*, p. 92.

268 As-Sulamī, *Ibid.*, p. 144.

269 Nurbakhsh, Javad, *Sufi Women*, p. 162.

270 As-Sulamī, *op. cit.*, pp. 15-16.

271 *Ibid.*, p. 84.

272 Chodkiewicz, Michel, «La santidad femenina en el islam». https://1library.co/document/zk73538q-la-santidad-femenina-en-el-islam.html

273 Ibn ʿArabī, *Sufis of Andalusia*, p. 26

274 *Ibid.*, p. 142.

275 *Ibid.*, p. 154.

276 *Ibid.*, p. 154.

277 *Ibid.*

278 Addas, Claude, *La búsqueda del azufre rojo*, pp. 53-60.

279 Chodkiewicz, Michel, *op. cit.*

280 Rūmī, *Mathnawi* I: 2429-37. https://www.dar-al-masnavi.org/n-I-2429.html

281 Ibn ʿArabī, *Los engarces de las sabidurías*, p. 269.

282 Ibn al-Fāriḍ, *Poema del camino espiritual*, p. 55.

283 *Ibid.*, p. 62.

284 Murata, Sachiko, *The Tao of Islam*, pp. 215-216.

285 *Ibid.*, p. 146.

286 López Anguita, Gracia, «El principio femenino en los textos cosmológicos del sufí Muhyiddin Ibn Arabi», p. 16.

287 *Ibid.*

288 *Ibid.*, pp. 16-17.

289 Sadiyya Sheik, *op. cit.*, p. 151.

290 Nettler, Ronald, *Sufi Metaphysics and Qur'anic Prophets Ibn ʿArabī's thought and method in the* Fūṣūs al-Ḥikam, p. 183.

291 Ibn ʿArabī, *The Bezels of Wisdom*, p. 276.

292 Ibn ʿArabī, *ibid*, p. 274.

293 Ibn ʿArabī, *ibid.*, p.218.

294 *Ibid.*, p. 269.

295 *Ibid.*

296 *Ibid.*

297 *Ibid.*, p. 270.

298 *Cf.Fut.*, II:480.12. Chittick, William C., *The Sufi Path of Knowledge*, p. 365.

299 González Costa, Amina, «De Rabiʾa Al-ʿAdawiya (m. 801) a Fatima

Al-Yašrutiyya (m. 1978): modelos de santidad y feminidad, mujeres de conocimiento y maestras sufíes en el orbe islámico». http://www.carm.es/edu/pub/20_2016/2G_contenido.html

300 López Anguita, Gracia, *op. cit.*, p. 12.

301 *Cf. Fut.*, III, p. 35. Chodkiewicz, Michel, «La santidad femenina en el islam». https://1library.co/document/zk73538q-la-santidad-femenina-en-el-islam.html

302 *Cf. Fut.*, I, p. 708. *Ibid.*

303 *Cf. Fut.*, I, p. 447. *Ibid.*

304 *Ibid.*

305 *Ibid.*

12. UNIÓN DE CONTRARIOS: LAS LUCES DE LO INVISIBLE

306 *The Tao of Islam. Véase* bibliografía.

307 Andrés Hubert R., S.J. ««Influencia del Pseudo Dionisio en Nicolás de Cusa», pp. 425-438.

308 Areopagita, Dionisio, *Teología mística*, I, 3.

309 *Ibid.*, 1.

310 *Ibid.*, 1,2; Salmos 18:12.

311 *Ibid.*, 1,3; Éxodo 20:21.

312 *Ibid.*, 1,3.

313 *Ibid.*

314 *Ibid.*, 2.

315 *Ibid.*

316 Bauchwitz, O.F., «La naturaleza como clamor del silencio: la doctrina de la teofanía según Eriúgena», pp. 205-217,

317 Mora, Fernando, *Ibn ʿArabī: Vida y enseñanzas del gran místico andalusí*, pp. 32-33.

318 Chittick, William C., p. 116.

319 Ibn ʿArabī, *The Bezels of Wisdom*, pp. 73-74.

320 Ibn ʿArabī, *Le livre des theophanies*, p. 223.

321 Ibn ʿArabī, *Las iluminaciones de La Meca: Textos escogidos*. p. 86 y ss.

322 Ibn ʿArabī, *The Bezels of Wisdom*, p. 73.

323 *Cf. Fut.*, II. 552.12. Chittick, William C. *The Sufi Path of Knowledge*, p. 154.

324 Ibn ʿArabī, *Traité de l'amour*, p. 254.

325 *Ibid.*, p. 57.

326 *Ibid.*, p. 27.

327 Morris, James W. «He moves you through the Land and the Sea»...: Learning from the Earthly Journey», *Journal of Muhiyyidin Ibn Arabi Society*, vol. XVIII (1996), pp. 1-30.

328 Beneito, Pablo, *La taberna de las luces: poesía sufí de al-Andalus y el Magreb*, p. 11.

329 Ibn ʿArabī, *Le Livre de l'Arbre et des Quatre Oiseaux*, pág. 64.

330 Ibn ʿArabī, *Les Illuminations de la Mecque*, nota 31, p. 309.

331 *Cf. Fut.*, III. 167.3. Chittick, William C., *The Sufi Path of Knowledge*, p. 452.

332 *Cf. Fut.*, IV. p. 13. Addas, Claude, *Ibn Arabi et le voyage sans retour*, p. 42.

333 Evangelio de Tomás, 22. https://escrituras.tripod.com/Textos/EvTomasGn.htm

BIBLIOGRAFÍA

ADDAS, Claude. *Ibn Arabi o la búsqueda del azufre rojo*. Murcia: Editora Regional de Murcia, 1996.

—— *Ibn Arabi et le voyage sans retour*. París: Éditions du Seuil, 1996.

—— *La Maison muhammadienne: Aperçus de la dévotion au Prophete en mystique musulmane*, París: Éditions Gallimard, 2015.

—— «L'ouvre poétique d'Ibn ʿArabī et sa réception», *Studia Islamica* 91 (2000).

AFFIFI, A.A., *The Twenty-Nine Pages: An Introduction to Ibn Arabi's Metaphysic of Unity*, Roxburgh (Escocia): Beshara Publications, 1998.

AREOPAGITA, Dionisio, *Obras Completas: Los nombres de Dios. Jerarquía celeste. Jerarquía eclesiástica. Teología mística. Cartas varias*, Madrid: Biblioteca de Autores Cristianos, 1995.

AKKACH, Samer. *Cosmology and Architecture in Premodern Islam: An Architectural Reading of Mystical Ideas*. Nueva York: State University of New York Press, 2005.

ALÍ Herrera, Muhammad, *Juan Ramón Jiménez en la mar: hinduismo y sufismo en la poesía de Juan Ramón Jiménez*, Sevilla: Rauda Ediciones, 2019.

ANDRÉS HUBERT R., S.J. «Influencia del Pseudo Dionisio en Nicolás de Cusa», *Teología y Vida*. Santiago (Chile): Vol. XLVIII (2007).

ANTÓN PACHECO, José Antonio, «Lenguaje primordial y poesía pura: Aspectos comunes de Swedenborg y Juan Ramón Jiménez». Sevilla: Universidad de Sevilla, *Fragmentos de Filosofía, 2*, 1992.

ASÍN PALACIOS, Miguel, *El místico murciano Abenarabi (Monografías y documentos): Su teología y sistema del cosmos* [http://www.cervantesvirtual.com/obra/el-mistico-murciano-abenarabi-monografias-y-documentos-su-teologia-y-sistema-del-cosmos-iv]

—— *El Islam cristianizado: Estudio del «sufismo» a través de las obras de Abenarabi de Murcia*. Madrid: Ediciones Hiperión, 1990.

As-Sulamī, Abū ʻAbd ar-Raḥmān, *Early Sufi Women (Dhikr an-Niswa al-Mutaʻabbidat as-Sufiyyat)*. Louisville (Kentucky): Fons Vitae Edition, 1999.

Bauchwitz, O.F., «La naturaleza como clamor del silencio: la doctrina de la teofanía según Eriúgena». *Revista de Española de Filosofía Medieval*, 8, 2001.

Beneito, Pablo, *El lenguaje de las alusiones*, Murcia: Editora Regional de Murcia, 2005.

—— *La taberna de las luces: poesía sufí de al-Ándalus y el Magreb (del siglo XII al siglo XX)*. Selección, presentación y traducción de Pablo Beneito. Murcia: Editora Regional de Murcia, 2004.

—— «La Poesía como origen del universo: hacia una traducción poética de los versos de Ibn ʻArabī», en *Ibn ʻArabī y su época* (Edición de Gracia López Anguita). Sevilla: Editorial Universidad de Sevilla, 2018.

—— «Qurrat al-ʻAyn, the Maiden of the Kaaba: On the *Themenophany* Inspiring Ibn ʻArabī's *Tarjumān*». *Religions* 12, 2021.

—— «Reflexiones sobre el intermundo (*barzaj*) y la polivalencia de la imagen-símbolo en el arte islámico a partir del pensamiento de Ibn ʻArabī», http://www.al-barzaj.org/p/albarzakh.html

Burckhardt, Titus, *Clave espiritual de la astrología musulmana según Mohyiddîn Ibn Arabî*, Palma de Mallorca: José J. de Olañeta Editor, 1998.

Carmona, Alonso, «Ibn al-ʻArabī, jurista al modo *zāhirī*», https://ibnarabisociety.es › Ibn_al-ArabiCairo2

Castro, Américo. *España en su historia: cristianos, moros y judíos*. Barcelona: Grijalbo-Mondadori S.A., 1996.

Corbin, Henry. *La imaginación creadora en el sufismo de Ibn ʻArabî* (traducción de Agustín López y María Tabuyo), Barcelona: Destino, 1993.

—— *Avicena y el relato visionario*. Barcelona: Ediciones Paidós Ibérica, 1995.

—— *El hombre de luz en el sufismo iranio*. Madrid: Ediciones Siruela, 2000.

—— *El encuentro con el ángel*. Madrid: Editorial Trotta S.A., 2002.

—— *La paradoja del monoteísmo*. Madrid: Editorial Losada, 2003.

Choza, Jacinto, «La actitud religiosa de Juan Ramón: poesía y revelación», publicado en *Juan Ramón Jiménez: poesía y pensamiento*, Huelva: Universidad de Huelva, 2008.

Chittick, William C., *The Sufi Path of Knowledge: Ibn al-ʻArabī's Metaphysics on Imagination*. Albany (NY): State University of New York Press, 1989.

—— *The Self-Disclosure of God: Principles of Ibn al-ʿArabī's Cosmology*. Albany (NY): State University of New York Press, 1996.

—— «The Five Divine Presences: from al-Qūnawī to al-Qayṣarī». *The Muslim World*, vol. 72, nº 2, Wiley Online Library, 1982.

—— *Ibn Arabi Heir to the Prophets*, Oxford (UK): Oneworld Publications, 2005.

CHODKIEWICZ, Michel, «La santidad femenina en el islam». http://ibdigital.uib.es/greenstone/sites/oai-site/collect/sufi/index/assoc/sufi_200/4_n0007_/p004.dir/sufi_2004_n0007_p004.pdf

—— *Seal of the Saints: Prophethood and Sainthood in the Doctrine de Ibn ʿArabī*. Cambridge (UK): The Islámic Texts Society, 1993.

— *An Ocean Without Shore: Ibn Arabi, The Book, and the Law*. Albany (NY): State University of New York Press, 1993.

—— https://ibnarabisociety.org/the-vision-of-god-michel-chodkiewicz

CORRIENTE, Federico, *Twenty-Seven Muwashshahaat and One Zajal by Ibn al-ʿArabi of Murcia (1165-1240) in a trilingual edition [Arabic, Transliteration, English and Castilian], translated from the Arabic and edited by Federico Corriente & Ed Emery. Transcription in Andalusi pronuntiation, Castillian translation, notes and brief bibliography by Federico Corriente*, publicado en Londres y Zaragoza con ocasión de la conferencia «Arabic and Hebrew Strophic Poetry and its Romance Paralles», Londres: School of Oriental and African Studies (SOAS), 2004.

CRUZ HERNÁNDEZ, Miguel. *Historia del pensamiento en el mundo islámico. 1. Desde los orígenes hasta el S. XII*. Madrid, Alianza editorial, 1981.

—— *Historia del pensamiento islámico* (vol. 2), Alianza Editorial S.A., Madrid, 1996-2000.

DEVI, Indira, *El sendero de luz: Biografía espiritual*, Buenos Aires: Editorial Dédalo, 1977.

Dīwān Maŷnūn Laylā (editado por Yūsuf Farḥat), Beirut: Dār li-l-Kitāb al-ʿArabī, 1994.

DURAND, Gilbert, *La imaginación simbólica*. Madrid: Amorrortu, 2007.

ECKHART, Meister, *El fruto de la nada*. Madrid: Siruela, 1998.

ERNST, Carl, *The Unveling of Secrets: Diary of a Sufi Master*. Chapel Hill, Carolina del Norte: Parvardigar Press, 1997.

GUÉNON, René, *Símbolos fundamentales de la ciencia sagrada*. Editorial Universitaria de Buenos Aires: Ediciones Colihue, 1988.

GUILLÉN, Alberto, «Juan Ramón Jiménez», *La linterna de Diógenes*, Madrid: Editorial América; también en VV.AA. *Por obra del instante. Entrevistas.* Sevilla: Fundación José Manuel Lara, 2013.

GONZÁLEZ COSTA, Amina, «De Rabi'a al-'Adawiya (m. 801) a Fátima al-Yašrutiyya (m. 1978): modelos de santidad y feminidad, mujeres de conocimiento y maestras sufíes en el orbe islámico», http://www.carm.es/edu/pub/20_2016/2G_contenido.html

GONZALO CARBÓ, Antoni, «El punto ciego que permite ver: de las teofanías más allá de las imágenes (Ibn 'Arabī) a la visión en la extinción (Kiarostami)». *El Azufre Rojo* (nº 4).https://digitum.um.es/digitum/bitstream/10201/58079/1/313521-1071671-1-SM-1.pdf

HAKIM, Suad, «Santidad y feminidad en la obra de Ibn Arabi», en *Mujeres de Luz*, Beneito (ed.), Madrid: Trotta, 2001.

ḤALLĀŶ, Manṣūr, *The Tawasin: The Great Sufi Text on the Unity of Reality* (traducido por Aisha Abd Ar-Rahman at-Tarjumana). Berkeley y Londres: Diwan Press, 1974.

HILLMAN, James, *Re-imaginar la psicología*. Madrid: Ediciones Siruela, 2013.

HIRTENSTEIN, Stephen, *The Unlimited Mercifier: The Spiritual Life and Thought of Ibn 'Arabī*. Oxford (UK): Anqa Publishing, 1999.

HUSSAIN, Ali, *The Art of Ibn al-Arabi: A Collection of 19 Drawings from the Greatest Master of Sufism*. Amazon, 2019.

KAKAIE, Ghasem, «Interreligious Dialogue: Ibn 'Arabi and Meister Eckhart», https://ibnarabisociety.org/ibn-arabi-and-meister-eckhart-ghasem-kakaie/

IBN 'ARABĪ, (*Fuṣūṣ al-Ḥikam*) *The Bezels of Wisdom*, traducción al inglés de Ralph W.J. Austin. Nueva Jersey: Paulist Press, 1980. Existen dos traducciones al castellano, ambas tituladas *Los engarces de la(s) sabiduría(s).* La primera (agotada) es de Abderrahmán Mohamed Manán, Madrid: Ediciones Hiperión, S.L., 1991; y la segunda, de Andrés Guijarro, Madrid, Editorial Edaf, S.L., 2009. Traducciones francesas: Charles-André Gilis, *Le livre des châtons des sagesses* (vols. I y II), Beirut (Líbano): Les Éditions Al-Bouraq, 1997; y también Titus Burckhardt, *La sagesse des prophetes,* París: Albin Michel. 1974. Véase asimismo *Les châtons des saggesses et les demeures des paroles* (traducción y presentación de Paul Ballanfant). París: Éditions de l'éclat, 2020.

—— *Traité de l'amour* (introducción. traducción y notas de Maurice Gloton). París: Éditions Albin Michel, S.A., 1986. [*Tratado del amor,* versión castellana de María Marrades, Barcelona: Edicomunicación. 1988; versión de Alfonso

Colodrón, Madrid: Editorial Edaf, S.A., 2002; *véase* también los fragmentos traducidos por Miguel Asín Palacios en *El Islam cristianizado,* traducción de la que también se han publicado extractos con el título de *Amor humano, amor divino: Ibn 'Arabi,* Córdoba: Editorial El Almendro, 1990).

—— *Le Livre de l'Arbre et des Quatre Oiseaux* (presentación y traducción del árabe de Denis Gris). París: Les Deux Océans, 1984.

—— *Voyage vers le maître de la puissance.* París: Éditions du Rocher, 1987. [Traducción castellana: *Viaje al Señor del Poder,* Málaga: Editorial Sirio, S.A., 2002. Traducido parcialmente por Miguel Asín Palacios en *El Islam cristianizado.*]

—— *Le livre de la production des cercles* (traducción, presentación y notas de Paul Penton y Maurice Gloton). París: Éditions de L'Éclat, 1996.

—— *El secreto de los nombres de Dios* (introducción, traducción y notas de Pablo Beneito). Murcia: Editora Regional de Murcia, 1997.

—— *Le livre des théophanies d'Ibn 'Arabī: Introduction philosophique, commentaire et traduction annoteé du Kitāb al-tajalliyāt* (traducción de Stéphane Ruspoli). París: Les Éditions du Cerf, 2000.

—— *El intérprete de los deseos* (traducción y comentarios de Carlos Varona Narvión). Murcia: Editora Regional de Murcia, 2002.

—— *Textos espirituales: Alquimia de la perfecta felicidad. El adorno de los abdal.* Madrid: Editorial Sufi, 2004.

—— *Las iluminaciones de La Meca: Textos escogidos* (Edición y traducción de Víctor Pallejà de Bustinza), Madrid: Ediciones Siruela, 2005.

—— *Las contemplaciones de los santos misterios y las ascensiones de las luces divinas* (Introducción, edición, traducción y notas de Suad Hakim y Pablo Beneito). Murcia: Editora Regional de Murcia, 2006.

—— *El libro de la extinción en la contemplación* (2007). Málaga: Editorial Sirio S.A., 2007.

—— *The Seven Days of the Heart: Prayers for the Nights and Days of the Week* [*Awrād al-usbū'*]. Oxford (UK): Anqa Publishing, 2001, 2008.

—— *El esplendor de los frutos del viaje* (edición y traducción del árabe de Carlos Varona Narvión). Madrid: Ediciones Siruela S.A., 2008.

—— *Les révélations de La Mecque* (Antología traducida, comentada y anotada por A. Penot). París: Éditions Entrelacs, 2009.

—— *Le Grand Dīwān,* Ibn Arabi (poemas escogidos y traducidos por Omai

Hammani y Patricia Mons. París: Éditions Albin Michel, 2016.

—— *Le libre de l'ascension: le libre du voyage nocturne vers la station plus noble* (traducción y comentarios, S. Moustarhim y M. Giannini). París: Albouraq, 2020.

—— *Patterns of Contemplation: Ibn ʿArabī, Abdullah Bosnevi and the Blessing-Prayer of Effusion.* (Pablo Beneito y Stephen Hirtenstein) Oxford: Anqa Publishing, 2021.

—— *Diwān Ibn al-ʿArabī: al-maʿārif al-ilāhiyya wa-l-laṭā'if al-rūḥāniyya* (Edición crítica por ʿAbd al-ʿAzīz Sulṭān al-Manṣūb). Damasco (Siria): Ninawa (2676 páginas), 2021.

Herrera, Muhammad Alí, *Juan Ramón Jiménez en la Mar: hinduismo y sufismo en la poesía de Juan Ramón Jiménez*. Málaga: Rauda Ediciones, 2019.

Ibn al-Fāriḍ, *Poema del camino espiritual*, (Traducción y estudio preliminar de Carlos Varona Narvión), Ediciones Hiperión: Madrid, 1989.

Ibn Bayya (Avempace), *Carta del adiós y otros tratados filosóficos*. Madrid: Editorial Trotta, 2006.

Izutsu, Tosihiko, *Sufismo y taoísmo. Estudio comparativo de conceptos filosóficos clave.* Madrid: Ediciones Siruela, 1997.

Jiménez, Juan Ramón, *Dios deseado y deseante*, en *Lírica de una Atlántida* (Edición de Alfonso Alegre Heitzmann), Barcelona: Galaxia Gutemberg, Círculo de Lectores, 1999.

—— *Antolojía poética* (Edición a cargo de Vicente Gaos), Madrid: Ediciones Cátedra, 1980.

—— *Ideolojía*, en *Dios deseado y deseante*, Madrid: Ediciones Akal, 2009.

—— *Animal de fondo*, Madrid: Editorial Visor, 2006.

Haj Yousef, Mohamed, *Ibn ʿArabī: Time and Cosmology*, Londres y Nueva York: Routledge, 2008.

—— *Duality of Time: Complex-Time Geometry and Perpetual Creation of Space*, Londres y Nueva York: Routledge, 2008.

López Anguita, Gracia, «El principio femenino en los textos cosmológicos del sufí Muhyiddin Ibn Arabi», en Torres, K. y Borrego, F. *La mujer musulmana: desde la traducción a la realidad*, Sevilla: Arcibel Editores, 2010.

—— «El símbolo de la paloma en la poesía mística de Avicena e Ibn Arabi», Madrid: Universidad san Dámaso, 2018.

LORY, Pierre, «Les anges dans l'islam», *Connaissance des religions*, 2004,

mystique en pays d'Islam, París: Geuthner, 1929

MASSIGNON, Louis, *Recueil de textes inédits concernant l'historie de la mystique en pays d'Islam*. París: Geuthner, 1929.

MORA, Fernando. *Ibn 'Arabī: Vida y Enseñanzas del gran místico andalusí*, Barcelona: Editorial Kairós, 2011.

—— *El perfume de la existencia*, Córdoba: Editorial Almuzara, 2020.

Morris, James W. «He moves you through the Land and the Sea»...: Learning from the Earthly Journey», *Journal of Muhiyyidin Ibn Arabi Society*, vol. XVIII (1996).

—— «The Spiritual Ascension: Ibn 'Arabī and the Mi'rāŷ», *Journal of the American Oriental Society*, vol. 108 (1998).

MURATA, Sachiko, *The Tao of Islam: A Sourcebook On Gender Relationships in Islamic Thought*. Nueva York: State University of New York Press, 1992.

MORRISEY, Fitzroy, *Sufism and the Perfect Human: from Ibn 'Arabī to Al- Jīlī*. Londres y Nueva York: Routledge, 2020.

NICHOLSON, Reynold A., *Studies in Islamic Mysticism*. Cambridge: Cambridge University Press, 1921.

NETTLER, Ronald, *Sufi Metaphysics and Qur'anic Prophets Ibn 'Arabī's thought and method in the* Fūṣūs al-Ḥikam. Cambridge: The Islamic Texts Society, 2003.

NURBAKHSH, Javad, *La pobreza espiritual en el sufismo*. Centro Sufí Nematollahi: Editorial Nur, 1997-2012. nematollahi.org

—— *Sufi Women*, Khaniqahi Nimatullahi Publications (KNP), 1983.

PLATÓN, *Diálogos. Obra completa en 9 volúmenes. Volumen I: Apología. Critón. Eutifrón. Ion. Lisis. Cármides. Hipias menor. Hipias mayor. Laques. Protágoras*. Barcelona: Editorial Gredos, 2003.

PLOTINO, *Enéadas* (Obra completa en 3 tomos). Barcelona: Editorial Gredos, 2002.

RAM KUMAR, Rai, *Mantra Yoga Saṁhitā*, Varanasi (India): Chaukhambha Orientalia, 1982.

RAŠIĆ, Dunja, *The Written World of God: The Cosmic Script and the Art of Ibn 'Arabī*, Oxford (UK): Anqa Publishing, 2022.

RILKE, Rainer Maria, *Las elegías de Duino*, Madrid: Abada Editores, 2022.

ROSEN, Tova (2000-08-31), «The muwashshah», *The Literature of Al-Andalus*, Cambridge (UK): Cambridge University Press, 2000.

RUBÉN Soto, «Meditaciones en torno al Dios deseado y deseante de Juan Ramón

Jiménez», *Exégesis, 14*, Puerto Rico, Universidad de Puerto Rico.

SÁNCHEZ Romeralo, Antonio, «En torno a la obra ultima de Juan Ramón Jiménez», *Actas del Congreso Internacional Conmemorativo del Centenario de Juan Ramón Jiménez*, celebrado en La Rábida durante el mes de junio de 1981, Tomo I, p. 66.

Shaik, Shadiyya, *Sufi Narratives of Intimacy: Ibn 'Arabī, Gender, and Sexuality*, Carolina del Norte (EE.UU.): The University of North Carolina Press, 2012.

SMITH, Houston, *La verdad olvidada*, Barcelona: Editorial Kairós, 2001.

TELARANTA, Mikko, *Aristotelian Elements in the Thinking of Ibn al-'Arabi and the Young Martin Heidegger*, Helsinki: University of Helsinki, Faculty of Theology, Department of Systematic Theology, 2012.

VARIOS AUTORES, *La mística en el siglo XXI*. Madrid: Editorial Trotta, 2002.

VARIOS AUTORES, *Mujeres de Luz* (Pablo Beneito, ed.). Madrid: Trotta, 2001.

YAHIA, Osman, *Histoire et classification de l'ouvre d'Ibn 'Arabī* (vols. I y II). Damasco: Institut Français de Damas, 1964.